Zeit, sich einzumischen

Vom Taksim-Platz nach Island. Begegnungen auf dem Weg ins Anthropozän

sagas.edition

Erstauflage 2013
© 2013 sagas.edition, Stuttgart
Redaktion: Martin Mühleis, Lena Stadelmann
Korrektorat: Dr. Birgit Gläser
Interviewtranskripte: Bastian Pfau
Satz: Anja Pfennig-Mische
Gestaltung: b3K-design Max Bartholl, Andrea Schneider
Titelfoto: Mathias Bothor 2013
Druck und Bindung: CPI - Clausen & Bosse, Leck
ISBN: 978-3-9812510-1-2

Für unsere Kinder
Benedikt, Bruno, Jennifer,
Lea-Marie und Leona

Wir im Anthropozän

Es war Herman Melville, der mit dem charismatischen Ahab und dem sich isolierenden Bartleby die gesellschaftlichen Protagonisten der vergangenen Jahrhunderte gezeichnet hat: Hier der besessene Kapitän, der allmächtige Führer, dessen Plänen und Launen sich die ihm Untergebenen unterzuordnen haben. Dort der nicht schreibende Schreiber, der Bürger, der sich in den hintersten Winkel seines Ichs zurück- und der Gemeinschaft entzieht. »Ich möchte lieber nicht«, lautet sein Motto.

Herman Melville war, in der Art, wie er seine Geschichten montiert und erzählt hat, ein avantgardistischer Autor. Und auch seine Helden stehen nicht nur für ihre Epoche. Sie sind exemplarische Charaktere für die Probleme der Gesellschaft. Bis heute gibt es die Ahabs, deren Visionen und deren oft skrupellose Konsequenz in der Umsetzung ihrer Pläne vieles und viele dominieren. Und es gibt die Bartlebys, die sich der Teilhabe verweigern. Mit beiden ist im wahrsten Sinn des Wortes kein Staat mehr zu machen.

Erstmals in der Geschichte dieses Planeten werden dessen Geschicke heute nachhaltig vom Menschen beeinflusst. Anthropozän nennen Geowissenschaftler diese Epoche – Menschenzeit. In ihr ist ein neuer Protagonist aufgetaucht, einer mit eigenen Ideen und starkem Willen; einer, den es zu Melvilles Zeit nicht gab; einer, der in der Lage ist, dagegenzuhalten, der sich für seine Ideen einsetzt, sich einmischt. Der weder Ahab noch Bartleby heißt, der mündige Bürger.

An vielen Orten dieser Welt gehen diese Menschen heute zu Tausenden auf die Straßen. Sie sind wütend und verzweifelt, sie protestieren gegen die Arroganz und Willkür von Finanzjongleuren und korrupten Politikern. Sie sehen sich und ihre Interessen in den heutigen demokratischen Strukturen nicht genügend vertreten Und sie fordern mehr Mitspracherechte ein.

Die Bürger des 21. Jahrhunderts sind, nicht zuletzt aufgrund der digitalen Revolution, so informiert und wissend wie keine Generation vor ihnen. Sie kennen sich aus, sind gebildet, sie warten nicht darauf, dass die Politik alles besser weiß. Das macht neue Formen der Teilhabe möglich – und notwendig. Benötigen unsere politischen Strukturen einen Relaunch? Welche Anforderungen müssen sie erfüllen, um den Herausforderungen des 21. Jahrhunderts gewachsen zu sein?

Walter Sittler und Gerd Leipold sind an neun Plätzen in Europa diesen Fragen nachgegangen. Die Orte und Gesprächspartner haben sie nach ihren Interessen und der aktuellen politischen Situation im Sommer 2013 gewählt. Sie haben mit Bürgerrechtlern und Journalisten gesprochen, mit Politikern, Wissenschaftlern und Künstlern. Ihr Buch zeichnet das Bild einer Reise, es ist eine Momentaufnahme unserer Epoche der Transformation. Es erzählt von den Eindrücken, Differenzen und Gesprächen zweier Zeitgenossen in der Reflexion ihrer eigenen Geschichten. So vermeintlich flüchtig, aber auch intensiv und wahrhaftig, wie nur der überraschte, offene Blick es vermag. Erkenntnis, die aus dem intensiven Erleben eines Augenblicks resultiert, ist genauso faszinierend wie die Analyse auf der Basis einer langjährigen Betrachtung. Beides ist auf seine Weise einzigartig und gleichermaßen spannend. Ihr Buch ist ein literarisch-dokumentarisches Roadmovie. Und ein engagiertes Plädoyer für Bürgerbeteiligung und Demokratie.

Martin Mühleis, Verleger der sagas.edition

Stockholm

Stockholm
Mai 2013

Gerd Leipold und Walter
Sittler treffen sich im *Vasa*-
Museum. Sie reden über
Hybris, über Transparenz und
Aufklärung. Und über das
Wachsen einer verantwort-
lichen Zivilgesellschaft. Eine
Parabel

Gerd Leipold
Stockholm

Stockholm. Ein Samstag im Mai 2013. Die Sonne hat schon
eine wohltuend milde Kraft entwickelt. Bei strömendem Regen bin ich gestern in Deutschland gestartet. Kalt war es. Ein-
gehüllt in Regenjacken mit Kapuzen waren die Menschen
über den Parkplatz des kleinen Flughafens im Allgäu gehetzt,
durch Pfützen zogen sie Koffer hinter sich her. Hier, 1700 Kilometer weiter nördlich, tragen Frauen Tops mit Spaghetti-
trägern und junge Männer laufen in T-Shirts und kurzen
Hosen auf der Straße. Am Morgen hat mir eine Schwedin
erzählt, dass hier vor vier Wochen noch Schnee lag. Jetzt ent-
lockt die frühsommerliche Wärme der Stadt eine entspannte
Fröhlichkeit. Nur das viele Wasser in den Flüssen und Seen
erinnert daran: Es ist noch nicht sehr lange her, dass sich der
Winter davongemacht hat. »Eine Stadt mit Wasser ist immer
schön«, schrieb Kurt Tucholsky im schwedischen Exil in
Schloß Gripsholm. Und Stockholm hat viel Wasser. Nicht nur
bei Schneeschmelze.

Schweden, das Top-Modell der Demokratie, beeindruckendes, widersprüchliches, spannendes Vorbild für Europa.
Das Land, das als erstes den Atomausstieg beschlossen –
und ihn wieder zurückgenommen hat, das Land, in dem
alkoholische Getränke bis heute nur im »Systembolaget«[1]
zu bekommen sind, das Land der sagenhaft hohen Steuern
für Gutverdiener. Hier haben sie ein Tempolimit und eine
damit verbundene Entschleunigung, die fast jeden Mittel-
europäer nervös machen kann. Das Land mit einer breiten
Volksbildung, mit Bibliotheken in den kleinsten Dörfern,
mit vielen gut Englisch sprechenden Menschen – früher

---

1   Lizensierte Läden für alkoholische Getränke des staatseigenen Monopolhandels mit
    Alkohol

habe ich mich oft der Meinung angeschlossen, dass Schweden ein langweiliges Land sei. Inzwischen bewundere ich seine Gesellschaft und Kultur. Auch weil ich weiß: Eine gut funktionierende Demokratie ist oft langweilig. Diese Langeweile ist ein Luxus! Ihr friedliches Klima wirkt wie der Vorgriff auf eine Utopie. Diktaturen, Länder mit notorischer Gewalt und Korruption sind allemal aufregender – nur können die Skandinavier auf solche Aufregungen, nach Jahrhunderten der Konflikte, gut und gern verzichten. Seit mittlerweile 200 Jahren. Ein Symbol dafür sind die nordischen Botschaften in Berlin: In einem einzigen, ästhetisch enorm gelungenen Neubau sind sie untergebracht – Norwegen, Schweden, Finnland, Dänemark und Island teilen sich heute eine Kantine. Ihr Selbstverständnis braucht keine nationalen, repräsentativen Protzbauten.

Dieses Schweden tut gut. Auch darum treffe ich Walter Sittler hier. Er – der Künstler und Aktivist. Ich – der Aktivist und Physiker. Wir wagen ein Experiment, wie es vermutlich nur unsere Epoche erlaubt. Vor einigen Wochen habe ich ihn in Stuttgart kennengelernt. Der großgewachsene, jugendlich wirkende Mann ist Schauspieler. Bundesweit bekannt ist er aber nicht nur wegen seiner Theater- und Filmarbeit, sondern auch für seinen Einsatz gegen das umstrittene Bahnhofsprojekt Stuttgart 21. Eine völlig überraschende Form von Bürgerprotest hat dieses Bauprojekt ausgelöst. Gemeinsam reisen Walter Sittler und ich an Orte, die uns inspirieren, bedrohen, bewegen und setzen uns dort mit den Menschen und Fragen auseinander, die uns und andere akut beschäftigen. Im Europa der Reisefreiheit und der großen Möglichkeiten wollen wir Räume erkunden durch das Gespräch – nicht an einem Kneipentisch, auf einem Podium oder in der Küche, sondern das Gespräch an und mit den Orten, die wir gewählt haben. Philosophy on the road! Looking for common sense.

Mit der Streitschrift *Common Sense* hat einst der amerikanische Intellektuelle Thomas Paine die Unabhängigkeitsbewegung der nordamerikanischen Kolonien vom britischen Königshaus befeuert. Die Sehnsucht nach Selbstbestimmung und Freiheit hat damals eine Revolution ausgelöst – und eine Weltmacht entstehen lassen. Im Januar 1776 war seine Schrift *Common Sense* erschienen. Darin forderte er ein neues, demokratisches System, das sich auf die Prinzipien der Menschenrechte gründete. Man sieht: Transparenz und Demokratie sind ein Erfolgsmodell. Weltweit entstehen heute wieder, völlig überraschend und unorganisiert, Bürgerbewegungen, die sich gegen die Verschwendung von Steuergeldern in großmannssüchtigen Prestigeprojekten zur Wehr setzen und stattdessen Investitionen in Bildung fordern und den freien Zugang zu Informationen.

Die Hamngatan führt am Kungsträdgården vorbei, einem ehemaligen königlichen Platz, auf dem die Kirschbäume schon in zartem Rosa blühen. Und im Berzelii Park mit dem legendären Hotel Berns im Hintergrund haben sich die Bäume in Hellgrün für den Frühling herausgeputzt. Dann die Museumsinsel. Djurgården. Und womit ich nicht gerechnet habe: Schon morgens, kurz nach zehn Uhr, hat sich hier eine schier endlos lange Schlange vor dem Eingang des *Vasa*-Museums gebildet. Wie vor einem Rockkonzert. Ich stelle mich an und betrachte in der Morgensonne das Gebäude. Ein Museum um ein Schiff herum gebaut – als hätte man eine Decke darüber geworfen, so exakt bildet es die Konturen ab. Nur dass die »Decke« nicht aus Stoff, sondern aus dunklen Metallplatten besteht.

Mit der Geschichte der *Vasa,* des weltweit einzigen original erhaltenen Schiffes aus dem 17. Jahrhundert, starten Walter Sittler und ich unser gemeinsames Projekt. Zwischen 1998 und 2001 war ich Vorstandssprecher von Greenpeace Nordic, dem Greenpeace-Büro für Schweden, Dänemark und Finnland. Damals war ich mit einer Gruppe von Greenpeace-

Mitstreitern schon einmal hier, denn die *Vasa* birgt eine sagenhafte Geschichte, von der wir in der Gegenwart einiges lernen können. Symbolisch steht sie für ein Großprojekt – und für den sensationell modern wirkenden Umgang mit dessen Scheitern.

Im Januar 1626 hatte der schwedische König Gustav II. Adolf das Kriegsschiff bei dem berühmten niederländischen Schiffsbauer Henrik Hybertsson in Auftrag gegeben. Mit ihm wollte er die Vorherrschaft im Baltikum gewinnen, im Kampf gegen seinen langjährigen Hauptfeind Sigismund, seinen Cousin, König von Polen. Schweden sollte die dominante Macht im Norden werden. Sigismund hatte einst Schweden regiert, war aber wegen seines katholischen Glaubens entthront worden – beste Voraussetzungen für einen spektakulären Showdown im Nordmeer. So wurde der Schwede zum Prahlhans: Sein beeindruckendes Schiff sollte den polnischen Vetter schon beim Anblick erbleichen lassen. 400 Menschen ließ er an der *Vasa* arbeiten – Zimmermänner, Bauschreiner, Bildhauer, Maler, Glaser, Segelmacher, Schmiede und zahlreiche andere Handwerker. Nach zweijähriger Bauzeit war es endlich so weit: Im August 1628, kurz vor der Jungfernfahrt, ließ Flottenchef Vizeadmiral Klas Fleming das Schiff einrichten und systematische Tests durchführen. Denn er war skeptisch: Der König hatte während der Bauzeit die Pläne ändern lassen, um noch mehr, am Ende insgesamt 64, Kanonen an Bord unterzubringen – so viele wie auf keinem anderen Schiff dieser Zeit. Seine größenwahnsinnige Galeone hatte er sich noch gigantischer ausgemalt als jene, die die Seeräuber-Jenny in Brechts *Dreigroschenoper* besingt »Und ein Schiff mit acht Segeln, und mit 50 Kanonen!« Ihm schwebte noch mehr vor.

Tatsächlich wurde die *Vasa* eins der beeindruckendsten Kriegsschiffe ihrer Zeit, mit einem hohen Aufbau und zwei Decks nur für Kanonen. Wie aber würde sie diesen Aufbau verkraften? Welchen Einfluss auf die Stabilität würde der nachträgliche Eingriff haben? Eine der Proben des Vizeadmirals bestand darin, 30 Mann seiner Besatzung von einer Seite des Schiffes zur anderen rennen zu lassen. Der Test musste abgebrochen werden: Die *Vasa* schwankte so sehr, dass sie zu kentern drohte. Trotzdem ließ Kapitän Söfring Hansson Jute am 10. August 1628 die Anker lichten. Salut wurde geschossen. Vier der zehn Segel wurden gesetzt. Und unter großer Anteilnahme der Bevölkerung glitt das mächtige Schiff langsam aus dem Hafen. Es war fast windstill. Und es kam, wie es kommen musste. Schon nach wenigen Metern geriet die *Vasa* in eine bedrohliche Schräglage. Ein erster kräftigerer Windstoß blähte die Segel – und brachte des Schweden Stolz zum Kentern. Eins der teuersten Schiffe der damaligen Zeit war gerade einmal einen Kilometer weit gesegelt, bevor es für immer auf dem Meeresgrund verschwand. Die Fahrt der *Vasa* hatte keine 20 Minuten gedauert. Mindestens 30 Menschen verloren bei dem Unglück ihr Leben.

An der Museumskasse frage ich die Mitarbeiterin, ob ich auch für einen Kollegen, der gleich kommen würde, ein Ticket lösen dürfe – damit er sich, wenn er kommt, nicht ganz hinten anstellen müsse. Sie antwortet mit unnachahmlicher schwedischer Freundlichkeit: »Selbstverständlich. Sie können gern schon reingehen und wenn er kommt, holen Sie ihn halt draußen ab. Sie haben doch ein Handy dabei? Mit Ihrem Ticket können Sie jederzeit raus und rein.« Ich bin irritiert – ich kann mit meinen beiden Tickets jederzeit raus und rein, und niemand kontrolliert das? Ich könnte einen florierenden Handel mit meinen beiden Tickets beginnen. Schwedens Liberalismus offenbart sich auch im Detail.

Im Museum ist es dunkel, die Augen müssen sich erst an das spärliche Licht gewöhnen. Und es ist kühl – gerade so hell und so warm, dass es für die Besucher akzeptabel und für das alte Holz des Schiffes nicht schädlich ist. Und dann stehe ich davor: die *Vasa!* Da steht sie in ganzer Pracht.

Denn: Nicht für immer war das Schiff gesunken. Der Forscher Anders Franzén hatte zu Beginn der 1950er-Jahre versucht, das Wrack zu orten. Schon als Kind war Franzén fasziniert von den Schiffsteilen, die in der Nähe seines Elternhauses regelmäßig angeschwemmt worden waren. Im Stockholmer Archipel aufgewachsen, war ihm klar: Im Brackwasser der Ostsee kann der Schiffsbohrwurm, der Holzwracks in Salzgewässern auffrisst, nicht überleben. Sechs Jahre untersuchte er den Hafenboden – 1956 entdeckte er das schwimmunfähige Renommierstück am Meeresgrund.

Die Fachwelt war elektrisiert. Vorsichtige wissenschaftliche Untersuchungen begannen. Fünf Jahre zogen sich die Vorbereitungen unter Wasser hin, bis das Schiff am 24. April 1961, genau 333 Jahre nach seinem Untergang, in einem hochkomplexen filigranen technischen Verfahren gehoben werden konnte. Eine Sensation. Die *Vasa* war noch fast vollständig erhalten! Um das Verwesen des Holzes an Land zu verhindern, wurde es jahrelang zunächst mit Wasser besprüht und später mit Polyethylenglykol konserviert.

Seit 1990 ist die *Vasa* der Öffentlichkeit in diesem Museum zugänglich. Aber nicht nur der schwimmunfähige Prachtprotz ist hier zu bestaunen – was mich am meisten fasziniert ist, wie hier die Geschichte der *Vasa* detailgenau nachgezeichnet wird. Gleich nach dem Untergang des Schiffes nämlich wurde eine Untersuchungskommission im Kronrat unter Vorsitz des Bruders vom König einberufen. Nur wenige Tage danach kam die Kommission zusammen, um zu ermitteln, warum das Unglück passieren konnte.

Minutiös hat dieser Untersuchungsausschuss das Geschehen nachgezeichnet. Jeder, der mit dem Bau des Schiffes in verantwortlicher Position zu tun hatte, wurde geladen. Der Mann, der für den Ballast zuständig war, erklärte, wie er den Unterteil des Schiffes mit schweren Steinen gefüllt hatte, um das Schiff stabil im Wasser zu halten. Jeden verfügbaren

Raum hatte er für den Ballast genutzt – mehr ging nicht. Ihm war kein Fehler nachzuweisen. Und der, der für die Takelage zuständig war, sagte: »Ich habe nur vier von zehn Segeln gesetzt! Und es war fast windstill.« Er war unschuldig. Der Verantwortliche der Werft betonte: »Wir haben nach den Vorgaben gebaut, die uns gemacht worden sind.« Und so kam die Kommission zu dem Ergebnis: Niemand konnte verurteilt werden. Es war klar: Der Befehl des Königs, mitten in der laufenden Bauphase ein zusätzliches Deck einzuziehen, hatte das Unglück ausgelöst. Die *Vasa* war oberlastig, nicht einmal 120 Tonnen Ballaststeine reichten aus, um sie zu stabilisieren. Die hierarchischen Strukturen der damaligen Zeit hatten dazu geführt, dass dem König nicht widersprochen wurde. Sehenden Auges bastelte man am Untergang.

Aber: Die Schweden haben damals kein Bauernopfer gesucht, niemanden über die Klinge springen lassen. Die Verantwortung des Königs wurde dokumentiert, das Protokoll der Untersuchung liegt noch heute im Staatsarchiv. Diese Tradition der Aufklärung, des rationalen Dialogs, die bis heute nicht überall selbstverständlich ist, finde ich bewundernswert – und sie reicht bis in die Gegenwart.

»Bin da, versuche, zur Kasse vorzukommen, W«, steht in der SMS auf meinem Smartphone. Ich passiere den Ausgang, vergewissere mich nochmals, tatsächlich wieder hineinzudürfen und bekomme dies auch vom Mitarbeiter am Ausgang freundlich bestätigt. In der Traube der Wartenden im Foyer entdecke ich Walter Sittler. Auf Gotland dreht er gerade neue Folgen seiner TV-Krimireihe *Der Kommissar und das Meer*. Und selbst hier, unter den großen Schweden, ragt er heraus. »Hallo Walter«, rufe ich ihm zu und winke mit den Tickets.

Mit der Fähre ist er morgens um sechs Uhr in Visby auf Gotland gestartet. Am Eingang schieben wir uns an der Schlange der Wartenden vorbei. Roher Beton beherrscht die Wände in der hohen, offenen Museumshalle, die sich über sechs Etagen erstreckt. Neugierig schaut Walter Sittler sich um. Dann bleibt er stehen.

»Das ist ja riesig!«

Staunend, den Kopf im Nacken, steht er da. Lange schaut er auf das Schiff, das hier in ganzer Pracht und Größe, inklusive der Unterteile der Masten, des Bugspriets und der Takelage, den Mittelpunkt des modernen Gebäudes bildet. Von allen sechs Ebenen aus kann es, von breiten Treppen erschlossen, betrachtet werden, vom Kiel bis zum Ende des Achterkastells. Die drei Masten bieten Platz für zehn Segel, 52 Meter misst das Schiff von der Mastspitze bis zum Kiel und 69 Meter vom Bug bis zum Heck. Noch heute ist die *Vasa* ein beeindruckender Dreamliner – wenn man sie auf dem Trockenen betrachtet.

»Hast du schon etwas gegessen?«, frage ich. »Da vorne gibt es eine Cafeteria.«

Der Self-Service ist noch fast menschenleer an diesem Morgen, wir bestellen zwei Schwarzbrote mit Krabben, dazu Mineralwasser und Kaffee, und wir setzen uns an einen der Holztische an der langen Fensterfront mit Blick auf die Schären.

»Was mich an der Geschichte der *Vasa* so fasziniert«, sage ich, »ist vor allem, wie die Schweden damit umgegangen sind. Da wurde nichts unter den Teppich gekehrt.«

»Ich finde es erstaunlich, dass sie hier eine Niederlage in das Zentrum eines Museums stellen«, sagt Walter Sittler.

»Eine Niederlage«, erwidere ich, »die ein wunderbares Schiff hinterlassen hat. Ein Schiff, das nicht schwimmt! Und das nur noch besteht, weil es untergegangen ist – und uns heute als Parabel dient: Wir wissen ja, dass die Mächtigen immer ungefragt versucht haben, das durchzubringen, was sie wollten. Und wenn etwas schiefgelaufen ist, hat man es überdeckt. Deswegen finde ich die *Vasa*-Geschichte so interessant: weil es diese Untersuchung gab!«

Walter: »Meiner Meinung nach sind wir kaum einen Schritt weiter. Noch immer versuchen die Machthaber herauszufinden: Wie weit kann ich gehen? Man kann es am Beispiel der amerikanischen Waffengesetze sehen. Es geht der Waffenlobby, die Milliarden verdient, doch darum: Wie weit kann ich die Leute anschwindeln, ohne dafür zur Rechenschaft gezogen zu werden. Diese Waffendiskussion in den USA ist ja mittlerweile völlig absurd. Der Präsident – also die höchste Machtinstanz – setzt sich gegen die Waffenlobby ein, aber er setzt sich nicht durch. Die Masse der Waffenbesitzer legt sich quer. Die Waffenlobby sagt: ›The only way to stop a bad guy with a gun is a good guy with a gun.‹[2] Wie lange kann ich das den Menschen noch als Wahrheit verkaufen? Wie weit kann ich die Leute noch für blöd verkaufen? Und das scheint quer durch die Politik so zu gehen, quer durch die Wirtschaft. Konzerne haben keine Moral – weder eine gute, noch eine schlechte. Sie haben gar keine. Sie stellen eigene Verhaltensregeln auf – und sie setzen sie ein, um nach außen gut dazustehen. Und um ihren Einfluss in der Politik geltend machen zu können. Und wenn die Regeln irgendwann stören, werden sie flugs außer Kraft gesetzt. Das zeigt der Fall Uli Hoeneß. Schau dir an, wie sie produzieren lassen! Das ist nicht nur die Textilindustrie in Bangladesch. Das sind auch die Smartphones in China.«

Ich: »Inzwischen scheint es oft revolutionärer, wieder nach mehr Staat, mehr Regulierung, mehr staatlichem Schutz der Konsumenten und Bürger zu fragen. Dabei müssen wir nur aufpassen, dass wir nicht – ohne es zu wollen – den Großen in die Hände spielen, die sich mit den vielen Regeln und Vorschriften viel leichter tun als die Kleinen. Eine der Schwächen der EU ist sicher, dass tendenziell immer die größere Einheit, die effizientere Lobby bevorzugt wird. Daher auch dieser Widerstand gegen Europa, der sich in der Bevölkerung aufbaut. Gesetze allein sind nicht ausreichend – es braucht wache Medien und kritische Organisationen.«

---

2   »Nur ein guter Mensch mit einer Waffe kann einen bewaffneten Bösewicht aufhalten.«

Walter: »Letztlich wird es aber immer so bleiben: Wenn eine Gesetzeslücke geschlossen wird, finden die Cleveren die nächste. Das heißt: Die Energie mancher geht nicht dahin zu schauen: Wie kommen wir am besten miteinander klar? Wie können wir das Gemeinwesen so organisieren, dass Steuern gerecht und unkompliziert und einvernehmlich erhoben und bezahlt werden? Sondern es geht immer noch darum: Wie kann ich den Staat am unproblematischsten hintergehen? Der Staat wird als Gegner angesehen – und nicht als sinnstiftender Rahmen, in den ich mit hineingehöre. Wir haben als Grundlage immer noch: möglichst viel einnehmen, möglichst wenig abgeben – um es mal schlicht zu sagen. Das ist die Geisteshaltung.«

»Ich habe heute Morgen hier unsere Eintrittskarten gekauft und die Annahme der Kassiererin war: Sie sind ein vernünftiger Mensch und werden sich nicht draußen hinstellen und die Tickets weiterverkaufen. Weil sie so denkt, gibt sie mir auch die Möglichkeit zu sagen: Ich gehe raus, treffe jemanden und komme wieder rein. Das ist das Prinzip: Der Staat geht davon aus, dass er es mit vernünftigen Bürgern zu tun hat. Und die Bürger vertrauen ihm dafür.

Ich kenne Stockholm von vielen Besuchen. Zwischen 1987 und 1992 führten wir eine Kampagne, die ich geleitet habe, die ›Nuclear Free Seas‹-Kampagne. Eine der größten Kampagnen von Greenpeace. Wir hatten ein sehr großes Rechercheteam, das den ›Freedom of Information Act‹[3] dazu nutzte, umfassende Informationen über Atomwaffen auf See zusammenzutragen. So veröffentlichten wir einen Bericht, in dem wir Hunderte von Unfällen mit Atomwaffen auf See aufdeckten – auch das Sinken des amerikanischen Atom-U-Bootes *Scorpion* mit zwei Atomwaffen an Bord. 1968 war

---

3   Der »Freedom of Information Act« (FOIA) erlaubt jedem US-Bürger Einsicht in Dokumente der Regierung der Vereinigten Staaten. Das Gesetz wurde am 4. Juli 1966 von Präsident Lyndon B. Johnson unterzeichnet und trat ein Jahr später in Kraft. Trotz vieler Einschränkungen verpflichtet der FOIA die staatlichen Einrichtungen, der Öffentlichkeit größtmöglichen und umfassenden Zugang zu Informationen zu gewährleisten.

die *Scorpion* in der Nähe der Azoren gesunken. Und bis heute lässt die US-Regierung nichts unversucht, Fakten zu verschleiern. Noch 20 Jahre nach dem Untergang der *Scorpion* begründeten die Amerikaner umfangreiche Untersuchungen an der Unfallstelle damit, dass man auf der Suche sei – nach der *Titanic*. Nur auf Druck unabhängiger Recherchen kommt die Wahrheit aus den Tiefen des Ozeans häppchenweise ans Licht. Bis heute ist die *Scorpion* eine tickende Zeitbombe. Regelmäßig untersucht die US-Marine Wasser und Fische aus der Gegend auf Verstrahlung durch Plutonium. Noch scheinen Reaktor und Bomben in über 3000 Metern Tiefe dicht zu sein. Aber die Katastrophe ist absehbar.

Mit solchen Enthüllungen und mit direkten Aktionen haben wir das Augenmerk auf atomgetriebene Schiffe und Atomwaffen auf See gelenkt. Wir wollten damals erreichen, dass Atomwaffen auf See und atomgetriebene Schiffe abgeschafft würden. Wir haben versucht zu beweisen, dass die amerikanischen Kriegsschiffe routinemäßig Atombomben an Bord haben. Das muss man sich vorstellen: Da fuhren, von der Weltöffentlichkeit völlig unbemerkt und damit unkontrolliert, hochgefährliche Atomwaffen über die Weltmeere, vorbei an Kreuzfahrtschiffen, an Fischerbooten, die liefen in die Häfen der großen Städte ein, da lagerten Atomwaffen plötzlich in Millionenstädten – und keiner wusste es!

Die Amerikaner hatten eine eigentlich ganz clevere Politik: die ›Neither Confirm Nor Deny Policy‹. Sie bestätigten nichts, widersprachen aber auch nicht. Kein Kommentar. Wenn man erst einmal anfängt zu reden, kommt man nicht mehr heraus. Dann lügt man. Oder muss mit der Wahrheit auf den Tisch … Wenn man also die Amerikaner gefragt hat, ob sie Atomwaffen an Bord haben, haben sie einfach nichts gesagt. Damals gab es noch keine ›Whistleblower‹. Aber wir hatten eine sehr gute Rechercheabteilung.

Der ›Freedom of Information Act‹ der USA ist uns dabei entgegengekommen. Wir haben damals massenhaft Anfragen gestellt. In vielen Dokumenten, die wir bekamen, waren sicherheitsrelevante Stellen geschwärzt worden. Aber: Weil wir so viele Dokumente angefordert hatten, war das konsequente Schwärzen gar nicht so einfach. Es kam also vor, dass wir das gleiche Dokument mehrfach bekommen hatten – aber von unterschiedlichen Leuten geschwärzt. Daraus konnte man viel herauslesen. Wir haben insbesondere über die Logbücher von den Schiffen viel erfahren. In den Logbüchern muss stehen, wer an Bord ist und wer wann an Land geht. In den Logbüchern muss eigentlich auch aufgeführt werden, was geladen und nicht geladen ist. Da stand natürlich nicht drin: ›Atomwaffen geladen‹, aber es war die Rede von ›special weapons‹ – und genau das hätte eigentlich geschwärzt werden sollen, aber das war nicht immer der Fall. Wenn das Logbuch zum Beispiel einen Besuch im Hafen von Yorktown, Virginia, aufführte und die Eintragungen dahinter geschwärzt waren, dann war es leicht, eins und eins zusammenzuzählen. Yorktown war bekannt als ›Nuclear Weapons Station‹, als Hafen, in dem Atomwaffen gelagert wurden. Und wenn ein für Nuklearwaffen zugelassenes Schiff der Zweiten US-Flotte vom Heimathafen Norfolk in Virgina über Yorktown nach Europa fuhr, dann wusste man mit großer Sicherheit, dass Atomwaffen an Bord waren. Wir hatten also starke Indizienbeweise, dass amerikanische Schiffe mit Atomwaffen an Bord schwedische Häfen angelaufen hatten. Und so erwies sich die elegante ›Neither Confirm Nor Deny Policy‹ plötzlich als Bumerang. Denn die Amerikaner durften ja nicht auf unsere Beweisführung reagieren. Damit stand unsere Aussage als die einzig glaubwürdige und überzeugende im Raum. Die schwedischen Sozialdemokraten, die zu dieser Zeit noch ständig an der Regierung waren, hatten auf ihrem Parteikongress ausdrücklich beschlossen, dass keine Flottenbesuche mit Atomwaffen stattfinden durften. Die schwedische Regierung hat immer gesagt: Wir glauben unseren Freunden, den Amerikanern, dass sie unsere Politik respektieren.

Solange niemand etwas wusste, war dieses ›Neither Confirm Nor Deny‹ eine clevere Geschichte. In dem Augenblick aber, in dem unsere Aussagen gut untermauert waren, begann sich die ›Neither Confirm Nor Deny‹-Politik gegen die Amerikaner zu richten. Ich erinnere mich noch gut an eine Pressekonferenz hier, bei der wir die Ergebnisse unserer Recherchen vorgestellt hatten. Und mittendrin kam der stellvertretende Außenminister, Pierre Schori, eigentlich ein sehr progressiver Mensch. Der hat vor Wut geschäumt! Die Sozialdemokratische Regierung musste einerseits ihrer Basis gerecht werden, andererseits konnte sie sich nicht mit den Amerikanern anlegen.«

»Wie hat die schwedische Bevölkerung reagiert?«, fragt Walter Sittler.

»Es war in allen Medien. Das Explosive war die nüchterne Analyse. Das hat das ganze Spiel verändert. Letztlich ist das vergleichbar mit den Whistleblowern heute – Julian Assange, Bradley Manning und Edward Snowden. Aufklärung und Transparenz haben in so vielen Bereichen, siehe Schwarzgeld, zu blitzschnellen Veränderungen geführt.«

»Führte eure Kampagne tatsächlich zu Konsequenzen – oder ist der Kalte Krieg zu Ende gegangen, bevor es zu Konsequenzen kommen konnte?«

»Das hat alles ineinander gegriffen. Gorbatschow war in der Sowjetunion an die Macht gekommen! Abrüstungsverhandlungen begannen. Die Amerikaner haben ihre taktischen Atomwaffen zurückgezogen und wir haben dazu beigetragen. Die Regierungen waren von der Basis unter Druck geraten. Jetzt konnten sie nicht mehr sagen: Wir trauen unseren amerikanischen Freunden. Jetzt wollten sie explizit wissen: Habt ihr Atomwaffen? Zu dieser Zeit habe ich die Geschichte der *Vasa* kennengelernt – und gerade der Aspekt der Aufklärung hat mich dabei bis heute tief berührt. Vor 400 Jahren hat sich dieses Land allergrößte Mühe gegeben, einen hochsensiblen politischen Vorgang minutiös aufzuklären. In dieser Tradition hat sich diese Gesellschaft entwickelt – ein soziales, demokratisches Bewusstsein entsteht nicht von heute auf morgen, sondern mit dem Wachsen einer aufklärerischen Tradition. Fortschritt ist nur im Dialog möglich. Mit Transparenz – und nicht dagegen.«

»Du plädierst für Aufklärung, für den rationalen Dialog«, sagt Walter Sittler. »Aber was ist mit der Eigenverantwortung? Derjenige, der für den Ballast zuständig war, wusste doch: Es ist zu wenig. Derjenige, der die Segel gesetzt hat, wusste doch: Bei dieser Instabilität wird das Schiff kippen. Dem Schiffsingenieur, der den Wunsch des Königs umgesetzt und noch ein Deck aufgebaut hat, war doch klar: Das kann nicht funktionieren. Trotzdem haben sie alle gemacht. Sehenden Auges haben sie etwas umgesetzt, von dem sie wussten, es kann nicht funktionieren. Weil sie nur an ihren eigenen Aufgabenbereich dachten und nicht die Gesamtverantwortung hatten. Weil keiner es gewagt hat, dem König zu widersprechen.«

»Die haben alle ihre Rollen gespielt«, erwidere ich. »Das Denken in Rollen beeinflusst uns mehr, als wir denken. Wenn man eine bestimmte Position hat, lernt man relativ schnell, was von einem erwartet wird, was man vermeintlich tun kann oder nicht. Das darf man nicht unterschätzen. Ich spekuliere jetzt einfach einmal: Möglicherweise hat sich der Schiffsbauer schon gedacht: Der spinnt, der König! Aber das war der Auftrag seines Lebens – und ich nehme an, dass viele Architekten und Ingenieure versucht sind, so reagieren. Da fehlte ihm die Kraft zum Nein sagen.«

Walter: »Heute nicht anders als damals. Schau dir Stuttgart 21 an, die übersteuerte Elbphilharmonie, den unfertigen Berliner Großflughafen. Wo ist die Entwicklung?«

Ja, wo ist die Entwicklung? Ich muss an eine Geschichte mit dem Coca-Cola-Konzern denken, mit dem wir jahrelang einen Kampf geführt haben mit dem Ziel, dass in den Kühlgeräten des Konzerns keine klimaschädlichen Gase mehr eingesetzt werden. Mit dem damaligen Chef Neville Isdell hatte ich als Chef von Greenpeace International gute Gespräche in Davos beim Weltwirtschaftsgipfel. Er sagte: »Wir machen das!« Dann konnte er sich intern aber nicht durchsetzen, weil der damalige Chief Operations Officer, Muhtar Kent, die Umstellung als zu teuer empfand. Als Muhtar Kent einige Zeit später der neue Chef wurde, hat er ironischerweise genau das beschlossen, was er vorher bekämpft hatte. Als Finanzchef musste er schauen, dass das operative Ergebnis so gut wie möglich war. Als Gesamtchef aber war er jetzt auch für das Image verantwortlich. Und da verblassten die 20 Millionen, die die Umstellung vielleicht kostete, im Vergleich zum Imagegewinn.

»Wenn man Verantwortung trägt«, sage ich, »kommt es oft zu bitteren Lernprozessen. Ich war früher der Meinung, dass ich mich von meiner Rolle nicht so stark beeinflussen lasse. Aber es war nicht so. 2001 wurde ein Nachfolger für Thilo Bode[4] als Direktor für Greenpeace International gesucht, sein Abschied stand bereits fest. Thilo war in den 1990er-Jahren mein Nachfolger bei Greenpeace Deutschland. Ich lebte mittlerweile in London, hatte mich mit einer Beratungsfirma für NGOs (Nichtregierungsorganisationen) selbstständig gemacht. Und da bin ich gefragt worden.

Ich habe nicht lange gezögert. So gaben wir uns wieder die Klinke in die Hand – und ich wurde bei Greenpeace International Nachfolger meines Nachfolgers bei Greenpeace Deutschland. Das Greenpeace-Büro war in Amsterdam. Wenn ich nicht gerade unterwegs war, war ich von Montag bis Freitag in Amsterdam und am Wochenende zu Hause in

---

4   Der promovierte Volkswirt Thilo Bode war von 1989 bis 1995 Geschäftsführer der deutschen Sektion der Umweltorganisation Greenpeace. Von 1995 bis 2001 bekleidete er dieselbe Position für Greenpeace International. 2002 gründete er die Verbraucherschutzorganisation Foodwatch e.V.

London bei meiner Familie. Ich hatte den Bonus des Insiders und den des Outsiders gleichzeitig.

Als ich kam, war der Umbau eines Schiffes, das circa ein Jahr vorher gebraucht gekauft worden war, im Gang, der *Esperanza*. Sie sollte für Greenpeace-Zwecke umgerüstet werden. Greenpeace-Schiffe benötigen einen großen Presseraum, Funkstation, Satellitenstationen, Arbeitsmöglichkeiten für Journalisten, auch Platz für die Schlauchboote – vieles, was ein normales Schiff nicht braucht. Und die *Esperanza* sollte in der Lage sein, in arktischen Gewässern operieren zu können. Wir brauchten damals vor allem auch ein schnelleres Schiff, mit dem wir in den Südlichen Ozean gehen konnten, um die japanischen Walfänger zu jagen. Die Schiffe, die wir bis dahin hatten, fuhren alle höchstens zehn, elf Knoten. Die Japaner waren erheblich schneller – deswegen brauchten wir ein Schiff, das vierzehn, fünfzehn Knoten fahren konnte. Also war die Wahl auf die *Esperanza* gefallen, ein in Danzig gebautes früheres Feuerlöschschiff.

Unser Problem war, dass unsere Organisation mittlerweile größer geworden war. Sie beruhte jetzt auf der Spezialistenebene weniger auf Späthippies und Freiwilligen. Jetzt wurden fast nur noch Fachleute angeheuert, Chemiker, Limnologen, Atomphysiker, Biologen. Auch im Schiffbau hatte sich viel geändert. Unsere Schiffe waren früher als ›Yachten‹ registriert. Dabei waren die Anforderungen nicht so streng. Jetzt musste man viel mehr äußere Anforderungen erfüllen. Und als Organisation, die in der Zwischenzeit groß und bekannt war, war es eigentlich klar, dass man nicht auf andere mit dem Finger zeigen und sagen konnte: ›Die verschmutzen die Weltmeere.‹ Und wir selbst hatten dreckige Motoren. Das ging nicht. Wir brauchten jetzt Schiffe, die einen sehr hohen Standard erfüllten. Wir konnten es uns auch nicht leisten, das Schiff unter irgendeiner Billig-Flagge zu registrieren – es war klar: Das Schiff musste dort, wo unser Sitz ist, also ordnungsgemäß in den Niederlanden, registriert sein. So verlangte es die Professionalisierung der Organisation. Und so hatten sich die Kosten für die *Esperanza* innerhalb kürzester Zeit von vier auf acht Millionen verdoppelt. Das hat innerhalb der Organisation zu einem riesigen Ärger geführt.«

Walter Sittler kann sich ein Lachen nicht verkneifen: »Die Elbphilharmonie von Greenpeace!«

»So ungefähr. Anfang Dezember sollte das Schiff in die Antarktis auslaufen. Ich war der neue Chef und wenn man neu ist, wird alles Mögliche auf einen projiziert. Ich hatte Vorstellungen von einer Modernisierung der Aktionen und von einer Globalisierung der Organisation, das digitale Zeitalter war angebrochen, Social Networking kam auf. In einem Schiffsumbau sah ich eigentlich nicht meine Hauptaufgabe. Je näher wir aber an den Termin kamen, desto massiver wurden die Bedenken, ob man fertig wird. Plötzlich haben die unterschiedlichsten Leute Panik gekriegt, Aufträge wurden erteilt. Und die Elektrizitätsfirma verkündete: Wir müssen in drei Schichten arbeiten. Aber eine Nachtschicht kostet nun mal doppelt so viel wie eine Tagesschicht.

Mitte November war klar: Das Budget war noch einmal deutlich überzogen worden – und das Schiff immer noch nicht fertig! Die absolute Katastrophe.

Es gab endlose Diskussionen, Vorwürfe, Ausbrüche. Wie inkompetent Greenpeace International ist! Eine umfangreiche Untersuchung ist eingeleitet worden. Ich will meine blinden Flecken nicht nachträglich verteidigen. Aber ich denke mir, dass die *Vasa*-Konstrukteure wohl ähnliche Empfindungen hatten. Die schauten das an und dachten: Wow, was für eine großartige Sache. Man verdrängt dieses Nichtfunktionieren in bestimmten Situationen. Ich hatte die großen, langfristigen Visionen und Ziele vor Augen. Mir war wichtig, dass wir mit dem Schiff in die Antarktis fahren konnten. Am 1. Dezember 2001. Alles andere habe ich als eine technische Detailfrage gesehen, für die ich die Fachleute und nicht mich verantwortlich sah. Ich will mich nicht mit Gustav Adolf vergleichen. Aber der hat auch gesagt, ich will das größte Schiff …«

Walter: »… mit den meisten Kanonen!«

Ich: »Damit diesem verdammten Sigismund …«

Walter: »… der Arsch auf Grundeis geht.«

Ich: »Das war seine Motivation. Sein Admiral hat ihm möglicherweise gesagt: ›Der Sigismund hat 50 Kanonen auf seinem Schiff.‹ Also sagte Gustav Adolf: ›Dann bauen wir 64 drauf.‹«

Walter: »Wenn wir aber vermeiden wollen, dass in irgendeiner späteren Epoche der Menschheit, in einer anderen Galaxie, ein ähnliches Museum über uns erbaut wird, dann müssten wir doch aus solchen Fehlern lernen. Wir leben jetzt im Anthropozän. Unsere Hybris führt nicht zum Untergang eines Schiffes, sondern sie kann im Zweifelsfall zum Untergang des Planeten führen.«

Ich: »Dazu gehört, dass Entscheidungen nicht als unantastbar angesehen werden, sondern hinterfragt und analysiert werden – auch wenn sie legitim oder von Mächtigen getroffen wurden. Das ist ein wichtiger Aspekt, um den Missbrauch von Macht und Fehler zu vermeiden. Dazu gehört, dass das Recht, etwas entscheiden zu dürfen, heute zeitlich limitiert ist. Dass man sich öffentlich rechtfertigen muss und dass man sich über das, was getan wird, rational unterhält. Man muss sich auf das System verlassen können, auf seine Kontrollfunktionen – über die Standards, die gesetzt werden – über Gesetze, unabhängige Medien und NGOs. Der Systemtheoretiker Niklas Luhmann[5] stellte fest, dass eine soziale Entität sich nicht selber beobachten kann. Deshalb braucht ein Staat die kritischen Oppositions- und Kontrollkräfte wie Bürgerbewegungen und die Medien, die immer wieder sagen: ›Moment mal, das muss aufhören!‹

In dieser Hinsicht, finde ich, haben wir doch einiges an Fortschritt gemacht. Das sollte man nicht übersehen, wenn

---

5   Niklas Luhmann: Die Gesellschaft der Gesellschaft, Suhrkamp, 1997

man über Fehlschläge, die es bei uns bei großen Projekten immer noch gibt, redet. Letztlich geht es nicht allein darum, Hybris zu vermeiden – wir brauchen Träume, Ambitionen, Ideen. Ich würde ungern für eine reine Sicherheitsgesellschaft plädieren. Wenn ich dieses Schiff anschaue, dann denke ich: Man muss froh sein, dass es diese Verrückten gibt. Das *Vasa*-Museum ist heute ein nationales Denkmal – gerade weil es die Entlarvung einer Hybris darstellt. Und gleichzeitig stellt es die Frage: Wenn man diese utopischen Träume, Fantasien von Fortschritt, von Verbesserung und Veränderung, nicht hat – was bleibt dann? Gibt es dann noch eine gesellschaftliche Perspektive – wissenschaftlich, technisch, kulturell? Wir müssen uns fragen: Was lernen wir aus so einer Geschichte wie der der *Vasa?* Das, was wir heute sind, sind wir zum Teil durch solchen Wahnsinn, solche Verirrungen geworden. Es ist Teil unseres Lebens.«

Walter: »Vor allem geht es darum, zwischen realistischen, klugen, sozialen Visionen und egomanen, größenwahnsinnigen Plänen zu unterscheiden. Ich gebe zu: Das ist manchmal nicht einfach. Auf eine Art müssen wir in dieser komplexen Gegenwart leben – und Verantwortung übernehmen. Und auch Politik immer wieder neu erfinden.«

»Ein Freund von mir«, sage ich, »hat so eine schöne Formulierung – man redet ja immer von der Economy of Scale, also: größer, besser, höher. Er sagt: ›Es sollte auch eine Ecology of Scope geben.‹ Also Bandbreite, Vielfalt. Vieles spricht dafür.«

Walter lacht: »Ist nur so schwer umsetzbar. Economy of Scale ist so viel einfacher.«

Wir schlendern noch durch die Etagen des Museums und bestaunen die fast 700 Skulpturen, die das Schiff schmücken: Löwen, biblische Helden, römische Kaiser, Meerestiere, griechische Gottheiten. Eine einschüchternde Demonstration von Macht und Reichtum. »Kriegsschiffe im 17. Jahrhundert waren keine bloßen Kriegsmaschinen«, steht auf einer der Tafeln. Staunend stehen wir vor Vitrinen, die die Geschichte der Menschen der damaligen Zeit nachzeichnen. Stunden vergehen. Dann lockt uns die Sonne raus ins Freie.

»Ich muss los«, sagt Walter Sittler, »mein Schiff legt bald ab. Nehmen wir die Tram?«

Aufbruchstimmung auf der Museumsinsel. Djurgården, im Dreieck zwischen dem Nordischen Museum, dem *Vasa*-Museum und Junibacken, hat sich in einen großen Familiengarten verwandelt. Kreischen, Rufen, Lachen, Tränen bei müden Kindern.

»Hast du Schweden über deine Filmarbeit kennengelernt oder kanntest du es schon vorher?«, frage ich, während wir die Brücke über das Wasser in Richtung Karlaplan überqueren.

»Nur über den Film. Ich bin ja in meinem Beruf sehr pragmatisch. Ob man mich nach Afghanistan oder an den Nordpol schickt – zum Arbeiten fahr ich da hin und schaue mir an, wie es da ist. Hier in Schweden hat es mir schon im ersten Jahr gefallen. Und beim zweiten Mal war es immer noch schön. Jetzt bin ich schon zum achten Mal da – und es ist selbst bei Regen schön. Ein ganz gefährlicher Zustand! Ich gebe zu, dass mir diese Abwesenheit der Hektik und des Verkrampften wahnsinnig guttut. Wenn ich dran denke, dass ich wieder zurück muss …

Aber dafür sind die Freunde in Stuttgart. Ich will ja nicht hierher ziehen, das ist es nicht. Aber die Sehnsucht nach einem etwas entspannteren Umgang miteinander, dass fünfe halt auch einmal gerade sein können, das mag ich. Während meiner Tochter«, er lacht, »die ausgeprägte Höflichkeit und Rücksichtnahme der Schweden manchmal auf den Wecker gehen. Sie liebt Schweden, sie lebt in Göteborg. Ein Jahr lang war sie in Stockholm auf dem Gymnasium, dann hat sie hier Musik studiert. Kennenzulernen, wie man in einem industriell entwickelten Land anders leben kann, das tut sehr gut. Was man hier alles hinbekommt! Fast alle meine skandinavischen Schauspielerkolleginnen haben mehrere Kinder. Wenn eine Schauspielerin in Deutschland ein Kind hat, dann ist das schon fast eine Sensation. Hier ist das normal. Man lässt sich in Ruhe irgendwie. Man ist immer willkommen – aber die Leute lassen trotzdem immer genug Platz zwischen sich. Deshalb brauchen sie auch keine Zäune. Es gibt schon Zäune, damit das Vieh nicht wegläuft, aber das ist es schon.« Er lacht. »Hier klebt nicht überall ein Schild mit der Aufschrift ›Meins!‹ drauf«.

»Das liegt sicher auch daran«, sage ich, »dass in einer wohlhabenden Gesellschaft – jedenfalls in vielen ihrer Teile – die Gefahr von Übergriff und Diebstahl geringer wird. Dass aber auch Schweden inzwischen massive Probleme mit Randgruppen hat, zeigten die Aufstände der Jugendlichen in Stockholms Plattenbauviertel Husby. Die Immigranten, die dort leben, sind zwar gut versorgt und werden alimentiert. Aber Chancen, in der Gesellschaft anzukommen, sehen viele von ihnen nicht. So entsteht an den Rändern eine Art neuer Wohlstandsverwahrlosung. In der autochthonen schwedischen Gesellschaft gab es diese Probleme bislang so gut wie nirgends. Nun ist man überrascht – und überlegt, was zu tun ist. Es ist einfach offensichtlich, dass es hier eine beneidenswert lange Tradition dafür gibt, Verantwortung zu übernehmen für das, was man tut. Das fällt mir oft in Schweden auf. Wenn ich mit Freunden durch die Stadt gehe und wir sehen einen Obdachlosen, dann bekomme ich hier sofort eine Erklärung, warum es in Schweden Obdachlose gibt. ›Eigentlich sollte niemand obdachlos sein‹, sagen sie dann und erläutern, was alles getan wird, was fehlt und was noch getan werden muss.«

Walter lacht laut auf: »Das fällt mir auch immer wieder auf: Sie entschuldigen sich ständig für alles!«

»Ich kenne einen früheren schwedischen Finanzminister aus meiner Greenpeace-Zeit. Der war in dieser Debatte um den Euro sehr aktiv. Er hatte sich gegen den Euro ausgesprochen. Interessant ist, dass sie es hier geschafft haben, zu trennen zwischen der Idee Europa und dem, was ökonomisch sinnvoll ist. Eine gemeinsame Währung ohne eine gemeinsame Wirtschafts- und Sozialpolitik ist halt ein Problem. Das ist hier differenzierter diskutiert worden als in anderen Ländern. Nicht mit der Holzhammermethode: Wer gegen den Euro ist, ist gegen Europa. Der Gedanke, dass ein öffentlicher Diskurs auch ein rationaler sein kann, gefällt mir. Ich habe nach wie vor für die Idee und die Einführung des Euros viel Sympathie. Aber man hätte es leichter, wenn man anders über die Schwächen diskutieren könnte.

Hinzu kommt, dass es sich ein kleines Land nicht erlauben kann, provinziell zu sein. In einem kleinen Land muss man sich, wenn man die großen Philosophen und Wissenschaftler studieren will, mit den Kulturen und Sprachen anderer Länder auseinandersetzen, während die großen Nationen sich häufig selbst genügen. Das ist auch ein Grund dafür, dass man hier das Gefühl hat: Das ist eine offenere, zivilisiertere Gesellschaft, egalitärer als in vielen anderen Ländern. Nicht im Sinn von ›Gleichmacherei‹, sondern in dem Sinn, dass Leistung, Lernen, Debattieren wichtig sind – und dass alle daran teilhaben müssen, wenn die Gesellschaft funktionieren soll. Europa ist heute so sehr auf pragmatische Organisations- und ökonomische Fragen reduziert, dass es nicht dazu kommt, sich seiner kulturellen Aufgaben zu stellen. Einem Ökonomen ist das schwer beizubringen. Der sagt: ›Zuerst muss die Kasse stimmen.‹«

Walter: »Die Kultur einer Gesellschaft ist die Basis, auf der gutes Wirtschaften möglich ist. Wenn Kommunikation und Transparenz als Basis gegeben sind, lässt es sich leichter wirtschaften. Das siehst du in vielen anderen Ecken der Welt, wo diese Kultur nicht vorhanden ist. Wo die Kultur eher darin besteht, recht zu haben und sich ständig gegenseitig über den Tisch zu ziehen. Auf dieser Grundlage kann keine gesunde Wirtschaft funktionieren.«

»Eigentlich ist es ja interessant, dass ausgerechnet aus Schweden so viele weltbekannte Kriminalschriftsteller kommen. Ist das nicht skurril – immer wenn du auf Gotland auftauchst, findet man eine Leiche. Wie kommt ein deutscher TV-Sender darauf, ausgerechnet auf dieser friedlichen Insel eine Krimiserie zu drehen?«

»Weil die Autorin Schwedin ist und sehr oft dort war. Sie hat ein Ferienhaus auf Gotland und ist oft auf der Insel. Deshalb hat sie ihre Krimis dort angesiedelt. Und die deutschen Produzenten haben die Krimis gelesen und zu meinem Glück gesagt: ›Das machen wir.‹«

Ich: »Und wie kommt ausgerechnet ein deutscher Kommissar nach Schweden?«

Walter: »Na ja, der deutsche Kommissar ist da, damit die deutschen Zuschauer die Filme schauen. So einfach ist das. Der ist schon als junger Mann aus Deutschland weggezogen, weil er eine Schwedin geheiratet hat – die von einer Dänin gespielt wird.« Wir lachen.

»Sag, Walter, was denkst du: Warum ist das Morden hier ein so interessantes Thema?«

»Diese Frage habe ich mir auch schon gestellt. Es könnte sein, dass es sich die skandinavischen Gesellschaften, gerade bei dem so hohen Grad an Aufklärung, den sie erreicht haben, besonders gut leisten können, psychologisch genau in die Abgründe zu schauen. In Mexiko, wo kriminelle Gangs die Straßen in Atem halten, dreht man zum Beispiel lieber Soap Operas. Und vielleicht gibt es hier so viele gute Krimiautoren, weil es auch in einer scheinbar idealen Welt Ängste, Egoismen, Verzweiflung, Verbrechen gibt. Weil eine Gesellschaft ein Ventil braucht, um sich zu äußern. Weil sie Parabeln braucht, an denen man die Welt verstehen lernt.«

Als Filmlaie interessiert mich: »In welcher Sprache dreht ihr?«

»Deutsch, Schwedisch, Dänisch, Norwegisch, Finnisch.«

»Du sprichst bei den Dreharbeiten deutsch?«

Walter: »Ja, und die Kollegen antworten auf Schwedisch. Oder Dänisch. Oder Finnisch. Jeder versteht den anderen ein bisschen und weiß auch, was er sagt.«

Eine fremde Welt für mich – auch das ist Europa! Wir lernen voneinander, sprechen miteinander, verständigen uns – auch wenn wir nicht immer alles exakt verstehen. Jedenfalls, wenn ein gutes Drehbuch vorhanden ist.

An der Straßenbahnstation Strandvägen steigen wir in die Tram, die völlig überfüllt ist. Wie die Sardinen gedrängt stehen wir im Waggon. Walter Sittler fragt den Schaffner, ob er bei ihm für uns die Tickets lösen könne, und nochmals begegnet uns die umstandslose schwedische Nonchalance im Amt. Der Schaffner schaut höflich lächelnd in die Runde und verweist entschuldigend auf die vielen Menschen: »Schauen Sie – das geht heute nicht«, sagt er mit schwedischer Freundlichkeit. Es macht ihm anscheinend nichts aus, dass mal ein paar Fahrgäste ohne Ticket dabei sind, er ist weder Bürokrat noch Kleingeist. Alter Schwede! Also fahren wir schwarz, stehen ohne Tickets neben dem Schaffner, dicht gedrängt in einer Straßenbahn in Stockholm, fahren vorbei am Theater, in dem Ingmar Bergman einst seine großen Erfolge feierte, zum Bahnhof.

»Vieles lässt sich theoretisch nicht lernen«, sage ich noch nachdenklich mehr zu mir selbst. »Man geht ins *Vasa*-Museum und sieht die Selbstüberschätzung von König Gustav Adolf, man versteht das total und trotzdem zieht man nicht den Schluss, dass das irgendwas mit einem selber zu tun hat. Dazu muss man dann doch selbst auf die Nase gefallen sein.«

»Du meinst doch jetzt nicht, dass ein Museum nur einen beschränkten pädagogischen Wert hat?«, fragte die Stimme des Schauspielers amüsiert einen Kopf über mir. »Das will ich nicht sagen«, erwidere ich. »Man schaut dieses Schiff an und sieht die Welt anders – nur die Lehren für sein eigenes Leben, die dauern manchmal etwas länger.«

In der Bahnhofshalle verabschieden wir uns herzlich, mit großen Schritten geht Walter Sittler zum Gate. »Gerd«, ruft er
mir noch zu. »Wir sehen uns in Travemünde!«

Stockholm

Travemünde

Travemünde
Juni 2013

Beim Besuch auf dem
Greenpeace-Schiff *Beluga II*
reflektieren Gerd Leipold
und Walter Sittler, wie sie zu
ihrem zivilgesellschaftlichen
Engagement gekommen sind.
Über Rationalität und Emotion.
Und die Gefahren kollektiver
Euphorie

Walter Sittler
Travemünde

Es ist still an diesem Samstagmorgen. Ich stehe am Bahnhof Travemünde-Hafen und komme mir ein bisschen vor wie in einem Sergio-Leone-Film. Heruntergekommene Holzschuppen auf der einen Seite des Bahnsteigs, auf der gegenüberliegenden eine verrostete Eisenkonstruktion, in der die Glaseindeckung fehlt. Ein Gleis endet im Nirgendwo, verdeckt von wild wucherndem Grün. Alles sieht ein wenig verwahrlost und verlassen aus. »Ich konnte die Schönheit einatmen wie Försterkinder die Waldluft«, schreibt Erich Kästner in seiner autobiografischen Erzählung *Als ich ein kleiner Junge war* über die architektonische und landschaftliche Ästhetik seiner Heimatstadt Dresden. Der Glückliche! Denn ich glaube daran, dass wir beeinflusst werden von unserer Umgebung. Es spielt eine Rolle, ob wir von klein auf einem Sinn für Ästhetik begegnen, einer Empfindsamkeit für Zusammenhänge, im täglichen Beobachten und Erleben. Oder ob wir auf Schritt und Tritt Lieblosigkeit und Gleichgültigkeit begegnen. Lässt sich der Zeitenwandel, der auf dieser kleinen Bahnstation sichtbar wird, nicht anders lösen?

Gestern Abend bin ich aus Schweden zurückgekommen. Die letzten Drehtage waren anstrengend. Wie so oft bei Dreharbeiten ging uns am Ende etwas die Luft aus. Dann dauert alles länger, man ist müde am Abend, kann sich nicht mehr so gut vorbereiten auf den folgenden Drehtag, der sich dann auch in die Länge zieht – ein Kreislauf. Aber alles ist gut gegangen. Die Stimmung war gut, keine »Katastrophen«. Wie immer fand am letzten Tag eine kleine Abschiedsparty statt, man umarmt sich, wünscht sich ein gutes Jahr, manchmal fließen Tränen – ein Film ist wie ein Handwerksbetrieb auf Zeit, eine intensive Erfahrung und in dieser internationalen, nordischen Truppe eine besondere Freude. Gestern Morgen sind Sigrid, meine Frau, und ich mit der Fähre aufs Festland gefahren, und von dort quer durch Schweden zur beeindruckenden Brücke über den Belt bis an die Südküste Dänemarks. Und dann hierher.

Das Greenpeace-Schiff *Beluga II* ankert heute an der Travemündung, und hier bin ich wieder mit Gerd Leipold verabredet. Vor Ort möchte ich mehr über die Arbeit bei Greenpeace erfahren, wie sie heute abläuft, wie er sie in seinen Jahren dort erlebt hat. Wir wollen unser Gespräch fortsetzen über zivilgesellschaftliches Engagement und darüber, wie wir dazu gekommen sind, was wir gelernt haben, was wir erreicht haben. Und was nicht geglückt ist. Ich bin neugierig: Wie kam einer wie Gerd Leipold, dem eine Erfolg versprechende akademische Karriere offenstand, dazu, sich auf den Kampf David gegen Goliath einzulassen?

Der Zug aus Hamburg spuckt Fahrradfahrer aus, Gruppen mit ganz unterschiedlichen Gefährten. Moderne Bikes und gemütlich wirkende Hollandräder. Männer mit grauem Bart, denen man ihren sportlichen Ehrgeiz ansieht und gelassene Freizeitradler. Und mittendrin ein älteres Paar auf einem Tandem mit einem Einrad-Gepäckhänger. Alle zieht es zum Ostsee-Fahrradweg.

»Hallo Walter!«, höre ich Gerds Stimme vom anderen Ende des Bahnsteigs. »Hast du alle Mörder gefangen?« – »Wie es im Drehbuch stand!« Wir lachen und laufen zu Fuß vom Bahnhof durch die »Rose«, wie die Dorfstraße, die zur Trave führt, tatsächlich heißt. In der Vorderreihe herrscht schon reger Betrieb an diesem windigen Morgen. Leute schlendern den Kai entlang, sitzen in Straßencafés links und rechts der Promenade, betrachten die Passanten und die Boote und Schiffe. Auf der gegenüberliegenden Seite des Flusses ist die Halbinsel Priwall zu sehen. Dort ist ein alter Viermaster festgemacht, die *Passat*, ein beeindruckendes Schiff, das im Jahr 1911 vom Stapel lief und bis 1959 für den Getreidehandel mit Südamerika eingesetzt wurde. Seinerzeit eins der schnellsten und wirtschaftlichsten Schiffe der Welt – trotz der Konkurrenz der aufkommenden Dampfschiffe. Mit 18 Knoten war dieses Segelschiff nur unwesentlich langsamer als der damalige Rekordhalter, die *Titanic*, die es gerade einmal auf 21 Knoten brachte – mit einem Energieverbrauch, der in keinem Verhältnis zu dem der *Passat* stand. Fortschritt ist ein relatives Phänomen, er verläuft nicht immer gradlinig.

Ganz am Ende der Trave-Promenade, an der Überseebrücke 1, hat die *Beluga II* festgemacht, ein weiß-grün gestrichenes Flussschiff, mehr als 30 Meter lang und fast sechs Meter breit. Vorn am Bug, über dem aufgemalten Regenbogen, hängt ein Schlauchboot – untrügliches Symbol der Regenbogen-Kämpfer. Wir klettern an Bord. Einige Aktivsten in grünen Windjacken begrüßen uns freundlich, mit Flyern der aktuellen Kampagne in den Händen.

»Hallo, ich bin Uwe Linke, der Kapitän.« Ein schmaler, bärtiger, etwa 40-jähriger Hamburger mit der typischen, von See und Wind und Wetter gegerbten Haut kommt uns entgegen. »Ich zeig euch mal das Schiff.« Gerd Leipold hat unseren Besuch angekündigt. Vom ersten Moment an fühle ich mich wohl hier. »Die *Beluga II* ist sowohl auf Flüssen als auch vor den Küsten der Nord- und Ostsee einsetzbar«, erklärt uns der Käpt'n, »ein Klipper. Das ist ein Schiffstyp, der schon vor rund 200 Jahren in den Niederlanden als reines Segelschiff entwickelt wurde. Diese Schiffe sind wegen ihres geringen Tiefgangs von nur 1,40 Meter und des platten Bodens auch für die Fahrt im Wattenmeer geeignet. Ein Segelschiff, das gewerblich und nicht als Sportgerät genutzt wird – das ist heute was Ungewöhnliches. Aber das ist die Zukunft! Natürlich hat das Schiff auch einen kräftigen Dieselmotor. Aber die Segel sparen Treibstoff.

Das letzte Mal habe ich vor drei Wochen in Polen, in Kołobrzeg, getankt. 1000 Liter – und der Tank ist immer noch fast voll!«

Eine steife Brise weht uns ins Gesicht. Wir stehen an Deck und bestaunen das wohlgeordnete Chaos der Takelage. »Mit den Segeln«, erläutert der Käpt'n, »sind wir nicht nur umweltfreundlicher, sondern auch schneller und billiger unterwegs. Selbst wenn wir nicht wirklich segeln können, wenn der Wind zu nah von vorne kommt, nehme ich die Tücher hoch. Das spart selbst dann fast 30 Prozent Diesel. Das Schiff liegt dann einfach stabiler und stampft sich nicht so fest in den Wellen. Es ist enorm, was das ausmacht.«

Gerd will vom Kapitän wissen, ob das Setzen der Segel hier auch automatisiert ist: »So wie auf der *Rainbow Warrior III*[1]? Dort kannst du fast alles von der Brücke aus steuern.«

»Nein, das ist es hier nicht«, erklärt Uwe. »Dafür haben die Kollegen dort auch nicht so viel Spaß beim Segeln wie wir!« Er lacht. »Das geht echt ab hier, da sind die Jungs dabei und singen ein: Hey! Ho! Und dann reißen sie an den Leinen, die kommen richtig in Fahrt.«

»Lasst uns mal reingehen«, sagt Verena Mohaupt, die Projektleiterin der Tour. »Ganz schön windig heute.«

Es ist eng und niedrig im Bauch des Schiffes, ich muss den Kopf einziehen. Wir schieben uns an einer kleinen Kombüse vorbei, in der sich zugleich die Dusche befindet. »Das ist halt unser Standard hier unten«, sagt Uwe fast entschuldigend. »Hat den Charme einer Milchfabrik.« – »Ist ja auch kein Kreuzfahrtschiff«, lache ich.

Dann erreichen wir einen großen Frachtraum. »Die Decke lässt sich öffnen«, erklärt Uwe. »Und durch die Öffnung können wir Container einfahren. Während einer Kampagne können wir hier einen Pressecontainer reinschaffen, ein komplett

---

1   Die *Rainbow Warrior III* ist ein Hightech-Motorsegelschiff der Umweltschutz-organisation Greenpeace, die nach 22 Jahren ihre Vorgängerin, die *Rainbow Warrior II*, ersetzt. Diese wiederum war die Nachfolgerin der 1985 durch Agenten des französischen Auslandsnachrichtendienstes versenkten *Rainbow Warrior I* gewesen. Bei dem Anschlag kam der Fotograf Fernando Pereira ums Leben.

ausgestattetes Pressestudio. Vor einiger Zeit waren wir mit der *Beluga* in russischen Gewässern unterwegs. Dort haben wir Wasserproben entnommen, diese direkt vor Ort analysiert und die Presseerklärung sofort rausgegeben. Und als wir zuletzt in Kołobrzeg waren, hatten wir hier einen Container mit großen Steinen im Frachtraum. Deswegen sieht das heute auch ein bisschen verschrammelt aus.«

»Ihr hattet Steine geladen?«

»Die wurden in der Nord- und Ostsee versenkt«, erklärt Gerd. »Um die Grundschleppnetzfischerei zu behindern. Dabei werden teils riesige Schleppnetze mit schweren Eisenketten und Scherbrettern über den Meeresboden geschleift, der Meeresboden wird regelrecht umgepflügt, in vielen Teilen der Nordsee buchstäblich jeder Quadratmeter Meeresboden viele Male im Jahr. Was da unten lebt, Muscheln, Seesterne, Schnecken, Würmer, Algen und besonders auch Jungfische, alles was da lebt und wächst – wird zerstört. In vielen Teilen der Ostsee hat man die großen Felsbrocken und Steine bis in die 1970er-Jahre von Tauchern heraufholen lassen. Dabei sind sie hier besonders wichtig, denn sie sind meist die einzigen Stellen im Bereich der sonst sandigen Meeresböden, an denen Algen und Schwämme wachsen können und die besonders für Jungfische ein gutes Versteck bilden. Überall, wo jetzt Steine sind, können nun wieder Algen wachsen – und besonders die zerstörerische Schleppnetzfischerei kann dort nicht mehr eingesetzt werden. An den Steinen gehen die Netze nämlich kaputt.«

»Ich bin hier ja nur der Kapitän«, wirft Uwe ein. »Ich bin keiner, der eine Pressekonferenz geben könnte. Aber die Fischer, die da rausfahren mit ihren kleinen Booten sind ja meine Kollegen. Und die finden nichts mehr mit ihren kleinen Netzen. Die haben nichts mehr, weil irgendjemand, der viel Geld verdienen möchte, nicht nur alles rausholt, sondern dabei auch noch die Lebensgrundlagen von anderen platt macht.«

Verena erzählt uns von einer Aktion von 2007: »Da sind wir mit diesem Schiff auf der Nordsee unterwegs gewesen, vor Sylt. Dort gibt es das sogenannte Sylter Außenriff, ein ›Natura 2000 Schutzgebiet‹[2] – diesen Titel hat es in den Anfangsjahren aber so nicht verdient! Da haben sie weiter mit dieser zerstörerischen Technik Fische gefangen. Damals kamen wir auf die Idee, einfach neue Natursteine zu versenken. Und über unser GPS wurden die Steine in internationale Karten eingetragen. Es hat funktioniert – das Gebiet wurde buchstäblich renaturiert. Seitdem meiden die Schleppnetzfischer diese Gebiete. So haben wir dafür gesorgt, dass das Schutzgebiet seinen Namen auch verdient.«

Gerd Leipold erklärt mir die Anfänge der *Beluga*-Kampagnen. »Ursprünglich war die ganze Idee, die europäischen Flüsse wieder sauber zu kriegen und dafür die Wasserqualität in den Flüssen zu kontrollieren. Die Behörden messen nie bei denen, die den Dreck einleiten. Ihnen geht es um die durchschnittliche Wasserqualität. Wir aber wollten wissen, wer die Verursacher sind. Also fuhren wir mit der *Beluga*, die mit einem Analyselabor ausgerüstet war, zu denen hin. Vieles hat sich seitdem in unseren Flüssen zum Besseren verändert. Heute beschäftigt sich die *Beluga* vornehmlich mit der Küstenfischerei.«

»Und wir machen Öffentlichkeitsarbeit«, sagt Verena. »Zurzeit sind wir zum Schutz der Arktis unterwegs. Seit letztem Jahr sammeln wir Unterschriften. Die Arktis ist in großen Teilen eins der letzten großen unberührten Ökosysteme auf diesem Planeten mit einer einmaligen und faszinierenden Tier- und Pflanzenwelt – und doch ist sie aus mehreren Gründen stark bedroht. Im Sommer 2013 war die Seeeis-Fläche nicht einmal mehr halb so groß wie noch vor 40 Jahren – obwohl der Weltklimarat IPCC diese Entwicklung erst für das Jahr 2100 vorhergesagt hat. Das nutzen Konzerne wie

2   »Natura 2000 Schutzgebiete« ergeben ein Netz europäischer Schutzgebiete aus Fauna-Flora-Habitat-Gebieten und Vogelschutzgebieten. Das Netz stellt den sogenannten europäischen Biotopverbund dar, es dient den Lebensräumen von besonderen Tier- und Pflanzenarten in Europa.

Shell und Gazprom vor Alaska oder Russland aus, um dort nach Öl und Gas zu bohren. Das Problem dabei aber ist: Wenn es dort zu einem Unfall kommt und Öl ausströmt, würde es das ganze Ökosystem in der Arktis zerstören. Bei der Havarie der *Deepwater Horizon* im Golf von Mexiko zum Beispiel sind 780 Millionen Liter Öl ausgelaufen – innerhalb von drei Monaten. Die Zeit, die Shell in der Arktis zum Bohren hat, beträgt jährlich aber nur drei Monate – weil der arktische Sommer so kurz ist. Wenn es zu einem Unfall kommen würde, hätte man nicht sehr viel Zeit, um ein Leck zu stopfen. Außerdem laufen die Stoffwechselvorgänge in der Arktis aufgrund der Kälte sehr langsam ab. Vielleicht erinnerst du dich – 1989 ist vor Alaska die *Exxon Valdez* auf Grund gelaufen. Damals sind 40 000 Tonnen Öl ins Meer gelaufen. Wenn man da heute am Strand entlang läuft, findet man an manchen Stellen immer noch Öl im Boden, obwohl der Unfall über 25 Jahre her ist. Das baut sich nur sehr, sehr langsam ab. Eine kanadische Firma, die auf die Beseitigung von Ölunfällen spezialisiert ist, sagt ganz klar: Es ist technisch schlicht unmöglich, ein Ölleck in der Arktis zu schließen! Das wissen die selber genau. Trotzdem sind die Anrainerstaaten USA, Kanada, Dänemark, Norwegen und Russland gerade dabei, den Eiskuchen Arktis unter sich aufzuteilen. Russland hat ja 2007 von einem U-Boot aus unter dem Nordpol eine Flagge aufgestellt und damit seinen Besitzanspruch auf die Arktis demonstriert. Wir sind seit 2012 an der Arktis-Kampagne dran. Im Dezember letzten Jahres hatten wir fast drei Millionen Unterschriften zusammen. Die haben wir vor Kurzem am Nordpol deponiert und unsere Botschaft ist: Die Arktis gehört nicht euch! Sie gehört uns allen.«

Der Beginn eines langen Kampfes, so scheint es. Denn am 15. September 2013 lief eine dpa-Nachricht durch die Ticker: »Im Rennen um riesige Öl- und Gasvorräte hat Russland erstmals seit mehr als 20 Jahren wieder Kriegsschiffe

in die Arktis entsandt.« Ein Verband um den schweren atom-
getriebenen Raketenkreuzer *Pjotr Weliki* sei bei den Neu-
sibirischen Inseln angekommen, sagte Vize-Verteidigungs-
minister Arkadi Bachtin. »Wir sind für immer in die Arktis
zurückgekehrt!« Nur vier Tage später hat sich der Streit dramatisch zugespitzt. Der russische Grenzschutz stürmte am
19. September 2013 das unter niederländischer Flagge fahren-
de Greenpeace-Schiff *Arctic Sunrise.* Die Aktivisten wurden
von russischen Soldaten mit Waffen bedroht. Der offizielle
Vorwurf an die Aktivisten lautet: Piraterie. Sie hatten gegen
die russische Ölbohrinsel *Prirazlomnaja* im Nordpolarmeer
demonstriert.

»Das wird eine harte Auseinandersetzung«, sagt Gerd Leipold. »Vor ein paar Jahren, im Sommer 2006, hatten meine
Greenpeace-Kollegen aus Russland sich darum bemüht, mit
anderen führenden NGOs an einem Treffen mit den Staats-
chefs der G 8-Länder, das in jenem Jahr in St. Petersburg
stattfand, teilnehmen zu können. Das klappte zwar nicht –
stattdessen wurden wir aber zu einem privaten Gespräch mit
Russlands Staatschef Wladimir Putin eingeladen. Der Kreml
hatte darauf spekuliert, mit einem solchen ›Kritikerempfang‹
das Image Russlands als offenes, tolerantes Land aufpolieren
zu können. Und wir hofften, dass ein Treffen mit Putin die
Rechtssituation von NGOs in Russland stärken würde. Putins
Büro, mit dem ich über die Modalitäten verhandelt hatte,
hatte uns zuvor erklärt: ›Sie dürfen absolut alles fragen, keine
Frage ist tabu!‹ Das Treffen geschah in einer der Residenzen
von Putin am Rande von Moskau. Repräsentanten von etwa
15 Organisationen nahmen teil, darunter auch Oxfam International und Amnesty International. Wir kamen am späten
Nachmittag und versammelten uns gerade im Freien, als uns
der Hausherr entgegen kam – begleitet von seinem Hund,
mit dem er gerade spazieren gegangen war.

Wir wurden ins Haus gebeten und um einen großen Tisch
gesetzt, auf dem schon das Abendessen gedeckt war. Es

entwickelte sich eine fast dreistündige Diskussion über Umweltschutz, Entwicklungspolitik, Menschenrechte und die Situation von NGOs in Russland. Putin wusste gut Bescheid, meist antwortete er ohne jedes Zögern und sogar mit ziemlicher Offenheit. Seine Aussagen waren klar formuliert, im Wechsel diplomatisch oder direkt. Selbst als ich ihn aufforderte, seinen Chefberater in Klimafragen zu entlassen, da der sich gegen die weltweit besten Klimawissenschaftler gestellt hatte, reagierte er äußerlich sehr gelassen. Über Personalfragen, sagte er, sollte an diesem Tag nicht gesprochen werden.

Putin gab sich als jemand, der an der Arbeit von NGOs interessiert ist, und erklärte auch, er habe keineswegs die Absicht, deren Arbeit zu behindern. Und dennoch: Bei aller zur Schau gestellten Dialogbereitschaft war schon damals klar, dass er für Leute, die er als Gegner betrachtet, äußerst unangenehm werden konnte. Den Kampf um die Arktis wird er mit allen Bandagen führen.«

»Vernunft gegen Profitgier, der immer gleiche Wettlauf«, denke ich, als Verena sagt: »Ich habe meine Kajüte ein wenig aufgeräumt. Und wir haben Kaffee gemacht. Ihr könnt es euch gemütlich machen, wenn ihr wollt.« Die Kajüte ist winzig, gerade mal anderthalb Meter breit und drei Meter lang. Die eine Hälfte ist außerdem nur etwas mehr als einen Meter hoch, weil ein Hängeschrank über den Pritschen festgeschraubt ist. Selbst im Sitzen muss ich da drunter den Kopf einziehen. Verena eilt los: »Hab zu tun, bis später!« Immer wieder kommen Besucher an Bord, Familien mit Kindern, junge Menschen, ältere Paare. Die Aktivisten verteilen Flyer und informieren über die Arbeit von Greenpeace. Das Schiff schaukelt sacht im Hafenwasser, der Kaffee tut gut – eine gute Gelegenheit, mehr von Gerds Zeit bei Greenpeace zu hören. »Warst du in deinen aktiven Jahren oft auf solchen Schiffen?«, frage ich. Er muss lachen. »Eigentlich bin ich eine Landratte und völlig seeuntauglich. Mir wird es auf See jedes

Mal jämmerlich schlecht. Dennoch habe ich manchmal mehrere Wochen auf unseren Schiffen verbracht, während unserer Kampagne gegen die Atombombenversuche im Mururoa-Atoll in der Südsee vor allem. Aber auch später. Ich war ständig seekrank, kein Vergnügen.«

»Wieso hast du dich überhaupt für diese Arbeit entschieden?«

»Das ist eine lange Geschichte. Ich habe Physik studiert«, sagt Gerd, »und die Physik ist wegen der Atomenergie und der Atombombe nah dran an politischen Fragen. Meine Politisierung hat aber schon ganz früh zu Hause begonnen. Meine beiden jüngeren Brüder, die 1941 und 1944 geboren wurden, haben zu Hause immer wieder strittige Themen angesprochen, vor allem die Nazi-Vergangenheit unseres Vaters. Unsere Mutter hat dann immer geklagt: ›Ihr bringt die ganze Familie durcheinander‹.

Mein erster Akt von zivilem Ungehorsam geschah in der Schule. Ich muss damals so zwölf oder dreizehn gewesen sein und ging in Memmingen in eine bayerische Schule. Ich war aber Württemberger. Eines Tages stand die bayerische Nationalhymne auf dem Stundenplan. ›Gott mit dir, du Land der Bayern‹. Ich habe mich geweigert mitzusingen. Als Württemberger, sagte ich, könnte ich das unmöglich singen! Der Musiklehrer war etwas hilflos. Er versuchte mich zu überreden. Dabei kam ihm die zweite Strophe gelegen: ›Dass mit Deutschlands Bruderstämmen, einig uns ein jeder schau.‹ Das würde doch auch für die Württemberger zutreffen, meinte er. Ich sagte: ›Okay, ich bleibe sitzen, bis diese Stelle kommt – und dann singe ich das mit.‹ Je verzweifelter der Lehrer versuchte, mich zu konstruktiver Mitarbeit zu bewegen, desto größere Freude hatte ich daran. Meine manchmal etwas exzessive Lust am Widerspruch war schon damals sehr entwickelt.

Ich war ein guter Schüler und hatte immer gute Zeugnisse. Und schon mit vierzehn oder fünfzehn Jahren wusste ich: Ich will einmal theoretische Physik studieren und Professor werden. Und so ging ich 1970 an die Ludwig-Maximilians-Universität nach München. Und damals lag es einfach in der Luft, dass man politischer wurde.

Die Physik hat etwas Objektives und Universelles – es gab zu Beginn des 20. Jahrhunderts eine weltweite Community der Physiker mit ihren Schwerpunkten Göttingen, Berlin und München. Fast alle wichtigen Forscher kannten sich, die Nationalität spielte keine Rolle. Diese universelle Gemeinschaft der Forscher, die erst durch den Nationalsozialismus brutal zerschlagen wurde, glaubte ich auch noch während meines Studiums zu spüren.

Für mich war das Studium eine wunderbare Erfahrung, die Universität bedeutete Freiheit. Ich habe die Wissenschaft als Ort erlebt, wo man diskutiert und wo das Argument gilt – und nicht Macht. Das war so am Max-Planck-Institut für Physik, an dem ich meine Diplomarbeit schrieb, und das blieb auch so in Hamburg am Max-Planck-Institut für Meteorologie, an dem ich meine Doktorarbeit verfasste. Mein damaliger Chef Klaus Hasselmann, der bedeutendste Klimaforscher in Deutschland, hatte es nicht nötig, Entscheidungen durch Amtsautorität zu begründen. Er pflegte lieber den wissenschaftlichen Diskurs. Es war eine progressive, liberale Umgebung.

Im Herbst 1977 ging ich für ein Jahr nach Südkalifornien, an die Scripps Institution of Oceanography. Dort erlebte ich eine Offenheit und Diskursfreudigkeit, die mich begeisterte – selbst bei den erfolgreichsten Professoren. Wenn ich Fragen hatte, konnte ich jederzeit an die meist offenen Türen klopfen. Es war selbstverständlich, dass ein wichtiger Forscher mit einem geredet hat. Mit vielen Vorurteilen gegen Amerika war ich damals ins Land gekommen – die Toleranz und Liberalität, die ich dann aber in Kalifornien erfuhr, war für mich eine der wichtigsten Erfahrungen meines Lebens.

Damals habe ich zum ersten Mal in meinem Leben am Meer gewohnt. Es war für mich schon ein großer Schritt gewesen, von Süddeutschland nach Hamburg zu ziehen. Und ich war damals aufrichtig erstaunt, dass Hamburg nicht direkt am Meer liegt. In Kalifornien lebte ich in La Jolla, einem Vorort von San Diego, in einer Wohngemeinschaft mit Studenten, 100 Meter vom Strand entfernt. Wenn ich nachts das Fenster offen hatte, konnte ich den Pazifik hören. Die Kraft der Wellen habe ich dort respektieren und die Schönheit des Meeres lieben gelernt.

Ich erinnere mich aber auch, wie furchtbar ich es anfangs fand, dass mich auf der Straße alle Leute anstrahlten und ›How are you?‹ sagten. Und ich weiß noch, dass ich in meinen ersten Briefen nach Deutschland geschrieben habe: ›Keiner erwartet hier eine Antwort!‹

Als ich nach einem Jahr bei trübem Wetter aus dem sonnigen Kalifornien zurück nach Hamburg kam und mich am Flughafen, im Bus, auf dem Weg in meine Wohnung niemand mehr spontan angelächelt hat und keiner mehr ›How are you?‹ fragte, war ich zutiefst schockiert. Ich glaube, ich habe geweint, am Flughafen. Ich hatte mich so daran gewöhnt, dass man sich gegenseitig freundlich wahrnimmt im Alltag. Ich hatte inzwischen kapiert, dass die vermeintliche Oberflächlichkeit der Amerikaner auch eine Lebenshaltung ist, optimistisch, positiv. Genuine Freundlichkeit.

Diese Liberalität, die für mich auch früher schon wichtig gewesen war, war ein Grund dafür, warum ich mich bei aller Linksorientierung zu Beginn meines Studiums nicht einer der kommunistischen Gruppierungen angeschlossen hatte. Ich wollte zwar politisch aktiv sein, aber das Dogmatisch-Sektiererische kam für mich nicht infrage. Ich hatte den Eindruck, man muss bei denen den eigenen Kopf ausschalten. Aber der Zwiespalt blieb. Auf der einen Seite wollte ich politisch aktiv sein, auf der anderen Seite war mir das Angebot der politischen Parteien und Bewegungen zu ideologisch, zu unfrei.

›Wissenschaft muss der Gesellschaft dienen‹, hatte ich gehört, und das hat mir eingeleuchtet. Physiker haben Verantwortung für ihre Forschung, ihre Erfindungen. Das war mein Credo. Mein Thema war von Anfang an die Frage der Atomenergie, eine Schöpfung unserer Profession. Wie ist sie zu verantworten? Eine Technik, bei der der Nutzen im Jetzt liegt, deren Folgen aber nachfolgende Generationen auszubaden haben. Bis heute halte ich das für unverantwortlichen Irrsinn. Ich war natürlich auch gegen die Atombombe. Jeder anständige Physiker ist gegen die Atombombe und gegen Atombombenversuche. Damals hatte ich das kritische *Bulletin of the Atomic Scientists* abonniert. Das wurde 1945 nach den Bomben auf Hiroshima und Nagasaki von Leuten aus dem Manhattan Project gegründet, zu denen gehörten auch Albert Einstein und Robert Oppenheimer. Lauter Leute vom Fach und mit starkem Gewissen. Das zu lesen hat mich stark geprägt.

Als Greenpeace 1980 in Deutschland anfing – in Kanada war die Organisation 1971 gegründet worden –, gab es eine Info-Veranstaltung an der Hamburger Uni. Monika Griefahn hat dort gesprochen und ich fand sie beeindruckend, intelligent, attraktiv, eine Powerfrau. Am Ende der Veranstaltung meldete ich mich als Freiwilliger. Ich schloss mich der Atomarbeitsgruppe an und dachte mir, als Wissenschaftler kann ich der Sache helfen. Das hast du wahrscheinlich in Stuttgart beim Protest gegen den Bahnhof auch gedacht – mit deinem Namen als Schauspieler kannst du der Sache dienen?«

»Unsere Geschichten haben eine Gemeinsamkeit«, erwidere ich. Nachdenklich habe ich, halb liegend auf der engen Koje, Gerd Leipolds Geschichten gelauscht. »Mein Vater«, sage ich, »hatte auch eine Nazi-Vergangenheit. Er ist 1916 geboren, in den USA, wo er Professor für Anglistik und

Germanistik wurde. Als die Nazis in Deutschland an die Macht kamen, war er von der Idee des ›neuen Menschen‹ fasziniert, von dem die Nazis sprachen. Es war die Zeit der Depression im Amerika der 1930er-Jahre, und er war damals um die 20 Jahre alt. Die Arbeitslosigkeit und das Elend haben ihn erschüttert. Und die moderne Kunst und die Jazz-Musik fand er grässlich. Dass da in Deutschland ein ›neuer Mensch‹ entstehen sollte, hat seinen Idealismus entzündet. In den 1940er-Jahren kam er hierher, um das Regime zu unterstützen, indem er für Radiosender arbeitete, für den englischsprachigen Dienst des NS-Rundfunks. Er hat sich mit Oswald Spenglers *Untergang des Abendlands* beschäftigt und mit Friedrich Nietzsche. Ich glaube, er war eine sehr gespaltene Persönlichkeit.

Als er nach dem Krieg wieder in die USA zurückging, hat er wegen seiner Nazi-Vergangenheit an den Universitäten keine Professur mehr erhalten. Ich bin in Chicago geboren, als jüngstes von acht Kindern. Politik hat in meiner Kindheit nie irgendeine Rolle gespielt. Bei uns ging es irgendwie immer um die Frage: Wo können wir leben? 1959 sind wir zurück nach Deutschland gezogen. Wir waren ständig unterwegs, dauernd auf Reisen. Ich habe mich mein Leben lang nie aktiv in politische Prozesse eingemischt. Aber ich bin wählen gegangen, das immer. Als Wähler habe ich das ganze demokratische Parteienspektrum durchgemacht. Ich bin ein klassischer Wechselwähler, ich schaue mir die Programme der Parteien an, schaue mir ihr Personal an – und dann entscheide ich von Wahl zu Wahl.

Aktive Einmischung begann für mich erst in Stuttgart, weil das der Ort ist, an dem ich bisher die längste Zeit meines Lebens verbracht habe, wo ich mich am meisten zu Hause fühle. Und als ich mitbekam, wie dieser Ort verändert werden sollte – aus Gründen, die mit den Interessen der Allgemeinheit sehr wenig zu tun haben –, habe ich begonnen, mich intensiv damit auseinanderzusetzen. Deshalb weiß ich heute so viel über das Bahnhofsprojekt S 21. Deshalb bin ich dann auch dagegen politisch aktiv geworden. Das war für mich ein großer Wandel! Ich war nicht wie du ein alter Hase des Aktivismus, sondern ein zunächst mal politischer Neuling.

Es ging 2009 damit los, dass Leute vom BUND[3] mich fragten, ob ich mit ihnen ein Widerstandsbäumchen pflanzen wollte im Schlossgarten – um damit auszudrücken: Der Schlossgarten gehört uns allen, der steht nicht zur Disposition. Den zu zerstören, das würde der Stadt nicht gut tun. Damals begannen die Stuttgarter Montagsdemos. Beim ersten Mal haben sich da gerade einmal vier Leute versammelt, die etwas verloren vor dem Bahnhof standen. Die Ausgangslage hatte etwas Groteskes: Sogar die Betreiber selbst hatten das Bahnhofsprojekt so oft infrage gestellt, immer wieder abgesagt und wieder neu auf die Agenda gesetzt, dass in Stuttgart niemand mehr daran geglaubt hatte. Jetzt plötzlich sollte es doch losgehen. Als mich dann Gangolf Stocker[4] fragte, ob ich nicht auch mal bei einer Montagsdemo sprechen wollte, habe ich eingewilligt. Am Anfang hatten wir ein Megafon. Später eine ziemlich lächerliche Tonanlage. Dann kamen die Zeitungen und die Talkshows – einfach, weil ich durch meine Arbeit bekannt war. Das hat mitgeholfen, den Widerstand im ganzen Land bekannt zu machen.

Meine Überlegung war: Den Status zu nutzen, den ich durch meine Arbeit habe, die ›Prominenz‹ für diesen Widerstand einzusetzen, das lohnt sich. Bis dahin war ich der Ansicht, dass meine Popularität mit mir als Person zunächst einmal nichts zu tun hat. Das hängt mit meiner Arbeit zusammen, mit den Filmen und dem Fernsehen. Der Status gehört halt zu dem Beruf. Aber hier hatte ich den Eindruck: Das kann man sinnvoll einsetzen! Zum Wohle der Allgemeinheit. Aber

---

3   Bund für Umwelt und Naturschutz Deutschland

4   Gangolf Stocker (*7. Juni 1944) wurde bundesweit bekannt als Sprecher des Aktionsbündnisses gegen das Projekt Stuttgart 21.

auch zu meinem Wohle – es war nicht nur altruistisch, sondern es war durchaus auch egoistisch. Ich wollte, dass es uns in Stuttgart gut geht, auch weil es die Heimat unserer Kinder ist.«

»Hast du einen Agenten?«, fragt Gerd Leipold.

»Ich hatte zu der Zeit eine Agentin, ja. Da gab es mittlerweile einen Wechsel, der hat mit der Politik aber nichts zu tun. Meine damalige Agentin sagte mir eines Tages, sie wolle mein Engagement auf gar keinen Fall unterbinden. Ich müsse mir nur klar darüber sein, was ich tue.«

»Ich habe ja«, sagt Gerd Leipold, »bei Greenpeace auch Erfahrungen mit ›Celebrity Endorsements‹[5] gemacht. Künstler sind oft bereit dazu, sich zu engagieren, aber die Agenten haben Bedenken. Sie schreiben ihnen vor, welche Anlässe rentabel sind und welche nicht. Kurz gesagt: Kinder, Hunger und Afrika sind gut – das pflegt das positive Image. Es gibt ja kaum eine bekannte Schauspielerin oder Popsängerin, die sich nicht irgendwann mit armen, schwarzen Kindern in Afrika ablichten lässt. Alles, was aber näher an Zuhause ist, und was kontrovers diskutiert wird, lehnen die Agenten ab.«

»Kann sein – bei mir war es nicht so. Zum Teil habe ich das auch aus der Überzeugung heraus gemacht, dass, wenn man privilegiert wurde durch den Beruf, wie ich es bin, dann muss ich schon auch etwas zurückgeben. Es ist einfach zu sagen: Das steht mir zu. Uns steht erst mal gar nichts zu. Im Gegenteil: Wer viel hat, kann auch viel geben.«

»Täuscht der Eindruck, dass die Bereitschaft, sich zu positionieren, unter Künstlern hier in Deutschland eher abnimmt als zunimmt? Anders als in Island, Italien, der Türkei …?«

»Die Arbeitsbedingungen sind hier auch härter geworden«, räume ich ein. »Die Konkurrenz ist groß. Man wird sehr viel schneller ausgetauscht. Die ausgestreckten Arme, an denen Produzenten Künstler hängen lassen können, werden immer länger. Und ich verstehe es, wenn jemand

5   Englisch für: prominente Unterstützung

dann sagt: Ich möchte meinen Job nicht gefährden. Es gibt aber andere, wie den Stuttgarter Theaterregisseur Volker Lösch, der sich stark engagiert, vielleicht auch, weil er in Montevideo aufgewachsen ist und dort früh die politischen Unruhen mitbekommen hat. Dem entgeht dann auch mal eine Intendanz, weil die Stadt, die ihn wollte, lieber nichts riskieren möchte. Wenn Politiker von der Kunst Ruhe erwarten, ist das schon ein deutliches Zeichen, dass man nicht Ruhe geben darf. Mir geht es dabei nicht um Krawall! Mir geht es um sachliche und auch leidenschaftliche Auseinandersetzungen, es geht darum zu fragen: Wie soll die Gesellschaft aussehen? Wie wollen wir leben?«

Gerd Leipold: »Du selber bist mit deinem Engagement auch ein berufliches Risiko eingegangen.«

»Am Anfang war mir das gar nicht bewusst. Aber auch wenn ich darüber nachgedacht hätte, wäre das für mich kein Grund gewesen, es nicht zu tun. Ich habe ja als Schauspieler durch das Fernsehen ein bestimmtes Bild in der Öffentlichkeit – manche meinen, da passt diese klare Haltung zu einer gesellschaftspolitischen Frage nicht dazu. Jetzt ist die aber da. Und jetzt merken sie, dass das geht. Das gehört jetzt zu mir – und ich bin ganz froh, dass das so ist.«

Gerd: »Es gibt auch Stimmen, die sagen, warum soll einer mehr Gehör finden, nur weil er populär ist?«

»Das würde ja heißen: Halt die Klappe und mach deine Arbeit! Ich bin zunächst einmal auch ein Bürger, und als solcher habe ich das Recht der freien Rede und Meinungsäußerung, wie alle anderen auch. Auch führende Köpfe der Industrie- und Handelskammer stehen in der Öffentlichkeit, oder Leute, die Konzerne leiten. Die dürfen sich auch zu einem Großprojekt wie zu diesem Milliarden kostenden Bahnhof äußern, es wird sogar erwartet. Warum soll das für Künstler nicht gelten? Es gibt überhaupt keinen Grund, das nicht zu machen. Dass man die Popularität nicht ausnutzen darf, sagen immer die, auf deren Seite man nicht steht. Sobald man auf ihrer Seite ist, nutzen sie die Popularität von Künstlern und Sportlern mit Begeisterung. Sie wollen also nur nicht gestört werden – aber wir müssen stören! Jeder muss die Möglichkeit haben, die Verantwortlichen in der Gesellschaft zur Rechenschaft zu ziehen. Sie wurden gewählt, und wir als Wähler dürfen und müssen sie kontrollieren. Ich muss sagen können: Wir wollen etwas anderes als das, was ihr hier vorhabt. Und wenn wir eine Mehrheit haben – das gehört dazu –, müssen sie das umsetzen. Eine Mehrheit hat allerdings auch Verantwortung für die Minderheit. In einer Demokratie müssen auch die Interessen der Unterlegenen in Entscheidungen einfließen. Wer 51 Prozent hat, darf nicht gegen eine Minderheit von 49 Prozent anregieren.

EU-Kommissar Michel Barnier hat neulich im Radio gesagt: ›Ich hoffe, dass die Bürgerinnen und Bürger sehen, dass die Kommission ihnen Gehör schenkt.‹ Hält er sich für Ludwig XIV.? Als ich das hörte, dachte ich, wir sind jetzt wieder in der Monarchie angekommen – wo das Volk von einem aufgeklärten Monarchen ›Gehör geschenkt‹ bekommt. Na, danke! Die Aufgabe der Politiker ist es, uns Bürgern zuzuhören. Das kann man immer wieder nur freundlich, aber bestimmt, betonen! Wenn ich so etwas höre, scheint mir: Die Verantwortlichen sind noch lange nicht da angekommen, wo sie hin gehören.

Und so bin ich da immer weiter in dieses bürgerliche Engagement hineingerutscht. Im Fall Stuttgart 21 dachte ich anfangs noch, dass rationale Argumente eine Diskussion entscheiden – in meiner naiven Vorstellung davon, wie Politik funktioniert. Es kam aber anders. Das hängt damit zusammen, dass sich Politiker so weit aus dem Fenster gelehnt hatten, dass sie bis heute glauben, nicht mehr zurückzukönnen. Auch wenn sie unter vier Augen zugeben, dass das Projekt S 21 im Grunde ein teurer Irrtum auf Kosten der Steuerzahler ist. Wenn stärkere Interessen und Mächte und zudem persönliches Versagen von Entscheidungsträgern gegen den gesunden Menschenverstand siegen, dachte ich mir: Das darf doch nicht so stehen bleiben! Dagegen muss man doch etwas unternehmen können. Deshalb habe ich da immer weiter mitgemacht – und war zeitweise nicht mehr voll einsatzfähig in meinem Beruf. Denn Engagement ist anstrengend. Und wenn man kein Profi ist in der Politik, ist es auch emotional anstrengend. Da hast du es nach so vielen Jahren vermutlich leichter.«

Gerd: »Man ist immer emotional, wenn man sich für etwas engagiert. Das gehört dazu. Gleichzeitig muss man lernen, die Emotionen auszuhalten und mit den Emotionen hauszuhalten. Das ging dir sicher auch so.«

»Inzwischen gelingt mir das viel besser. Emotionen sind immer noch dabei, aber sie laugen mich nicht mehr aus. Ich habe festgestellt, dass gewiefte Politiker das Problem, um das es geht, nicht zu sehr zum Teil ihres Seelenlebens machen. Bei ihnen steht im Vordergrund ein Problem, das mit dem Intellekt gelöst werden muss. Für mich war es fast zu einer Überlebensnotwendigkeit geworden, dass wir diesen Kampf gewinnen. Wenn man überengagiert ist, zu fixiert auf das Ziel, dann verliert man die Kraft, die man braucht, um die rationale Ebene im Blick zu behalten.«

Gerd: »Du hast in deiner zornigsten Phase den Süddeutschen Rundfunk mal mit dem nordkoreanischen Fernsehen verglichen …«

»Ich war so sauer auf die! Das war ein voller Griff daneben, eindeutig. Das würde ich auch gerne wieder zurücknehmen, weil das auch als Sarkasmus schlicht überzogen war. Wichtig ist, dass man emotional engagiert sein kann und trotzdem noch weiß, wie spät es ist. Man darf sich nicht ganz verlieren. Ich war zwischendurch verloren, weil ich so überzeugt war, dass wir recht hatten. Ich hatte einfach die Übersicht verloren. Inzwischen habe ich gelernt: Je besser ich versuche, den Gegner zu verstehen, desto leichter ist es, die Emotionen da zu lassen, wo sie hingehören. Wenn man das nicht tut, gehen einem die Ohren zu und die Emotionen überwältigen einen. Emotionen sind wichtig, ihr Maß aber auch. Politiker tun auf alle Fälle immer gut daran, Wut, Wünsche und Ängste in der Bevölkerung wahrzunehmen.«

Gerd: »In mancher Hinsicht besteht zwischen Politikern und einem Schauspieler eine ziemliche Ähnlichkeit. Ich kenne das auch: Wenn man zum Beispiel fünf Jahre lang eine Kampagne gegen Atomwaffentests macht und vor Augen hat, was durch die Tests angerichtet wird, dann spricht man am Anfang aus ganz tiefer Empörung mit Ärger und Wut darüber. Aber wenn man zum zwanzigsten Mal ein Interview dazu gegeben hat, dann ist es nicht mehr diese spontane Wut wie am Anfang. Und man fängt damit an, die Erinnerung an die eigenen ersten Emotionen fast wie ein Schauspieler einzusetzen. Akute persönliche Wut, Trauer oder Begeisterung eignen sich selten für professionelles, öffentliches Überzeugen. Und gleichzeitig müssen die Emotionen durchscheinen, wenn man öffentlich spricht. Durch reine Rationalität erscheint man kalt und unberührt. Wenn man dagegen die Emotionen nicht völlig rauslässt, dabei aber nicht den Überblick verliert, kann man Inhalte effektiv transportieren. Man wird also partiell zum Schauspieler. Es ist eine Professionalisierung. Ich meine das überhaupt nicht abwertend. Ich glaube, es geht nicht anders.«

»Man muss nur aufpassen«, erwidere ich. »Als Schauspieler kann ich im Theater Reden von Goebbels halten, so, dass es für den Zuschauer authentisch wirkt. Das geht! Das ist mein Beruf – das Einsetzen dieser Technik. In der Politik halte ich das für problematisch! Von solchen Menschen erwarte ich Authentizität – und nicht, dass sie mir etwas vorspielen!«

Gerd: »Greenpeace drückt seine Messages in Bildern und Szenen aus. Greenpeace-Aktionen sind, wenn man so will, wie

Opern in wenigen Sekunden. Es ist immer auch großes Theater, große Unterhaltung. Das leuchtende Boot des kleinen Aktivisten vor dem Bug des riesigen, grauen Walfangschiffs, und zwischen beiden der ungeheure Rücken des Meeressäugers. Das mächtige Tier bedroht von der Harpune, und der Mut dessen, der sein Leben riskiert, um das des Wals zu schützen: Solche Szenen prägen sich ein und es wirkt, als seien sie begleitet von Akkorden und Chören. Aber eine Aktion darf nie Selbstzweck werden. In jeder Gesellschaft gibt es eine unsichtbare ›rote Linie‹ – die trennt, was erlaubt und was nicht erlaubt ist. Was als machbar und als utopisch gilt, was akzeptabel ist und was nicht. Die Kunst der Aktion besteht darin, zu wissen, wo die rote Linie ist – und sie dann bewusst und im richtigen Maß zu überschreiten. Wenn man sie nicht überschreitet, dann verändert man nichts. Und wenn man zu weit geht, wird man ignoriert oder für verrückt erklärt. Mit der richtigen Provokation aber verändert man Bewusstsein und beeinflusst die öffentliche Debatte. Jede Greenpeace-Inszenierung erfordert gute Regisseure und harte Arbeit – ähnlich wie beim Theater. Greenpeace-Aktionen sind von anderer Qualität als viele Aktionen von Bürgerbewegungen. Sie sind aufwendig, man braucht geschulte Leute wie Kapitäne, Chemiker, Biologen. Man braucht Geld, Ressourcen, Logistik, Strategien – professionelle Strukturen. All das können Bürgerbewegungen oft nicht leisten. Wir haben relativ schnell gelernt, welche Farbe ein Transparent haben muss, oder wie man es aufhängen muss. Flattert ein Transparent hoch oben an einem Gebäude, ist es wie ein Segel. Wie viele Löcher müssen da reingeschnitten werden? Welches Material verwendet man? Da sind wir Profis geworden, von Mal zu Mal mehr. Auch der internationale Austausch half enorm – wir konnten auf die Erfahrung von Kollegen aus Kanada, Neuseeland oder Frankreich bauen, Aktionen und Kampagnen mit interdisziplinären Teams planen. Viele sind hauptberuflich dabei, sie laufen nicht mitten in der Arbeit fort. In einer Bürgerbewegung geht das in dieser Form nicht. Bei den Stuttgart-Protesten müssen die Leute nebenbei ihren Berufen nachgehen. Der Vorteil von Profi-Aktivisten in dieser Hinsicht liegt auf der Hand. Aber dafür haben Bürgerproteste eine ganz andere Legitimation und Stärke.«

»Du hast dich damals also so peu à peu von der Wissenschaft verabschiedet – und bist Profi-Aktivist geworden?«

Gerd: »Am Anfang war ich ehrenamtlich dabei. Ich war noch mit meiner Dissertation in Ozeanografie beschäftigt. Es ging dabei um die großskalige Meereszirkulation. Die Arbeit besteht fast nur aus Formeln, die ich heute selber kaum noch verstehe. Als ich damit fertig war, habe ich mehr und mehr Zeit bei Greenpeace verbracht. Ich wollte zwar immer noch Wissenschaftler werden, aber als mich die Greenpeacer fragten: ›Kannst du am 1. Januar 1983 als Hauptamtlicher anfangen?‹, da habe ich meine akademische Karriere vorerst an den Nagel gehängt und habe bei Greenpeace losgelegt.«

»Konkret kann ich mir das alles noch nicht vorstellen«, sage ich. »Jede Bewegung, die etwas verändern will, braucht Menschen, die nach vorne gehen und ein Beispiel geben. Bei Greenpeace aber sind die Leitfiguren unbekannte Helden. Euch kennt man nicht – du bist der erste, den ich getroffen habe!«

Gerd: »Ja, das ist auch ein enormer Unterschied zu den Bürgerbewegungen. Der namenlose Aktivist hat Greenpeace bekannt gemacht. Greenpeace – wie übrigens auch Amnesty International – ist nicht bekannt geworden durch irgendwelche Sprecher. Die Gesichter von Greenpeace sind die Männer und Frauen in Ölkleidung, im Schlauchboot oder angeseilt an Fabrikschloten oder auf der kahlen Kuppel eines Kernkraftwerks. Symbolische Polarisierung, das was wir geleistet haben, ist beinahe abstrakt – die Akteure stehen hinter dem politischen Willen, der ökologischen Idee. Sie suchen nicht den Ruhm als Individuen – sie können schweigen, ihre Tat wirkt. Übrigens hat das eine schöne Ähnlichkeit zu einer jüngsten, ganz einsamen Aktion: Der stehende Mann im Gezi-Park[6]. Seine Aktion war auch hochgradig symbolisch. Er wollte ›für etwas stehen‹, im Wortsinn. Man kann sich keine vergleichbare sprachliche Provokation vorstellen, die ähnlich stark wäre. Durch den schweigenden Mann entstand eine wortlose, symbolische, visuelle Zuspitzung, die auf ihre Art stärker ist als jedes Wort – und gleichzeitig weniger angreifbar als jedes Wort. Ähnlich wie der Mann, der in Peking vor dem Panzer auf dem Platz des Himmlischen Friedens stand. Solche Bilder werden zu Ikonen, zu Allegorien. Sie generieren Respekt. Da stellt sich jemand mit Leib und Seele hinter eine Sache und nimmt ein existenzielles Risiko auf sich.«

»Das alles«, gebe ich zu bedenken, »existiert aber nur, jedenfalls im Bewusstsein der Öffentlichkeit, solange die Medien dabei sind. Ohne diese Bilder gibt es unsere Aktionen gar nicht!«

Gerd: »Sicher. Nur wenn das auf allen Kanälen des Kontinents läuft, bekommt so eine im wahrsten Sinn des Wortes unscheinbare Aktion ihre Sprengkraft, wird zur *mind bomb*, wie das Bob Hunter, einer der Gründer von Greenpeace, genannt hat. Und sie darf nie zum Spektakel werden, die Hingabe muss authentisch sein. Man hat uns oft vorgeworfen, dass Greenpeace nur Inszenierungen macht. Ein spöttischer Spruch hieß: Ihr seid eine ›Werbeagentur mit dazugehöriger Stuntmen-Truppe‹. Rein technisch ist da was dran. Aber die ›Produkte‹, für da geworben wird, sind eben unverkäuflich – es sind Inhalte: Ideen, Protest, Konzepte. Viele Journalisten, die unsere Aktionen begleitet haben, kamen mit einem gewissen Zynismus. Aber es ist erstaunlich: Wenn sie dann auf dem Schiff waren, merkten sie: Das ist ja echt. Diese Green-

---

6   Der Tänzer und Choreograf Erdem Gündüz stand im Sommer mehrere Stunden lang auf dem Taksim-Platz in Istanbul, den Blick auf das zum Abriss vorgesehene Atatürk-Kulturzentrum gelenkt. Mit seinem stillen Protest wurde er zur Ikone des friedlichen Widerstandes und fand weltweit Nachahmer.

peace-Leute wollen wirklich etwas, und sie geben alles für ihre Überzeugung. Neben der Professionalisierung, die uns manchmal zu Zweck-Schauspielern macht, gibt es immer die Authentizität. Wenn wir versucht haben, ein Atom-U-Boot zu stoppen oder einen Giftmülltanker oder einen Bulldozer im Regenwald – dann ist es natürlich völlig absurd zu denken, man könnte damit den atomaren Rüstungswettlauf stoppen, die Meere und den Tropenwald retten. Aber wenn man nicht gleichzeitig die Aktion mit der Überzeugung macht: ›Das wäre möglich, das ist denkbar! Das sollte so sein!‹, dann fehlen der Aktion die Kraft und die innere Wahrheit. Es gibt eine Authentizität, die beides erlaubt: eine Naivität und eine Analyse der wirklichen Machtverhältnisse. Da kann das Symbolische eine Brücke schlagen zwischen der Realität und der Vision, zwischen dem Anerkennen der Fakten und dem großen Traum: Es könnte anders sein. Das kollektive Erlebnis ist eine aufregende Geschichte. Es verändert einen, wenn man involviert ist. Wenn du mit einem Greenpeace-Schiff ein riesiges Kriegsschiff für einen Moment stoppen kannst, dann drehen sich die Machtverhältnisse um. Die kollektive Euphorie, die dabei entsteht, ist überwältigend. Gerade in einer Zeit, die so vom Individualismus geprägt ist. Barbara Ehrenreich hat ein interessantes Buch[7] geschrieben über kollektive Euphorie als menschliches Grundbedürfnis.

Die Methode funktioniert aber unabhängig vom Ziel. Und darin steckt auch eine Warnung: Wie weit lasse ich mich von dieser Euphorie treiben? Darüber habe ich mir, vor allem vor dem Hintergrund der Geschichte meines Vaters – der in Hitlers Wehrmacht war und als armer Bauernsohn vom ›Lebensraum im Osten‹ träumte –, immer Gedanken gemacht.

In dem Dokumentarfilm *The Gate of Heavenly Peace* über die Studentenproteste 1979 in China gibt es eine faszinierende Szene: Die Studenten sitzen auf der einen Seite, die Soldaten

---

7   Barbara Ehrenreich: Dancing in the Streets. A History of Collective Joy. New York, 2006

ihnen gegenüber – und alle singen dieselben patriotischen Lieder. Und in einer anderen Szene sagt Chai Ling, eine charismatische Anführerin der Studenten: ›Erst wenn der Platz des Himmlischen Friedens im Blut schwimmt, werden die Menschen in China ihre Augen öffnen‹. Das ist Mao pur, auch wenn man verstehen kann, wie ein solcher Satz aus der Emotion und der Verzweiflung der Situation heraus entstanden ist. Dieser Film hat mich gelehrt, wie Formen des Protestes verhaftet sind in der Tradition einer Gesellschaft.«

»Jede Bürgerbewegung braucht kritische Selbstreflexion«, bestätige ich. »Wenn sie die nicht hat, wenn sie Gewalt nicht ablehnt, kann es sehr schief gehen – wenn man so will, dann waren ja auch die frühen Nationalsozialisten eine Art Bürgerbewegung. Bürgerbewegungen sind nicht per se etwas Gutes, es gibt genug Beispiele von rassistischen oder fremdenfeindlichen Bürgerbewegungen. Wenn sie den kritischen Blick auf sich selber vermissen lassen, kann es gefährlich werden.«

»Ich bin nach dem Zweiten Weltkrieg aufgewachsen«, sagt Gerd, »in einem kleinen katholischen oberschwäbischen Dorf. Der Nationalsozialismus und der Krieg spielten damals immer eine Rolle in unserer Familie. Meine Eltern waren explizit antipolitisch. ›Politik ist ein dreckiges Geschäft‹, hat mein Vater immer gesagt. Als 20-Jähriger war er 1933 Parteimitglied geworden. Er war sportlich, er hat sich engagiert in der NSDAP, auch in der nationalsozialistischen Lehrerschaft. ›Kraft durch Freude‹ war eins seiner Ideale. Bis zu seinem Tod beklagte er sich darüber, dass er ein Entnazifizierungsverfahren durchmachen musste und es ihm ein paar Jahre lang verboten worden war, Schulrektor zu werden. Er empfand das als ungerecht. Mit Politik wollte er selber nichts mehr zu tun haben, engagiert hat er sich nur noch in Vereinen und in der Gemeinde.«

Ich: »Die Nationalsozialisten mit ihren Inszenierungen haben meinen Vater begeistert – den Deutschamerikaner im Chicago der Krise. Diese Symbolik und die Kraft, die das ausstrahlte – das konnte einen, der Angst hatte und Halt suchte, mitreißen. Als er nach Deutschland gekommen war, hat mein Vater den Nationalsozialismus unterstützt, wo er nur konnte. Er beantragte einen deutschen Pass und gab die amerikanische Staatsbürgerschaft auf – zu einer Zeit, als andere alles gaben, um sie zu erhalten. 1943 hat er gesagt, der Deutsche Rundfunk sei ihm nicht kriegerisch genug! Das ist für mich heute alles kaum vorstellbar. Wie weit ihm die Vernichtungsstrategien bekannt waren, das kann ich nicht beurteilen. Aber ich weiß, dass er nicht judenfeindlich war, das konnte er als Literaturwissenschaftler gar nicht sein, dann fehlte ein Großteil der Literaten.«

»Wie alt warst du, als dein Vater starb?«

»Da war ich 22«, antworte ich. »Ich habe ihn eigentlich nur als Kind erlebt, und als Kind habe ich ihn gemocht. Ich war ja ab meinem dreizehnten Lebensjahr im Internat. Meine Erinnerungsbilder von ihm kommen alle aus der Kindheit.«

Gerd: »Du hast bei deinen Aktionen gegen Stuttgart 21 vor Zehntausenden geredet, du weißt, wie man Massen bewegen kann. Hast du da manchmal daran gedacht, wie es deinem Vater damals ging? Was ihn an den Massenaufmärschen und dem kollektiven Wahn fasziniert hat? Hast du das in einen Kontext gebracht?«

»Bei den Auftritten selber nicht. Macht über Massen zu haben, interessiert mich nicht. Mich interessiert es, Argumente und Gedanken so interessant zu machen, dass sie von denjenigen, die zuhören, genutzt werden können. Davor, eine Masse dirigieren zu können, habe ich eher zurückgeschreckt.«

Gerd: »Wenn du öffentlich gesprochen hast, hast du das vorher aufgeschrieben oder spontan geredet?«

»Bei größeren Auftritten habe ich es aufgeschrieben, manchmal spontan. Ich wusste so viel über die Thematik, dass das gut ging. Aber bei Großdemos habe ich es mir oft aufgeschrieben. Da waren mehrere Redner, da mussten wir uns auch abstimmen, damit nicht alle dasselbe sagen. Dann habe ich es mir aufgeschrieben und geschaut, dass das auch eine Struktur hat und eine Handschrift.«

Gerd: »Was ist anders daran, zu einer Menge auf einer Demo zu reden als von der Bühne im Theater zum Publikum?«

»Etwas ist ähnlich: Im Theater wie bei einer Demo geht es darum, dass man die Leute erreicht. Man muss spüren, was funktioniert. Aber man darf nicht zu weit gehen. Im Theater nennt man das Chargieren, also Überzeichnen, um die Lacher und die Leute zu bekommen. Die das machen, sind nicht die besseren Schauspieler. Die Leute zum Brüllen zu bringen, ist leicht. Sie zum Nachdenken zu bringen, ist schwerer. Das ist auf einer Demo nicht anders. Die Leute dazu zu bringen, ›Mappus raus!‹ zu brüllen, das kriegt man in zwei Minuten hin. Das ist aber nicht der Sinn. Ich mag diese Parolen-Brüllerei nicht.«

Gerd Leipold: »Aber du hast den Schwabenstreich[8] erfunden!«

»Ja, diesen Schwabenstreich habe ich zusammen mit Sigrid, meiner Frau, erfunden – weil uns nicht zugehört wurde. Es gibt ja auch zu den Gezi-Protesten ein tolles Video auf YouTube: ›Der andere Klang der Pfannen und Töpfe‹. Der Schwabenstreich war ein Versuch, den Verantwortlichen zu sagen: Wir machen das so lange, bis ihr uns zuhört. Und es hat funktioniert. Dagegen konnten die Verantwortlichen nichts machen. Sie haben im Gemeinderat darüber diskutiert, das zu verbieten. Da dachte ich: Wir haben den Nerv getroffen. Solche symbolischen Aktionen und Rituale schaffen ein gutes Gemeinschaftsgefühl, auch weil sie etwas Fröhliches, Unverbissenes haben.«

Gerd: »Wenn die Staatsmacht gegen solche symbolischen Aktionen interveniert, wirkt sie unweigerlich lächerlich. In ihrem Ursprung sind die symbolischen Aktionen ein Aus-

---

8   Ein Protestmittel der S 21-Gegner: Täglich um 19 Uhr wird für eine Minute Lärm gemacht.

druck von Schwäche – und wandeln sich in der Umsetzung zu einer großen Stärke.«

»Du brauchst solche Aktionen, weil sie symbolisch verbinden und weil sie nicht zu unterbinden sind. Was immer die staatlichen Stellen machen – das können sie nicht verhindern. Was wollen sie mit einem Mann machen, der einfach nur dasteht? Auf ihn einschlagen? Sie hätten ihr Gesicht verloren, wie man in China sagt. Wenn man beginnt, Menschen zu verbieten, auf der Straße zu stehen, dann wird es absurd. Und ein absurdes System ad absurdum zu führten, es bloßzustellen, das ist ein ganz wichtiger erster Schritt. Wenn zum Beispiel die Bürgerinnen und Bürger einer Großstadt abends eine Stunde lang die Lichter in ihren Wohnungen ausmachen, um gegen Energievergeudung zu protestieren, und die ganze Stadt ist plötzlich eine Stufe dunkler – das hat etwas Schönes, eine ›Ästhetik des Widerstands‹. Sie gestalten dann etwas gemeinsam, eine große, kollektive Installation. Vollkommen ohne Sprache und vollkommen ohne Gewalt, das ganze Gegenteil von grölenden Neonazi-Aufmärschen. Im guten Falle bleibt der Widerstand in Erinnerung und es bewegt sich tatsächlich etwas. Das ist in Deutschland ja passiert. Was die Atomkraft angeht, hat sich viel verändert in den letzten 30 Jahren. Im tragischen Falle geht es schief wie bei Michael Kohlhaas.«

Gerd: »Gerade bei den großen Themen haben viele, die am Anfang weit über die rote Linie hinausgegangen sind, einen hohen Preis dafür gezahlt. Es ist gerade einmal rund 100 Jahre her, dass sich eine englische Suffragette, Emily Davison, vor das Pferd des Königs geworfen hat – beim Derby in Epsom. Sie wurde niedergeritten und starb. Eine Märtyrerin der Frauenrechtsbewegung.«

»Oder Jan Palach in Prag. Der Gemüsehändler Mohamed Bouazizi in Tunesien, viele junge Leute heute in der Türkei, in Ägypten. Jeden Tag riskieren Leute für Bürgerrechte, Reformen, gerechte Anliegen ihr Leben, es ist unglaublich!

Thomas Bernhard hat in seinem Roman *Auslöschung* sinngemäß geschrieben, dass das Scheitern für den, der seine Grenzen erfahren will, dazugehört. Wenn du die Grenzen erkennen willst, musst du an die Grenze gehen – an die unsichtbare rote Linie, wie du das nennst. Sonst weißt du nicht, wo sie ist. Oft erkennt man sie erst, wenn es zu spät ist. Die rote Linie zwischen dem Gestatteten und dem Verpönten verschiebt sich ja auch ständig. Das ist ja auch das Schöne. Wenn sich heute jemand auf der Bühne nackt auszieht, sagt man: Ach bitte, das kennen wir doch. Das provoziert niemanden mehr.«

Gerd: »Es ist ja gerade das Ziel von Protest, die Grenze, die Linie, zu verschieben. Und wenn man Erfolg hat, passiert es einem, dass man sich eines Tages auf der sicheren Seite der Linie wiederfindet. Wie die Grünen heute. Früher waren sie der Bürgerschreck, heute gelten sie manchen schon als die Konservativen. Es ist gar nicht so einfach, damit umzugehen. Das ging uns bei Greenpeace manchmal ähnlich wie euch in Stuttgart. Plötzlich sitzen die Gegner in der Opposition und man selbst ist etabliert. Was mal ein provokanter Gedanke war, ist plötzlich *common sense*. Künstlern ergeht es ja oft so – ihr provokativer Gestus leiert aus, die Neuheit veraltet. Das finde ich an Picasso so eindrucksvoll – 60 Jahre lang hat der sich immer wieder neu erfunden. Er hat für sich die Grenzen immer wieder neu verschoben.«

Es ist spät geworden, wir sitzen schon seit zwei Stunden in der Kajüte, die Mannschaft der *Beluga* hat uns fast vergessen und der Kaffee ist alle. Wir stapfen die metallene Leiter hoch an Deck und verabschieden uns mit Dank von Uwe Linke, dem Kapitän, von Verena Mohaupt und den Greenpeace-Aktivisten. Als wir von Bord gehen, sehe ich an der Überseebrücke 2, gleich nebenan, in wenigen Schritten Entfernung ein Schiff, das ich wiedererkenne. Ich traue meinen Augen kaum: Es ist genau das Schiff, von dem aus meine Mutter bestattet wurde.

»Da liegt die *Sven Johansson!*«, sage ich zu Gerd. »Vor einem halben Jahr hat sie hier abgelegt zur Seebestattung meiner Mutter. Heute ist sie als Ausflugsschiff unterwegs, da ist die Reederei flexibel.«

Gerd ist überrascht: »Wollte eure Mutter das so? Hatte sie einen Bezug zum Meer?«

»Ja«, sage ich, »sie hat die See sehr geliebt. Unsere Familie hat keinen festen Ort, weißt du. Nirgends den Ort, wo die Familiengräber sind. Deshalb haben wir in der Familie beschlossen: Jeder findet seine letzte Ruhe dort, wo es ihm gefällt. Die Gräber von meinem Vater und meinem Bruder gibt es nicht mehr. Und meine Mutter ist jetzt hier, im Meer.«

Gerd: »Dass es keinen Ort gibt, an den man immer wieder zurückkehren kann, einen Erinnerungsort, was ein Friedhof ja eigentlich ist – vermisst du das?«

Ich: »Nein, ich hatte ja nie solche Orte. Ich kenne zwar Leute, die solche Orte haben und diese Orte sind auch schön. Aber ich vermisse das nicht. Meine Familie ist immer auf Wanderschaft gewesen. Seit 25 Jahren lebe ich jetzt in Stuttgart. Aber vorher war ich ständig unterwegs. Da ist etwas von dieser Heimatlosigkeit in mir hängengeblieben. Wenn es notwendig wäre, dass ich die nächsten zehn Jahre in Stockholm leben müsste, dann würde ich halt in Stockholm leben. Ich komme schon gerne nach Hause, aber ich habe wieder gemerkt, als ich in den vergangenen zwei Monaten hier oben in Skandinavien war, dass ich noch immer nicht den einen wirklichen Bezugsort habe.«

Gerd: »Auf der anderen Seite gibt es Leute, die eine ganz enge Verwurzelung haben mit ihrem Ort, mit ihren Leuten. Die werden krank, wenn sie da weg müssen.«

Da spricht der alte Oberschwabe. Wahrscheinlich denkt Gerd Leipold gerade an sein Dorf, seine oberschwäbischen Hügel, zwischen denen er großgeworden ist. Ich sehe raus aufs Wasser. »Heute sollen die Menschen ja alle ständig mobil sein«, sage ich nachdenklich. »So sieht es aus in der Globalisierung. Das ganze System ist darauf ausgerichtet, dass wir den wirtschaftlichen Gegebenheiten unterworfen und verfügbar sein sollen. Die Mobilität ist ja ein ganz entscheidender Faktor unserer modernen Welt. Das ist gefährlich. Da geht ein Teil des Menschseins verloren, weil nicht mehr genug Platz da ist, für Phänomene, die wirtschaftlich nicht herstellbar sind. Da fehlt uns Platz für solche Sachen wie Verbundenheit mit einer Sprache, einer Kultur, dass wir Leute aufwachsen sehen, manchmal über Generationen – und vielleicht fehlt uns auch das, was Ernst Bloch ›Heimat‹ genannt hat. Das kannst du nicht kaufen. Und genau dieser Raum zerfällt, dieses Gelände erodiert. Wenn man eine emotionale Bindung zu seinem Ort hat, dann hält man ihn auch schön. Wenn ich durch ökonomischen Druck von einer Mietwohnung zur nächsten, von einer Stadt in die andere gehetzt werde, interessiert mich dort weder ein Park noch ein Bahnhof. Auch kein Lokalpolitiker oder eine neue Bibliothek oder Schule. In einem Dokumentarfilm, den Sigrid zurzeit plant, sagt ein Schuljunge aus dem Irak: Wenn er sich etwas wünschen dürfte, dann wäre das eine schönere Schule und eine sauberere Umgebung, ohne Müll. Er wünscht sich intakte Häuser und Gärten, denn dort ist alles kaputt. In diesem Dokumentarfilmprojekt von Sigrid begleitet sie in 199 Ländern der Welt Kinder auf dem Schulweg – vom Ranzen packen bis zur Schultür. Auf dem Weg zur Schule macht sie die Interviews, und dabei erzählen die Kinder, was sie denken und was sie fühlen. Über die Schule, ihre Zukunft, Eltern, Ängste, Wünsche …

Gerd: »Das sind Kurzfilme?«

»Ja, acht bis zwölf Minuten. Einige sind schon fertig, zum Beispiel einer aus dem Schwarzwald, einer aus Südafrika und ein Film aus Laos – die Situationen, Gesichter, Farben, Sprachen sind so unterschiedlich, wie es nur sein kann.

Aber obwohl die Kinder aus gänzlich unterschiedlichen Lebensweisen und Kontinenten kommen, gibt es unglaubliche Parallelen!

Kinder nehmen überall sehr genau wahr, was um sie herum passiert. Sie können es nicht so genau verbal analysieren. Sie können aber sagen, wie es ihnen ergeht, was sie fühlen, wollen, hoffen. In Laos sehen sie das Abbrennen der Wälder, um Reisfelder zu gewinnen. Wie beeinflusst sie das, was träumen sie nachts? Da ist der kleine Junge aus Khayelitsha, in Südafrika, der auf dem Schulweg geht und nicht weiß, ob er heil ankommt. Weil die Gewalt so groß ist. Einer will Polizist werden und die Gangster fangen, die Drogen verkaufen. Der ist neun Jahre alt! Man merkt, dass sie sich emphatisch mit ihrer Umwelt auseinandersetzen. Keine lachenden Reklamekinder auf Blumenwiesen. Eigentlich geht es überall um eine gute Bildung. Dass kleine Menschen ohne Angst lernen können – und nicht eingenordet werden, nicht verschnürt zu einem wirtschaftlich verwertbaren, menschlichen Paket. Dass sie wachsen können, erwachsen werden. Dass sie reich an Erfahrung werden.

Wissen bedeutet eben auch zu wissen, was wichtig ist neben dem Geldverdienen. An Kindern siehst du das sofort! Da schämt man sich manchmal als Erwachsener, wenn man sieht, was wir so anstellen mit dieser Welt. Es gibt am Ende doch so etwas wie ein kindliches, humanistisches Gewissen. Eine Grundsehnsucht des Menschen und ein Grundverständnis für die Welt und das Leben. Irgendwann verlieren das manche auf dem Weg zum Erwachsensein. Vielleicht ist darum beim Bürgerprotest und bei Menschenrechtsbewegungen so viel von den Kindern die Rede, denen wir die Erde einmal überlassen. So schlicht oder kitschig das klingt: Es ist so. Genau so.«

Wir haben den kleinen Bahnhof gerade rechtzeitig erreicht, als der Zug zurück nach Hamburg einfährt. Es ist nicht viel los um diese Zeit, die Fahrradfahrer kämpfen wohl noch gegen den Wind. Beide sind wir in Gedanken versunken und nehmen für heute Abschied. In wenigen Tagen wollen wir uns mit George Papandreou in Paris treffen und uns mit ihm über Fragen der Demokratie, der Zivilgesellschaft und der Bürgerbeteiligung in Griechenland unterhalten. Gerd steigt in seinen Waggon und ruft: »Tschüs Walter. Bis nächste Woche – in Saint-Germain-des-Prés!«

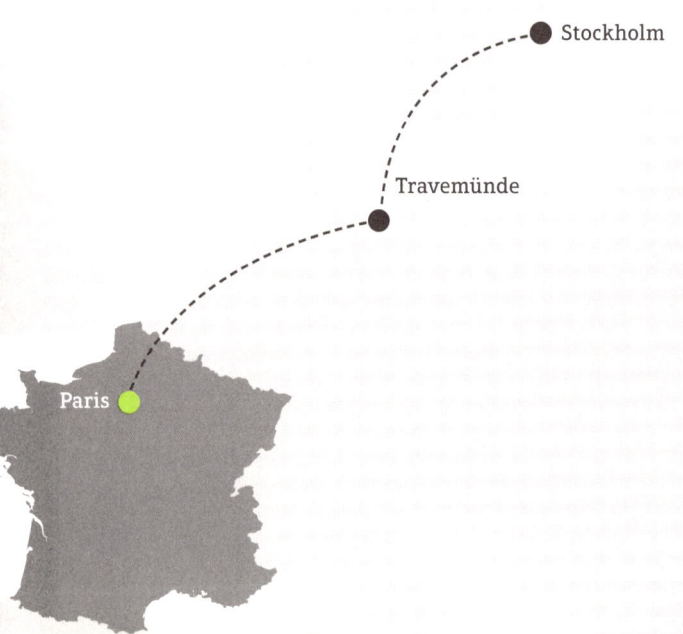

Stockholm

Travemünde

Paris

Paris
Juli 2013

In Saint-Germain-des-Prés treffen die beiden Autoren George Papandreou. Die griechische Krise – eine gesamtgesellschaftliche Krise. Vom Versagen Europas beim Aufbau verlässlicher staatlicher Strukturen

Gerd Leipold
Paris

Nur wenige Schritte vom Boulevard Saint-Germain entfernt, in der Rue de Montalembert 5, liegt das Hotel Pont Royal. Ein majestätisches Bauwerk mit kleinen, runden Balkonen, das sich stolz, aber respektvoll in das Ensemble der umliegenden Häuser einreiht. Hier wollen wir heute einen Politiker treffen, der in den letzten Jahren wie kaum ein anderer im Fokus der internationalen Medien stand. Sein Land bietet ein Lehrbeispiel dafür, wie alte Strukturen und neue Erfordernisse aufeinanderprallen. Er selbst ist einer der besten Kenner der Materie: George Papandreou, ehemaliger Ministerpräsident von Griechenland, das Gesicht der griechischen Eurokrise.

»Hotel Littéraire« steht auf den beiden goldenen Metalltafeln am Eingang des Hotels. Und die Bilder an der Wand der kleinen Lobby erzählen die illustre Geschichte des Etablissements. Da hängen sie, in Schwarz-Weiß, gerade noch dezent genug, um nicht prahlerisch zu wirken – die signierten Porträts von Albert Camus und Françoise Sagan, Ernest Hemingway und Boris Vian, Henry Miller und Jean-Paul Sartre. Anders als die »Hommes littéraires« schreibt ein »Hotel Littéraire« keine Bücher. Seine Leistung besteht darin, so attraktiv und zurückhaltend zu sein, dass es ihm gelingt, die hellsten Köpfe seiner Zeit anzulocken, nicht nur die touristischen Besucher, die auf den Abschluss konzentrierten Geschäftsleute, die das Versteck suchenden Liebenden. Die Weltbeobachter und Zweifler, die Erklärer und Mahner – auch sie waren regelmäßig hier zu Gast, mitten in Saint-Germain-des-Prés, dem legendären Kunst- und Literatenviertel von Paris, das in den 1920er-Jahren Mittelpunkt der

Kreativen aus aller Welt war. Pablo Picasso lebte zehn Jahre lang um die Ecke. Und im Mai 1968 brannten in diesen Straßen unweit der Universität die Barrikaden.

Heute ist es still hier. An anderen Plätzen in Europa aber gehen die Menschen zu Millionen auf die Straßen. Sie sind wütend und verzweifelt und protestieren gegen die Arroganz und Willkür von Finanzjongleuren und korrupten Politikern. Auch Griechenland kommt nicht zur Ruhe.

Mit George Papandreou wollen wir über die Zusammenhänge zwischen der Finanzkrise und den zivilgesellschaftlichen Strukturen in seinem Land reden. Mit einer ambitionierten Reform-Agenda war er im Jahr 2009 als Oppositionsführer in den Wahlkampf gezogen. Ein Jahr nach der Lehman-Pleite[1] in New York. Und schon zwei Wochen nach seinem Amtsantritt musste sein Finanzminister erklären, dass das griechische Haushaltsdefizit gut doppelt so hoch war wie von der Vorgängerregierung angegeben. Griechenland stand kurz vor dem Staatsbankrott. Den Start in einen neuen Job stelle ich mir angenehmer vor.

Seitdem bekommen die Griechen Breitseiten von der internationalen Presse und Politik, man wirft ihnen mangelndes Gemeinschaftsbewusstsein vor, eine ausgeprägte Neigung zu Korruption und persönlicher Bereicherung. Wie schätzt Papandreou die Bürgerbeteiligung in Griechenland ein, vor und in der Krise? Sind die Bürger dort seit Jahrzehnten nicht nur machtlos einem korrupten Staatswesen ausgeliefert, sondern mittlerweile auch den Strategien einer internationalen Finanzmafia? Was tun, um nicht entweder der Apathie oder der Gewalt zu verfallen?

George Papandreou entstammt einer Politikerdynastie – schon der Großvater Georgios war griechischer Ministerpräsident. Der Senior des Clans war ein um Gerechtigkeit bemühter, sein Leben lang engagiert für einen modernen Sozialstaat

---

1   Am 15. September 2008 brach die US-Investmentbank Lehman Brothers zusammen – und löste damit eine verheerende Kettenreaktion aus. Das globale Finanzsystem stand vor dem Kollaps, die Welt erlitt einen Vermögensverlust von mindestens 15 Billionen Dollar.

kämpfender Mann. Ende der 1930er-Jahre trieb ihn die Metaxas-Diktatur ins Exil. Jahre später, nach dem Ende der Diktatur und seiner Rückkehr nach Griechenland, stand er einer sozialliberalen Regierung vor. Kurz vor seiner Wiederwahl im Jahr 1968 stellte ihn eine Obristen-Junta nach einem erneuten Militärputsch unter Hausarrest, wo er im Alter von 80 Jahren starb. Seine Beerdigung war damals ein nationales Trauerfest, ein ergreifendes Statement gegen die Diktatur.

Andreas Papandreou, sein Sohn, war ein politisches Urgestein – hochintelligent, machtbewusst und mit allen Wassern gewaschen. Auch er war als junger Mensch Opfer der Diktatur von Ioannis Metaxas geworden, man hat ihn festgenommen, eingesperrt und gefoltert. Später konnte er Griechenland verlassen, studierte ab 1942 an der Harvard University und promovierte in Ökonomie. Er erwarb die US-Staatsbürgerschaft, diente in der US-Marine und erhielt nach dem Zweiten Weltkrieg Professuren an den Universitäten von Minnesota, Berkeley, Stockholm und Toronto. Mittlerweile mit einer Amerikanerin verheiratet, kehrte er mit seiner Familie 1959 ins damalige Königreich Griechenland zurück, wo er zunächst Generaldirektor des Athener Wirtschaftsforschungszentrums wurde, dann Berater der Bank von Griechenland, ökonomischer Chefberater der Regierung seines Vaters Georgios Papandreou, und schließlich stellvertretender Premierminister. Der Militärputsch des Jahres 1968 zwang ihn erneut ins Exil. Sieben Jahre lang lebte die Familie daraufhin in Schweden und in Kanada. Nach dem Sturz der Junta, sechs Jahre später, kehrten die Papandreous ein weiteres Mal nach Griechenland zurück. Jetzt begann seine steile politische Karriere – er gründete die sozialdemokratische PASOK-Partei und brachte es wie sein Vater zum Ministerpräsidenten.

Seit mehr als 100 Jahren, seit der Vertreibung der osmanischen Besatzer, ist die griechische Geschichte geprägt von einer schier endlosen Reihe instabiler Regierungen,

Militärputschs und Diktaturen. Zudem hatte nur etwa ein halbes Dutzend Familienclans das politische und wirtschaftliche Schicksal des Landes in der Hand. Sie haben Reformen mehr blockiert als vorangebracht und allen Strukturen ihren Stempel aufgedrückt. Zu diesen Clans zählen die rechtskonservative Familie Karamanlis und eben auch: die Papandreous.

Zum ersten Mal bin ich George Papandreou im Sommer 2006 begegnet, bei einem Symposium auf der griechischen Kykladen-Insel Paros. Sie liegt auf halbem Weg zwischen Athen und Santorini, Papandreou hatte dort zu einer Art privatem *Think Tank* eingeladen. Er spricht ein perfektes amerikanisches Englisch und ich kann mich nicht erinnern, seinen griechischen Namen Giorgos in seinem Beisein jemals gehört zu haben. Alle nannten ihn George. Er ist in Minnesota geboren, ging in Schweden zur Schule, lebte eine Zeit lang in Kanada, studierte in den USA und in England. Eine für seine Familie typische Exilanten-Vita – und das Erstaunlichste daran ist, dass sie alle immer wieder zurückkehrten in ihr Land. Zum ersten »Symi Symposium« hatte er 1999 eingeladen, und dann jeden Sommer aufs Neue – erst als Außenminister, dann als Oppositionsführer, schließlich als Premierminister Griechenlands.

Die Treffen dauerten immer eine knappe Woche und ihr Ziel war es, Persönlichkeiten aus der Politik, den Wissenschaften, den Medien, der Zivilgesellschaft und der Wirtschaft zusammenzubringen, um Ideen für eine fortschrittliche Politik zu entwickeln. Es waren Menschen dabei wie Bill Clinton, der amerikanische Spitzendiplomat Richard Holbrooke, die Ökonomie-Nobelpreisträger Amartya Sen und Joseph Stiglitz, der deutsche Grünenpolitiker Cem Özdemir, der estnische Präsident Toomas Ilves, der frühere türkische Finanzminister und spätere Leiter des UNO-Entwicklungsprogramms Kemal Derviş, Kumi Naidoo, mein späterer Nachfolger als Geschäftsführer bei Greenpeace International, die EU-Außenbeauftragte Catherine Ashton und die französische Präsidentschaftskandidatin Ségolène Royal. Ein illustrer Kreis hat sich da immer unter der griechischen Sonne versammelt.

In der schönen, von Olivenhainen und Gärten geprägten Umgebung konnten sich die Gäste abseits des politischen Alltags und der akuten politischen Spannungen austauschen. Und man lernte sich auch außerhalb der Meetings schnell kennen. Die Gespräche waren ungewöhnlich offen und frei. Schlendernd denken – wie in den griechischen Philosophenschulen der Antike. Ich war mehrfach dort, obwohl ich mich am Anfang auf Distanz gehalten habe. Mir war diese bewusst private Nähe zu so vielen, meist einflussreichen, offiziellen Entscheidungsträgern anfangs nicht geheuer. Die Unabhängigkeit von Greenpeace war und ist eine der größten Stärken der Organisation. Sie zu wahren, habe ich als eine meiner wichtigsten Aufgaben als internationaler Geschäftsführer angesehen. Eine zu enge Verknüpfung von Politik und Privatem erschien mir unangemessen, ein typischer Ausdruck alter Politik. Ich dachte: Sich gut zu kennen, das bedeutete, dass man pfleglich miteinander umging. Und auch: dass man sich zu nah in die Sphäre derer begibt, die in mancher Hinsicht unsere erklärten Gegner sind. Daher hatte ich mehrere vorige Einladungen zu diesen Symposien verstreichen lassen.

Aber so wichtig die Distanz für die Positionierung der Organisation auch ist, ihr Nachteil ist, dass man einen Aspekt der Gesellschaft außer Acht lässt. Und der ist für uns enorm wichtig: die Möglichkeit des direkten Dialogs mit der »anderen Seite«. Gerade wenn man als Organisation nicht mehr nur Fundamentalopposition betreibt, sondern konkrete Veränderungen anstrebt, werden gute Kontakte in die Politik und Wirtschaft wichtiger. Trotz aller Skepsis habe ich daher als internationaler Greenpeace-Geschäftsführer begonnen, Kontakte zu einflussreichen Politikern, Wissenschaftlern und Wirtschaftsleuten zu entwickeln. Ein wichtiger Ort hierfür war das Weltwirtschaftsforum in Davos, das ich ab 2005 regelmäßig besuchte. Bei diesen Kontakten mit den Mächtigen der Welt – den Chefs von Konzernen, den Ministern und Regierenden – habe ich viel gelernt. Und relativ schnell habe ich gemerkt, was sie von ökologischen Fragen hielten, mit wem sich gut reden lässt und mit wem nicht. Der frühere brasilianische Präsident Lula hat im internen Kreis einmal den markigen Spruch gebraucht: »Ecology is for girls and gays.« Ökologie war für ihn eine Sache »für Mädchen und für Schwule«, kein Thema also für echte Kerle. Wie das Thema »Klimawandel« dann doch Einzug hielt in Davos, das war spannend zu beobachten. Ab dem Jahr 2007 redeten plötzlich alle darüber. In diesem Jahr hatte es mehrere starke Signale gegeben: Der *Fourth Assessment Report* des Weltklimarates IPCC war erschienen, Al Gore hatte seinen aufrüttelnden Film *Eine unbequeme Wahrheit über Klimalügen und die Klimasünden der industrialisierten Staaten* in die Kinos gebracht und der sogenannte *Stern-Report*[2] war herausgekommen. Klimawandel wurde auf einmal von den Entscheidungsträgern ernst genommen.

Die Treffen in Davos und an anderen Orten boten gute Gelegenheiten, die Forderungen von Greenpeace zu präsentieren. Und das Interesse an Greenpeace war bei diesen Eliten erstaunlich groß, größer als an anderen NGOs. Vielleicht haben sich einige gefragt: Wie konnte es kommen, dass aus einer kleinen Gruppe verrückter Hippies aus den 1970er-Jahren so eine weltumspannende Organisation mit Hunderttausenden Mitgliedern und ein echter Global Player geworden ist? Greenpeace zum Gegner zu haben, kann sehr ungemütlich werden für einen Energiekonzern oder ein Wirtschaftsministerium. Dafür sorgen unsere lang anhaltenden, international koordinierten Kampagnen, denen nicht so schnell die Luft ausgeht. Vor Greenpeace hatte man Respekt.

---

2   Nicholas Stern: Review on the Economics of Climate Change. Stern war ein ehemaliger Chefökonom der Weltbank. Sein Report widmet sich vor allem den wirtschaftlichen Folgen der globalen Erwärmung.

Ich wollte wissen: Wie ticken die? Und die wollten wissen: Wie tickt Greenpeace?

Es ist also ein schmaler Grat zwischen der integren Verfolgung der Mission seiner Organisation und dem zu vertrauten Umgang mit den Mächtigen. Meiner Meinung nach schafft man das am besten mit einem starken Willen hinter einem freundlichen Gesicht.

Auf der Insel Paros schien sich George Papandreou an meiner anfänglichen schwäbischen Zurückhaltung nicht zu stören. Er war grundsätzlich sehr an NGOs und an deren Ansichten interessiert. Regelmäßig lud er auch führende Mitglieder seiner sozialdemokratischen Partei zu diesen Symposien ein – später auch Minister aus seinem Kabinett, mit der unmissverständlichen Aufforderung, den Referenten sorgfältig zuzuhören. Die eher traditionellen griechischen Politiker waren nicht immer angetan von dieser Situation und ließen uns Gäste deutlich spüren, dass wir nichts von Griechenland verstünden – ein mir mehr und mehr vertrauter Reflex von Politikern, Bürokraten und Wirtschaftsführern, die weder bereit sind, sich in die Karten schauen zu lassen, noch den Drang haben, ihre gängige Praxis zu ändern. »Das haben wir schon immer so gemacht« und »Bei uns geht das nicht« sind die berühmten Aussprüche, mit denen man Reformern oft begegnet. Papandreou hätte diese Denkweise gern geändert. Diesen Wunsch merkte man seinen Symposien an.

Besonders spannend war das »Symi Symposium« im Jahr 2010, als sich Griechenland mitten in seiner großen Wirtschaftskrise befand. George Papandreou hatte mehrere seiner Minister dazu eingeladen. Nacheinander stellten sie die finanzielle Situation des Landes und die ergriffenen Maßnahmen vor. Darauf antworteten die Wirtschaftsfachleute unter den Gästen, darunter Joseph Stiglitz und eine Reihe von Ministern, die selber in ihren Ländern Banken- und Finanzkrisen durchzustehen hatten. Es war ein im wahrsten Sinn des

Wortes faszinierender Crashkurs in angewandter Finanz- und Wirtschaftspolitik.

Sechsmal habe ich an den Symposien teilgenommen, mehrmals wurde ich darüber hinaus von George Papandreou während seiner Zeit als Premierminister nach Griechenland eingeladen. Rückblickend erkenne ich das utopische Element dieser Treffen auf der sommerlichen Insel. Ein außergewöhnliches politisches Experiment. In einem geschützten Raum, weitab von offiziellen Treffen, offen zu diskutieren, Fragen zu stellen, gemeinsam neue Möglichkeiten zu erforschen – viel zu selten ist das für politische Entscheidungsträger möglich. Fehlt aber ein solcher Raum, in dem man zweifeln, experimentieren, Szenarios durchspielen kann – aus Angst davor, dass die Opposition ihn aufgreift und angreift, dass die Presse ihn verzerrt und ins Rampenlicht zerrt –, dann mindert das die Chance des kreativen Nachdenkens, des Lernens und Korrigierens. Ich würde mir mehr solche Freiräume für die Politik wünschen.

In Griechenland, das wurde mir bei diesen Begegnungen mit griechischen Amtsträgern immer wieder deutlich, herrschte eine Diskussionskultur, die sich stark von jener unterschied, die ich aus den USA und vielen Ländern Mittel- und Nordeuropas kannte. Wenn griechische Politiker und Experten in den Symposien das Wort ergriffen, sprachen sie oft so lange, dass danach keine Zeit mehr für Diskussionen blieb. Was für viele im Westen selbstverständlich ist, dass auch die anderen Stimmen Gehör finden – hier fehlte es.

Analog dazu kann man sich auch den Zustand vieler öffentlicher Einrichtungen des Landes vorstellen. Selbstverständliches fehlt, etwa in der Infrastruktur – und das selbst bei Top-Tourismus-Adressen. Ob ein Bus kommt oder nicht ist ungewiss, Straßenbaustellen sind mit Unkraut überwuchert, als habe man vergessen, dass irgendjemand einmal angefangen hat, hier zu bauen. Die Bürokratie: ein schwerfälliger, kaum funktionsfähiger Koloss. Jemand wie George Papandreou schien in dieser Umgebung wie von einem anderen

Stern gefallen. Er war offen, interessiert, immer auf der Suche
nach neuen Ideen und Anregungen. Er wirkte, als seien ihm
Inhalte wichtiger als Macht.

Während sein Vater ein südeuropäischer Vollblutpolitiker
alter Schule war, verstrickt in eine lange Reihe von Skandalen
und Korruptionsvorwürfen, wirkt George Papandreou wie
der Gegenentwurf. Zur traditionellen Parteienkultur zeigt er
wenig Neigung. Sein Anliegen war es vielmehr, die Partei der
Vätergeneration zu modernisieren, sie für die Zivilgesellschaft
zu öffnen. Begegnet man ihm persönlich, wird rasch klar, dass
ihm autoritäres Gehabe und Arroganz fremd sind. Ein über-
aus höflicher und freundlicher Mensch.

So erleben Walter Sitter und ich ihn auch an diesem Tag,
im Frühsommer 2013 in Paris. Papandreou ist in seiner Funktion als Vorsitzender der Sozialistischen Internationalen seit
einigen Tagen in der Stadt, er nimmt an Treffen der französischen Sozialisten teil. Lächelnd begrüßt er uns in der Lobby
des ehrwürdigen Pont Royal. Diskret bleibt ein Bodyguard im
Hintergrund. Und ebenso diskret führt uns ein freundlicher
Kellner in den hinteren Teil der Bar – nachdem uns die Ge-
schäftsleitung des Hauses zunächst, und vergebens, mehrere
Hundert Euro für einen »ruhigen Platz für ein Gespräch mit
Monsieur Papandreou« abverlangen wollte.

Noch dunkler als an der Rezeption ist es in dem an einen
britischen Herrensalon erinnernden Raum mit offenem Ka-
min, viel dunklem Holz und Leder. George Papandreou bestellt grünen Tee, wir schließen uns an – die Zeiten, als die
Literaten hier Sherry oder Daiquiri tranken, sind zumindest
für diesen Moment Geschichte. Durch eine Flügeltür lässt
sich der Raum von der Bar abtrennen. Als er unseren Tee gebracht hat, schiebt der Kellner die Tür hinter sich zu. Jetzt
haben wir den Raum für uns.

»Mr. Papandreou«, beginnt Walter Sittler das Gespräch.
»Entschuldigen Sie die banale Frage. Aber das bewegt mich
seit Jahren, immer wenn ich die Nachrichten höre und lese:

Wie konnte es zu dieser Situation in Griechenland kommen? Was ging da schief?«

»Als ich 2009 gewählt wurde, hatte ich den Auftrag zum Wandel«, erzählt George Papandreou, leise und konzentriert in gewähltem Englisch, »und damit hatte ich auch den Auftrag, der Bevölkerung mehr politische Teilhabe zu ermöglichen. Das Motto meiner Wahlkampagne war: ›Entweder verändern wir uns oder wir gehen unter.‹ Die Leute haben das begriffen, es wurde sehr schnell angenommen. Alle Griechen wussten, dass unser Land Probleme hatte.«

»In den Medien war zu lesen, dass die griechischen Eliten und letztlich auch die Bürger über Jahrzehnte eine Art feudalistischen Klientelismus zugelassen haben«, sagt Walter Sittler. »In Griechenland waren doch eigentlich enorme Finanzmittel vorhanden – über die Kredite, die das Land aufgenommen hatte. Aber das viele Geld versickerte offensichtlich an den falschen Stellen.«

»Die finanziellen Ressourcen wurden nicht genutzt, um die notwendigen Reformen voranzubringen, sie wurden nicht genutzt, um uns in Bereichen zu verbessern, die unsere Wettbewerbsfähigkeit gesteigert hätten – wie zum Beispiel im Bildungsbereich. Diese strukturellen Probleme im Zusammenspiel mit einem Mangel an Transparenz erschwerten die Lösung unseres Schuldenproblems ernsthaft.

Nach meiner Wahl habe ich begonnen, zentrale Parameter im Verhältnis zwischen Staat und Bürgern zu verändern. Gesetze konnten, bevor sie verabschiedet wurden, jetzt auf einer Internet-Plattform aufgerufen, kritisiert und kommentiert werden. Jeder Bürger konnte sich mit eigenen Ideen auf dieser Plattform einbringen und direkt am politischen Leben teilhaben. Wir haben solche Plattformen zu einem Standardverfahren entwickelt, um mehr Transparenz, Eigenverantwortung und Teilhabe zu bekommen.

Ich habe Ausschreibungen veranlasst für hohe politische Ämter, Chefposten in großen staatlichen Unternehmen,

Fernsehanstalten und anderen. Ich wollte, dass all diese Ämter nach einem öffentlichen Auswahlverfahren besetzt werden, nicht, wie üblich, mit ›Freunden‹. Es ging ganz einfach darum, das Prinzip der Vetternwirtschaft zu beenden. Die Bevölkerung war anfangs euphorisch, die Menschen waren begeistert – es gab eine Veränderung in Griechenland! Die Leute realisierten, dass sie sich einmischen konnten, mitreden, am Wechsel aktiv teilhaben. Es entstand sogar eine Bürgerinitiative für Steuerehrlichkeit, die proklamierte: ›Zahl deine Steuern, nimm einen Beleg. Sorgen wir dafür, dass es jeder so macht!‹

Und wir haben uns intensiv mit der Verwaltung auseinandergesetzt – und unglaubliche Missstände aufgedeckt.«

»Für eine Mischung aus Entsetzen und Erheiterung sorgten bei uns die Berichte über ›blinde Taxifahrer‹«, sagt Walter Sittler. »Einige Tausend Taxifahrer bezogen Blindenrente, obwohl sie munter ihrem Beruf nachgingen und offensichtlich nicht blind sein konnten. Ich weiß, dass es für Sie schwierig war, die schwarzen Schafe zu finden und dass Sie es schließlich schafften, indem Sie die Rentenüberweisungen stoppten und die Gelder zur Auszahlung für diese Menschen in bar zur Bank brachten. Dort mussten die Betroffenen ihre Blindenrente persönlich abholen – und sie wurden medizinisch untersucht, bevor sie ihr Geld ausgehändigt bekamen. Aber es gab nicht nur falsche Blinde. Es gab auch Menschen, die die Rente von verstorbenen Angehörigen über Jahre weiter bezogen.«

»Ich weiß, es klingt skurril – und für all das haben wir Griechen uns von der europäischen Presse viel Häme eingehandelt. Aber es gibt in Griechenland tatsächlich nicht einmal Totenscheine. Jeder Fall musste einzeln aufgearbeitet werden – es war eine Sisyphosarbeit.

Als dann aber das wahre Ausmaß der Finanzkrise deutlich wurde, wurde es für mich mehr und mehr zu einer Zerreißprobe zwischen dem, was ich tun wollte und dem, was ich tun musste. Es lastete ein immenser Zeit- und Entscheidungsdruck auf uns. Für das erste Rettungspaket mussten wir enorme Einschnitte beschließen und manchmal an einem Freitag ein Gesetz verabschieden, um am darauf folgenden Montag den Bankrott zu verhindern. Für tiefer gehende, grundlegende Reformen blieb keine Zeit – und mit jeder Sparmaßnahme wurde es schwieriger. Das, wofür ich angetreten bin, konnte ich nicht so umsetzen, wie ich mir das vorgestellt hatte. So haben die Menschen systematisch das Vertrauen in ihre Regierung verloren. An diesem Punkt stehen wir heute. Am Anfang hatte ich noch gehofft, mit der Krise irgendwie zurechtzukommen – wir hatten nicht angenommen, dass sie von derart großem Ausmaß sein würde. Dann wäre es sogar möglich gewesen, sie zu nutzen, um Reformen voranzubringen, um zu sagen: ›Wir stecken in der Krise, wir müssen etwas verändern.‹

Mittlerweile hat die neu gewählte Regierung das alte System weitgehend wieder eingeführt und viele Reformen rückgängig gemacht. Hier frage ich die Troika und die EU: ›Warum habt ihr unsere Reform nicht unterstützt?‹ Denn das hätte uns geholfen, die demokratischen Strukturen in unserem Land zu festigen. Das wäre besser gewesen, als nur auf die Schulden zu schauen. Die roten Zahlen muss man im Blick haben, keine Frage. Aber das wahre Problem liegt in den Defiziten der Organisation des Staates. Ich habe ihnen von Anfang an gesagt, was wir brauchen. Wäre Europa stärker gewesen, hätte es unser Programm unterstützt, das uns mehr Zeit gegeben und tiefer gehende Reformen ermöglicht hätte, dann wären wir zu längerfristigen Veränderungen in der Lage gewesen. Sie haben mir nicht zugehört, sie haben diesen Ansatz nicht verstanden. Das war das Problem.«

Walter Sittler: »Diese Probleme waren doch aber nicht neu und traten nicht plötzlich im Jahr 2009 auf – sondern bestanden schon längere Zeit. Wie konnte es kommen, dass das weder in Griechenland noch, wie es scheint, in Europa jemand wahrgenommen hat?«

»Denken Sie daran, dass die Rating-Agenturen Griechenland bis zum letzten Moment das beste Rating gegeben haben: Triple A! Und das, obwohl Wertpapiere im Umlauf waren, die zwar als Triple-A-Papiere angepriesen wurden, in Wirklichkeit aber geringeren Wert besaßen. Griechenland konnte sich jahrelang Geld zu niedrigen Zinsen leihen! Es hätte einer effizienteren Kontrolle bedurft. Das ist ein Problem, auch die Rating-Agenturen haben das zu verantworten. Heute sagt mir die EU-Kommission, dass meine Vorgängerregierung Mahnungen erhalten hätte. Vom Weltwährungsfonds IWF hätte es Mahnungen gegeben. Man habe mit den Ministern gesprochen. Das geschah aber alles nicht öffentlich! Außerhalb der Regierung wusste vor den Wahlen niemand etwas davon! Nach den Wahlen kam das alles ans Licht und ich hatte die undankbare Aufgabe, das auszubaden.«

Gerd Leipold: »Man kann aber schlecht die anderen europäischen Staaten dafür verantwortlich machen, dass Griechenland keine bessere Regierung hatte.«

»Natürlich liegt die Erstverantwortung in Griechenland. Dennoch ist die Problematik auch den europäischen Mechanismen geschuldet. Wir mussten mit drei Organisationen verhandeln: dem Weltwährungsfonds, der Europäischen Zentralbank und der Europäischen Kommission. Mit 17 Regierungen mussten wir verhandeln, mit 17 sehr unterschiedlichen Parlamenten, in denen die jeweiligen Parteien verschiedener Ansicht waren. Und mit dem Bankensektor mussten wir verhandeln. Mit verschiedenen Banken und ihren Tochterbanken. Und die Dämme begannen zu brechen, als die Diskussion um den Austritt aus dem Euro einsetzte. Diese Diskussion wurde auch von deutschen Politikern losgetreten. Man muss sich nur mal vorstellen, was los wäre, wenn es Spekulationen gäbe, dass die Lira oder die Peseta wieder eingeführt werden sollen! Jeder würde sofort versuchen, sein

Geld außer Landes zu bringen. Kein Mensch würde mehr konsumieren. Banken würden kein Geld mehr verleihen, da sie nicht wissen können, ob morgen in Lira, Peseta oder Euro zurückgezahlt wird.

Weil sich halb Europa nicht sicher war, welches der richtige Weg ist, wollten wir ein Referendum abhalten. Damit hätten wir zweierlei zeigen können: Die Griechen wollten in der Eurozone bleiben. Und sie waren bereit, die Folgen der Sparmaßnahmen zu tragen.«

Walter Sittler: »Wenn man in einem Volksentscheid rege öffentliche Teilnahme will, dauert es eine ganze Zeit, bis die Menschen einem solchen Abstimmungsverfahren trauen. Und es ist notwendig, dass alle darüber ausreichend und objektiv informiert werden, da letztlich nur so ein Referendum seinen Zweck erfüllt. Und wenn keine große Erfahrung mit solchen öffentlichen Abstimmungen vorhanden ist, macht es das noch schwieriger. Denken Sie denn, es hätte funktioniert?«

»Ich glaube, es hätte funktioniert. Ein Referendum über die Europäische Verfassung zum Beispiel – so etwas hat kaum Einfluss auf das alltägliche Leben. Als Bürger stimme ich da mit Ja oder Nein und würde keinen Unterschied im Alltag bemerken. In unserem Fall gab es aber nur diese beiden existenziellen Möglichkeiten: Entweder, wir nehmen das Sparpaket an, sind bereit zur radikalen Veränderung und bleiben in der Eurozone. Oder wir lehnen das Paket ab, verlassen die Eurozone – und es kommt zum Staatsbankrott. Das war die Zwickmühle, in der wir uns befanden. Obwohl wir das Referendum absagen mussten, als Zugeständnis an die innenpolitische Lage, bei der es um eine Koalition zur nationalen Rettung ging, haben wir uns dann als Nation auf politischer Ebene richtig entschieden, Griechenland ist im Euro geblieben. Aber es wäre besser gewesen, die griechischen Bürgerinnen und Bürger hätten das selber entschieden, das hätte den breiten Konsens in der Bevölkerung befördert, den wir brauchen. Ich bin mir sicher: Wir hätten das Referendum gewonnen, die Griechen wären bereit gewesen, die Konsequenzen mitzutragen.«

Gerd Leipold: »Sie meinen, das Referendum hätte das Verantwortungsbewusstsein der Griechen für ihr eigenes Land gestärkt?«

»Absolut! Nicht nur das, es gäbe heute keine starken rechts- oder auch linksextremen Flügel im Parteienspektrum. Diese Leute waren es, die sich am lautesten gegen das Referendum aussprachen. Sie wussten: Wenn das Referendum durchkommt, haben sie keine Anhänger mehr. Deshalb fachten sie die Stimmung dagegen an, und es hieß: ›Das Referendum ist ein fürchterliches Vorhaben, die Märkte werden verrücktspielen, unsere Börse wird einstürzen!‹

Der Plan des Referendums war mehr als eine Geste gegenüber der Bevölkerung. Die Menschen sind nicht dumm. Ich bin mir sicher, sie hätten sich alle Argumente angehört, weil es eine existenzielle Entscheidung war. Und selbst wenn sie sich für den Austritt aus der Eurozone entschieden hätten, wäre das demokratisch legitimiert gewesen. Und wir hätten die Entscheidung im Sinne des Volkes mitgetragen. Aber ich war vollkommen überzeugt, dass es nicht so weit gekommen wäre.

Ich hatte mit Angela Merkel darüber gesprochen, sie wusste schon einen Monat vorher über unsere Referendumpläne Bescheid. Ich sprach mit van Rompuy, Barroso, Jean-Claude Juncker – sie alle waren informiert, sie wussten von dem Plan.«

Gerd Leipold: »Sie sagen: Brüssel hat noch nicht begriffen, dass wir längst im Zeitalter der Bürgergesellschaften leben. Europa hat die Bedeutung des Referendums für die Entwicklung eigenverantwortlicher, zivilgesellschaftlicher Strukturen nicht erkannt. Ging es den europäischen Politikern im Fall Griechenlands also nur um die Lösung ›technischer Fragen‹, um möglichst rasche Reduzierung der Schulden?«

»Der Rest Europas war sich nicht einig. Frankreichs damaliger Präsident Nicolas Sarkozy zum Beispiel sprach sich in Cannes beim G20-Gipfel im November 2011 gegen das Referendum aus – obwohl ich dachte, ihn überzeugt zu haben. Sarkozy hat damals sehr leichtfertige Statements abgegeben und sagte, dass ein griechisches Referendum Turbulenzen auf den Märkten auslösen würde. Ich habe zu ihm gesagt: ›Für Sie geht es um das Vertrauen in die Märkte. Aber wenn Sie das Vertrauen der Menschen verlieren, werden Sie früher oder später auch kein Vertrauen mehr von den Märkten bekommen‹. Wir müssen das Vertrauen der Leute in unsere Entscheidungen stärken! Das ist die Basis, um auch die Märkte zu überzeugen – und das gilt nicht nur für Griechenland.«

Walter Sittler: »Ist es nicht eine Illusion, die ›Märkte‹ als ein demokratisches Instrument zu betrachten? Die Märkte werden doch heute nicht von bürgerfreundlichen Interessen dominiert!«

»Wer sind denn die Märkte? Zweifellos bestehen die Märkte auch aus Menschen mit bestimmten Interessen. Einige Akteure auf dem Markt besitzen heute aber durch ihre Macht und ihre Mittel mitunter mehr Einfluss als manche Medien. Neben alledem existieren auch die Rating-Agenturen, die sehr einflussreich sind. Und das alles ist kein nationales Problem, es überspringt sämtliche Grenzen. Deshalb brauchen wir globale Regulationsmechanismen. Nehmen Sie das Beispiel der Steuersätze – in Europa gibt es keine einheitliche Steuerpolitik. Daher ist viel Kapital aus Griechenland in andere Länder mit niedrigeren Steuersätzen geflossen.

Solange es diese Unterschiede in der Eurozone gibt, erschwert das vieles.

Wir hätten innerhalb der Europäischen Union ökonomisch und fiskalisch früher und intensiver zusammenarbeiten müssen. Ich bin nicht der Einzige, der sagt, dass eine gemeinsame Finanz- und Sozialpolitik fehlt und eine gemeinsame Währung allein nicht ausreicht. Wir wollten in Griechenland höhere Steuereinnahmen – aber die Klientel, die zu Recht von den Reformen getroffen wurde, privilegierte Wohlhabende, haben Verbündete gefunden, um gegen die Reformen anzukämpfen und Reformprogramme schlechtzureden. Es entstand eine Allianz. Als wir zum ersten Mal öffentlich Einblick in einige Bankkonten geschaffen haben, wurden auch Leute, die als Teilinhaber einige Medien kontrollieren, hart getroffen. So kam es in Griechenland dazu, dass viele Leute gegen die Reformen waren. Dass die Reform-Agenda, von der ich hier spreche, sich verlor.«

Walter Sittler: »Sie meinen, die Privilegierten haben es verstanden, die Mehrheit für ihre eigenen Interessen zu manipulieren. Denken Sie, dass es in der griechischen Bevölkerung trotz alledem ein Bewusstsein dafür gibt, dass die Reformen immer noch notwendig sind, um diese Krise und jede folgende Krise zu meistern?«

»Ich befürchte, dass im Augenblick ein großer Teil der Leute das Vertrauen in die Politik verloren hat. Vertrauen hängt in solchen Lagen davon ab, wie schnell einzelne Leidtragende Unterstützung erfahren. Wenn der Wind zu stark bläst, kann das jemanden umwerfen und ihm das Rückgrat brechen. Das war das Problem. Wenn wir unsere Reformen behutsamer, langsamer hätten umsetzen dürfen, unsere Schulden in kleineren Tranchen hätten tilgen dürfen, gäbe es in Griechenland schon heute bessere staatliche Strukturen. Aber in Brüssel sah man die Priorität im Verringern des Defizits, nicht im Durchsetzen von Reformen.«

Walter Sittler: »Im Juni 2013 wurde ein staatlicher Fernsehsender geschlossen, nur um einige Wochen später erneut als staatlicher Sender ans Netz zu gehen. Warum etablierte man nicht öffentlich-rechtliche Sender? Braucht Griechenland nicht eine andere Medienstruktur – eine von der Politik und der Klientel unabhängige?«

»Das stand nie zur Debatte. Die Troika forderte, 3000 Menschen aus dem öffentlichen Dienst zu entlassen.«

Walter Sittler: »Fehlt der europäischen Elite das Bewusstsein für diese demokratischen Strukturen?«

»Man muss auch den Hintergrund bedenken. Als Griechenland, Spanien oder Portugal in die EU aufgenommen wurden, waren diese Länder keine Demokratien im westlichen Sinn. Es waren Staaten, die aus autoritären Regimes hervorgegangen waren, aus Militärdiktaturen der Jahre nach 1945. Regimes, die sich dieser Klientel noch verpflichtet sahen, traten der EU und der Eurozone bei. Unter rein wirtschaftlichen Gesichtspunkten war das damals vielleicht sogar noch vertretbar. Denkt man aber an die Funktionsfähigkeit eines Staates wie Griechenland, dann war es nicht akzeptabel. Wir sind ein schlecht geführtes Land, es herrscht Missmanagement. Die traditionellen Praktiken und Herangehensweisen haben nicht ausgereicht, um einen funktionieren Staat zu schaffen.«

Walter Sittler: »Eine freie Wirtschaft allein führt ja nicht zwangsläufig zu demokratischen, zivilgesellschaftlichen Strukturen. Die Annahme: ›Die Märkte werden es richten‹, hat sich als naive Fehleinschätzung entpuppt. Man hat, um ein Bild zu verwenden, mehrspurige Autobahnen gebaut, damit große Lastwagen darauf fahren können – man hat aber zu wenig Wert auf die Ausbildung der Fahrer und die Sicherheit der Fahrzeuge gelegt. So musste es notgedrungen auf den breiten, verführerischen neuen Straßen zu Crashs kommen. Hat die europäische Staatengemeinschaft generell zu wenig Wert auf die politische Kultur, auf das Entwickeln zivilgesellschaftlicher Prozesse gelegt?«

»Nicht nur unsere Situation, auch die Situation in Spanien und Portugal wurde nicht verstanden. Die europäische Situation als solche wurde in Brüssel nicht klar eingeordnet und verstanden.«

Gerd Leipold: »Die europäische Idee ist großartig, aber sie interessiert die meisten Bürger kaum noch. Sendungen, die *Europa Journal* heißen, haben niedrige Einschaltquoten – die

Champions League im Fußball fasziniert dagegen Millionen. Wie kann mehr öffentliche politische Beteiligung möglich werden, in Europa und in seinen einzelnen Staaten? Müssten sich die Parteien verändern, damit die Bürger mehr miteinbezogen werden können?«

»Wir leben in einer hoch entwickelten Welt, in der die Klassengrenzen, die im vergangenen Jahrhundert noch klar markiert waren, durchlässiger und diffuser geworden sind. Gesellschaftsschichten überlappen einander, neue entstehen. Noch vor 50 Jahren konnten Sozialdemokraten oder Sozialisten sagen: Wir repräsentieren die Arbeiterklasse. Das kann heute in den meisten Industrienationen niemand mehr behaupten. Verschiedene neue, hybride Identitäten entstehen. Man kann in der Arbeiterklasse aufwachsen und dennoch studieren und aufsteigen. Früher standen Parteien für bestimmte Ideologien. Heute müssen Parteien offener sein, ähnlich wie Diskussionsplattformen, auf denen man sich über Werte auseinandersetzt. Wertvorstellungen helfen Parteien bei ihren Zielsetzungen – sie helfen uns auch, unsere Politik zu hinterfragen. In dem Maß, wie sich Gesellschaft und Technologie rasant entwickeln, muss auch die Politik voller Innovationen sein. Und es ist dabei wichtig, dass eine Partei verschiedene Flügel hat, deren Ansichten parteiintern in der Debatte gehört werden. Das müssen wir zulassen, das brauchen wir. Eine Partei muss ein Ort sein, an dem man denkt, an dem man dazulernt, an dem man innovativ ist. Es muss tiefgreifende Veränderungen innerhalb der Parteien geben dürfen.«

Gerd Leipold: »Braucht es dazu andere Parteien?«

»Absolut! Wie sie bisher existieren, sind Parteien immer hierarchisch strukturiert. Es gibt darin Repräsentanten sozialer Gruppen, aber auch diese sind hierarchisch organisiert, das ist weltweit Tradition – man fängt als Kassenwart der Ortsgruppe an und steigt auf, und so fort. Aber Hierarchien schaffen eine Distanz zwischen Politikern und den Bürgern, und das ist heute problematischer als früher.

Wie kann man eine öffentliche Beteiligung bewerkstelligen? In meiner Partei habe ich zuerst veranlasst, dass die Parteiführung auf Landes- und Regionalebene durch direkte Wahlen bestimmt werden konnte. Ich wurde als Parteivorsitzender von einer Million Menschen in Griechenland direkt gewählt: So entstand schon ein starkes, demokratisches Element innerhalb der Partei, und das bleibt nicht ohne Wirkung. Kein Zentralkomitee der Partei, auch keine Fraktion im Parlament hat den Vorsitzenden gewählt: Die Mitglieder selber waren das. Das gibt ihnen ein Bewusstsein für ihre Stärke und ihre Verantwortung. Es gibt im Moment einige Ambitionen in diese Richtung in Europa. Einige, leider noch wenige, Parteien experimentieren mit solchen strukturellen Änderungen.

Und es war mir wichtig, uns von den großen Geldgebern zu distanzieren. Die Gefahr ist groß, dass sie versuchen, eine Partei zu kontrollieren. Es gelten ja bestimmte Regeln für Parteien. Man kann nur eine bestimmte Geldsumme von Geldgebern erhalten. Aber es passiert leider auch genug unter dem Ladentisch. Ich habe diese Vorgänge unterbunden, so gut ich konnte. Wichtig war mir auch die innerparteiliche Bildung und Fortbildung, sie muss in den Parteien institutionalisiert werden. Und moderne lokale Parteizentralen müssen wie Kulturhäuser strukturiert sein – öffentlich zugängliche, einladende Häuser: Leute kommen auf eine Tasse Kaffee vorbei, lebhafte Orte, an denen auch spontan diskutiert wird.«

Gerd Leipold: »Als Präsident der Sozialistischen Internationalen wurden Sie von den deutschen Sozialdemokraten, besonders von deren Vorsitzendem Sigmar Gabriel, heftig kritisiert. Er wirft Ihnen unter anderem vor, dass Sie einige politisch suspekte Mitglieder in Ihren Reihen hätten, beispielsweise den ehemaligen ägyptischen Diktator Hosni Mubarak. Parteien und Politiker in der Sozialistischen Internationalen, die selbst starke Demokratiedefizite haben – das ist doch ein Problem!«

»Die Parteien des ehemaligen tunesischen Diktators Ben Ali und von Hosni Mubarak waren auf Vorschlag von Willy Brandt und Olof Palme schon in den frühen 1990er-Jahren Mitglieder der Sozialistischen Internationalen geworden. Es stimmt, dass einmal die Hoffnung bestanden hatte, sie könnten möglicherweise eines Tages demokratische Reformparteien in der Arabischen Welt bilden. Das geschah aber nicht. Und ich persönlich habe gemeinsam mit unserem Generalsekretär entschieden, sie aus der Organisation auszuschließen. Dennoch, das ist richtig, pflegten einige Parteien bis zuletzt enge bilaterale Beziehungen zu ihnen. Bedauerlicherweise sind das gerade die Parteien, die der Sozialistischen Internationalen heute vorwerfen, sie hätte die beiden als Mitglieder in ihren Reihen gehabt. Deshalb haben wir beschlossen, in unserer Organisation Verfassungsänderungen vorzunehmen und das Ethik-Komitee, das sich solchen Fragen widmet, spürbar zu stärken.«

Gerd Leipold: »Gabriel sagt, es gibt eine Krise der internationalen Linken.«

»Wir müssen zur Kenntnis nehmen, dass sich die internationale Linke verändert hat. Geografisch gesehen wurde sie globaler, aber auch die Rollen von Frauen und jungen Menschen wurden bedeutender.

Wir sind in der Sozialistischen Internationalen fast 160 Parteien. 60 weitere Parteien möchten sich uns anschließen, und das sind nicht mehr ausschließlich europäische Parteien. Tatsächlich ist der Großteil von ihnen außereuropäisch. Wir sind internationaler geworden. In den 1960er-, 1970er- und 1980er-Jahren war die Linke noch mehrheitlich europäisch. Das war die traditionell sozialistische Basis. Heute entsteht eine neue, eine internationalere Basis.

Nein, ich denke, die Krise, die Sigmar Gabriel anspricht, ist nicht eine Krise der Linken, sondern eine Krise Europas. In Europa erkennt man immer noch nicht, dass wir nicht mehr der Mittelpunkt der Welt sind. Ich bin zwar ein Fürsprecher Europas und war jahrelang europäischer Minister. Aber ich sehe auch, dass sich die Welt verändert. Es gibt aufstrebende, neue Kräfte. Lateinamerika, Afrika, Asien, der arabische Raum.«

Gerd Leipold: »Das bedeutet aber nicht, dass Sie Ihre Werte über Bord werfen müssen. Gabriel sagt, die SI sei nicht mehr die Stimme der Freiheit.«

»Haben Sie denn ein explizites Beispiel für eine andere Stimme der Freiheit? Die Parteien, die bei uns organisiert sind, müssen um ihre Freiheit ringen, für Demokratie kämpfen, für Menschenrechte kämpfen. Schauen Sie auf der Website der Sozialistischen Internationalen nach, auf der über diese Dynamik berichtet wird. Auch über die aktuelle Krise in Ägypten. Es gibt keine Krise der Werte. Vieles können wir von diesen jungen Parteien lernen, die sich noch im Entwicklungsprozess befinden. Auch europäische Parteien können von diesen Parteien profitieren. Es gibt viel mehr innovative Wege und neue Arten der Beteiligung in der Sozialistischen Internationalen, als das früher der Fall war. Wenn man sich die sozialdemokratischen Parteien Europas ansieht, und da schließe ich meine Partei nicht aus, wurden wir im Lauf der Zeit bürokratischer, haben uns immer mehr von unseren Bürgern, von den Menschen, entfernt.

Die internationale Linke war immer die demokratische Alternative. In der Sozialistischen Internationalen gelten drei Grundwerte: Demokratie, soziale Gerechtigkeit und Umwelt – dieser Wert wurde unter meinem Vorsitz als dritter hinzugefügt. Wir haben diesen Wert als Konzept in unsere Parteien getragen, die traditionell skeptisch sind bei ökologischen Themen. Das ist hauptsächlich in Industrienationen der Fall, wo Arbeiterbewegungen die Umwelt für ein Thema der Elite hielten. Umweltpolitik war ein Privileg derer, die genug Muße besaßen, sich um Vögel, Bären oder Löwen zu sorgen, weil sie keine anderen Sorgen hatten. Mit der Arbeiterklasse, dachte man, hat das nichts zu tun. Ich denke, dass sich diese Haltung im Moment verändert. Es war ein zäher Prozess, diese Veränderung in der sozialistischen Bewegung voranzubringen. Wir waren der Meinung, dass wirtschaftliches Wachstum grünes Wachstum sein muss, um sozialverträglich zu sein. Es gibt einen Teil der Umweltpolitik, der die niederen Schichten und armen Menschen auf der Welt beeinträchtigt. Das zu verändern, muss ein Teil unserer Agenda sein.

Wir sind die größte politische Organisation der Welt. Wir sind mit den Vereinten Nationen verbunden. Wir haben Beratungsgespräche mit ihnen, sind dort an Planungen beteiligt. Die SI blickt auf eine lange Historie zurück, sie wurde nicht erst vor Kurzem aus der Taufe gehoben. Wir dürfen uns nicht in einzelne Gruppierungen aufspalten lassen. Solidarität ist in dieser Zeit der Globalisierung und der unsicheren Identitäten noch viel wichtiger als in der Vergangenheit. Jetzt ist die Zeit, in der wir mehr internationale Kooperation brauchen. Und ich kann Ihnen etwas Persönliches sagen: Ich habe Gabriel eingeladen, zu unseren Treffen zu kommen. Er erschien kein einziges Mal in den sechs Jahren, seit ich Vorsitzender bin.«

Walter Sittler: »Ist die europäische Krise ein Synonym für das Versagen der Elite?«

»Das Versagen liegt im System selber, das nicht auf der Höhe der Zeit ist. Ich denke, unsere Gesellschaften brauchen zunehmend eine Kombination aus repräsentativer und direkter Demokratie. Das ist die eine Sache, die wir ändern müssen, die Strukturen, über die wir nachdenken müssen. Und eine gut funktionierende Demokratie ist immer eine öffentlich kontrollierte Demokratie, in der die Regierenden von unabhängigen, zivilgesellschaftlichen Einrichtungen und Medien kritisch begleitet werden müssen.

Ein großes Problem ist die globale Handlungsfähigkeit. National agierende Politiker sind in ihrer Handlungsfähigkeit eingeschränkt. Was sind denn die größten Probleme heutzutage? Sie sind allesamt international, sei es die Regulierung der globalen Finanzmärkte oder der globale Klimawandel. Es wird aber noch zu oft lokal, regional, national gehandelt und gedacht. Ich denke, das ist ein Grund dafür, warum viele junge Leute über die Politik frustriert sind. Und hier kommt Europa eine besondere Rolle zu.«

Walter Sittler: »Ich stimme Ihnen zu, dass die Globalisierung ein Problem ist, aber das scheinen Länder mit funktionierenden zivilgesellschaftlichen Strukturen besser in den Griff zu bekommen. Skandinavische Staaten haben nicht dieselben Probleme wie Griechenland.«

»Das ist wahr. Korruption ist ein globales Phänomen. Das Geld, das für Reformen gebraucht wird, verschwindet an vielen Orten. Es gibt einige positive Beispiele für gutes Wohlstandsmanagement, wie zum Beispiel Norwegen. Dort werden die Ölgewinne zugunsten der ganzen Gesellschaft für einen unvergleichlichen Wohlfahrtsstaat und ein weltberühmtes Bildungssystem eingesetzt. Bedauerlicherweise werden in vielen anderen Ländern die verfügbaren Mittel nicht dazu genutzt, um Armut zu bekämpfen, die Lebensbedingungen zu verbessern oder den Bildungsbereich zu stärken. Stattdessen fließen sie in die Tasche von korrupten Beamten und Politikern.«

»Norwegen ist ein interessantes Beispiel«, hake ich ein. »Seit den 1960er-Jahren verfügt das Land über einen großen Ölreichtum – fast zeitgleich mit Nigeria. Während in Norwegen aber alle von den Öleinnahmen profitieren, ist Nigeria in einem katastrophalen Zustand. Nur noch etwa die Hälfte aller Kinder besucht dort eine Schule, der Bildungsetat wurde in den letzten 20 Jahren halbiert! In Norwegen fließt das Ölgeld in Infrastruktur und staatliche Einrichtungen – in Nigeria stecken es Minister in ihre Taschen.«

»Korruption ist wesentlich mächtiger als noch vor 30 Jahren, durch sie versickern gigantische Summen. Bei der Bekämpfung dieser Missstände sollte Europa eine führende Rolle spielen, und es wird jetzt auch aktiv. Vor Kurzem gab es ein europäisches Konzil über Steueroasen – wir wissen seit 20 Jahren von diesen Oasen, auf G20-Gipfeln redet man seit Jahren davon. Ich sagte nach meinem Regierungsantritt vom ersten Moment an, dass wir Steuerflucht bekämpfen müssen, und sie ist nicht nur ein Problem des griechischen Systems. Es wird geschätzt, dass weltweit rund 32 Billionen Euro unbesteuerten Kapitals in Steueroasen im Umlauf sind, eine unvorstellbare Summe – und ein beträchtlicher Teil davon wurde auch am griechischen Fiskus vorbeigeschmuggelt.

Aber ich stimme Ihnen zu: Wir müssen uns fragen, was wir auf nationaler Ebene tun können. In diesen Zeiten der schnellen Veränderungen der Gesellschaft muss den Menschen ein Gefühl von Sicherheit vermittelt werden, und gleichzeitig müssen sie zur Eigeninitiative motiviert werden. Den skandinavischen Gesellschaften und anderen Ländern im Norden ist es gelungen, in ihren Gesellschaften ein Gefühl für Zusammengehörigkeit zu entwickeln, das ethisch grundiert ist, aber auch zu Wettbewerb ermutigt. Arbeitnehmer können in vielen dieser Staaten ohne große Probleme entlassen werden. Aber dann sorgen Staat und Gesellschaft dafür, dass sie unterstützt, gefördert und gefordert werden: ›Wir werden dir helfen, dich weiterbilden. Du wirst nicht untergehen.‹ Sie geben ihnen nicht nur Arbeitslosenhilfe.«

Walter Sittler: »Ist das die Lösung: ein Sozialsystem, das zugleich die Eigeninitiative des Einzelnen fördert und unterstützt?«

»Ich denke schon. Denn in Griechenland oder auch Italien zum Beispiel ist soziale Sicherheit an starre Strukturen geknüpft. Im öffentlichen Dienst, denken die Leute, hat man einen dauerhaften Job, den man nicht verliert. Viele sehen darin ein System, das Sicherheit garantiert, von der Wiege bis zum Grab. Um solche Garantien kann es nicht mehr gehen – sondern vielmehr um Hilfe zur Selbsthilfe, die es einem möglich macht, flexibel zu werden, sich auf neue Situationen einzulassen. Wenn wir einen flexiblen Markt einführen, brauchen wir vor allem ein starkes Bildungs- und Sozialsystem, das ist die Garantie dafür, dass vorübergehend arbeitslose Menschen nicht in Armut abdriften.«

Gerd Leipold: »Griechenland ist der Geburtsort der Demokratie und in dieser Tradition hatte Kultur immer einen prominenten Platz. Es gab in der jüngeren Geschichte zwei griechische Literaturnobelpreisträger. Welche Rolle spielen die Künstler und Intellektuellen in der Krise in Griechenland?«

»Die Dichter, von denen Sie sprechen, Odysseas Elytis und Giorgos Seferis, waren äußerst politische Menschen. Viele ihrer Gedichte hat Mikis Theodorakis[3] zu Liedern vertont, und in den Zeiten der Diktatur wurden sie als Lieder des Widerstandes gesungen. Heimlich und leise zu Hause, aber auch in Tavernen und in aller Öffentlichkeit. Ihre Werke sind explizit politisch. Heutige kulturelle Einrichtungen sind in der Regel staatlich. Dadurch verlieren Kulturmedien ihre Unabhängigkeit. Dabei braucht unser Land Leute, die sich mit Kultur befassen, um zu bilden, zu mobilisieren, zu hinterfragen.«

Walter Sittler: »Äußern sich Künstler und Intellektuelle in Griechenland in dieser Krise?«

»Weitaus weniger, als ich erwartet hätte. Vielleicht, weil der Ursprung der Krise nicht in gewohnte Kategorien fällt, es ist eine völlig neue Art der Krise. Ein breiter öffentlicher Diskurs über die demokratischen Strukturen wäre überfällig, und Künstler könnten einen viel größeren Part dabei übernehmen, sich für Transparenz und Bürgerbeteiligung zu engagieren. Einige Leute aus dem Kulturbereich erkennen das Thema, aber nicht sehr viele, was mich unglücklich macht. Wenn es uns gelingt, kulturelle Strukturen zu schaffen, die unabhängiger sind, hätten wir eine stärkere Polyphonie, mehr

---

3   Mikis Theodorakis, 1925 auf der Insel Chios geboren, ist ein griechischer Komponist, Schriftsteller und Politiker. Er gilt wegen der Kompositionen seiner zahlreichen Lieder, seiner Filmmusiken zu Kassenschlagern wie *Alexis Sorbas, Z* und *Serpico,* seiner symphonischen Werke sowie seines politischen Engagements als lebende Legende.

Stimmenvielfalt. Es gibt aber zu viele Mitläufer und zu viel Apathie. Das ist ein Problem.«

Walter Sittler: »Denken Sie, dass mehr Beteiligung wie in den skandinavischen Gesellschaften auch in Griechenland in naher Zukunft möglich ist?«

»In jeder Gesellschaft ist Wandel möglich. Ich habe viele Jahre im Norden gelebt, in Kanada, den USA, Schweden. Diese Gesellschaften haben ihre kulturellen und sozialen Spielräume im Lauf von Generationen entwickelt. Wir sind heute konfrontiert mit einer historisch neuen Situation, einer modernen Konzentration von Macht in einer Art Finanz-tyrannis. Am Ende ist alles Geld in den Händen weniger. Unregulierte Globalisierung hat ein großes Ungleichgewicht hergestellt, einseitiger Lobbyismus stärkt dies noch. In diesem Ambiente können teils Medien gekauft werden, Politiker, Richter.

Deshalb denke ich, dass Europa – die Europäische Union – ein vorbildhafter Mikrokosmos dessen sein kann, was wir auf globalem Niveau sehen würden, wenn mehrere Nationen unter klaren Regeln zusammenarbeiten und sich darum bemühen würden, eine gerechte Gesellschaft zu gewährleisten. Unsere große Aufgabe heißt: die Globali-sierung humanisieren und demokratisieren. Unterlassen wir das, entwickeln wir uns zurück zu Nationalismus und anderen Stereotypen der Vergangenheit. Dann wurde die Globalisierung Europa entmenschlichen und wir alle würden zu ihren Opfern. Es wäre das Ende der Demo-kratie. Entweder werden wir also eine Welt der zunehmenden Konflikte und der Gewalt erleben – oder wir bewegen uns mehr aufeinander zu. Hier könnte das vereinigte Europa ein Beispiel dafür sein, wie dies auf globaler Ebene gesche-hen soll.

Manchmal denke ich an das antike Griechenland. Es war nie perfekt. Ich denke auch, dass die heutige Demokratie nicht perfekt ist und nicht perfekt sein kann. Aber sie bietet uns das beste System, das wir haben, eins, das immer wieder neu überdacht und neu erfunden werden muss.

Die Idee der Demokratie war in der Antike eine enorme politische Innovation. Die Idee, dass Menschen ihre eigene Politik machen, war ein großer Einschnitt in der Evolution. Bis zu dem Zeitpunkt hatten sich Menschen als den Göttern oder dem Schicksal ausgeliefert empfunden, oder den Königen, den Magiern, den Hohepriestern. Der Gedanke, als Gesellschaft gemeinsam und rational Kontrolle über die Dinge zu haben, sie gemeinsam zu gestalten, darüber abzustimmen, wie das geschehen soll, das war radikal neu. Demokratie war die Idee, dass wir in der Lage dazu sind, selbst die Dinge zu verändern, selbst eine andere Zukunft zu gestalten.

Demokratie war eine Innovation, die garantierte, dass sich die Macht nicht auf einige wenige konzentriert. Es sollte keine Tyrannei mehr geben. Mit Hilfe der Wissenschaft sollten Menschen beginnen, ihren Verstand zu benutzen, zu philosophieren. Auch Theater, Spiel und Sport gehörten zu dieser Innovation.

Doch schon damals musste man die Bevölkerung dazu durch Bildung erst fähig machen. Die Basis der Demokratie ist Beteiligung. Das Wort ›Idiotes‹, das im Altgriechischen ›Privatperson‹ bedeutet, stand für eine Person, die sich an Politik nicht beteiligte. Wörtlich bedeutete es so viel wie ›Eigenheit, Eigenart‹. In vielen westlichen Sprachen verwendet man ›Idiot‹ als Schimpfwort für einen wenig nachdenkenden, beschränkten Menschen. Auch wenn der Bedeutungswandel des Wortes erst später kam, erinnert er doch daran, dass man im Lauf der Zeit die reine ›Privatperson‹ als jemanden empfand, der seiner Bürgerpflicht, sich einzumischen, mitzusprechen, nicht nachkam. Der sich absonderte und daher unwissend, ignorant blieb.

Wie wir unsere Bürger dazu motivieren, sich am politischen und kulturellen Prozess zu beteiligen, ist eine der wichtigsten Herausforderungen der Politik in der Gegenwart.«

Mittlerweile hat sich unser »Herrenzimmer« mit anderen Gästen gefüllt. Irgendwann wurde die Glastür aufgeschoben, Stimmen erfüllten den Raum, Gelächter. Es ist uns gar nicht aufgefallen, wie laut es mittlerweile in der Bar geworden ist. Erst jetzt wird es mir bewusst, als der Bodyguard, der George Papandreou begleitet, hereinkommt und auf die Uhr deutet. Der nächste Termin steht an, wir haben unsere Zeit deutlich überzogen.

Auch in der Lobby herrscht nun geschäftiges Treiben. Neue Gäste checken ein, andere kommen mit Tüten von Einkäufen zurück, mit geröteten Gesichtern von der Hitze des Tages. Herzlich verabschieden wir uns von George Papandreou.

Draußen, neben der Nobelherberge, am blauen schmiede-eisernen Eingangstor zur Eglise Saint Thomas d'Aquin, steht eine schicke, mit grauen Polstern bedeckte Bank. Ein alter Mann hat sich darauf niedergelassen. Seine zwei großen Plastiktüten hat er zwischen die Beine gestellt. Gekrümmt hat er sich seine Pfeife gestopft, sie angezündet – und ist eingeschlafen. Da kauert er nun, die dampfende Pfeife in der Hand, und wird vom livrierten Hotelangestellten ratlos betrachtet – ein in die Jahre gekommener, etwas abgewetzter Anwohner des teuren Quartiers. Der junge Portier entschließt sich, in dieser Geschichte keine Rolle zu übernehmen. Während Walter und ich uns aufmachen zur nächsten Metrostation, verschwindet er durch die Drehtür im edlen Dunkel des teuren Etablissements.

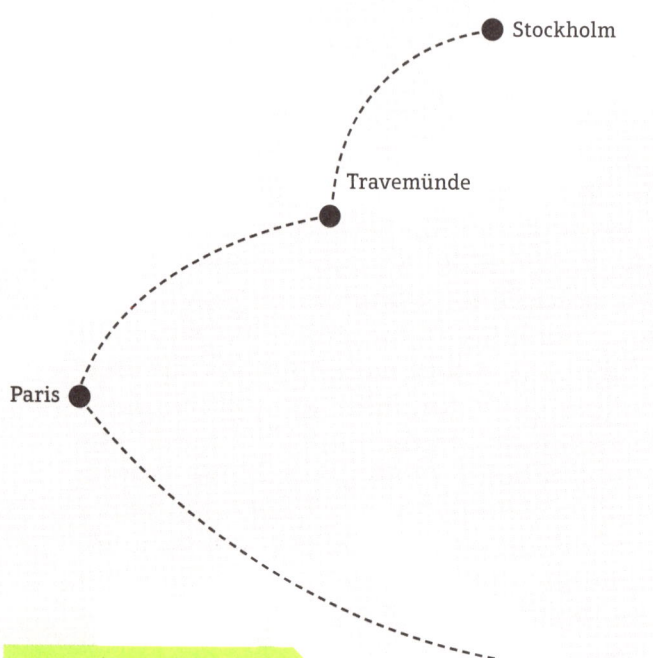

Stockholm

Travemünde

Paris

Istanbul

Istanbul
Juli 2013

Gerd Leipold und Walter Sittler
fliegen in die Türkei. Sie sind
fasziniert von der Metropole
Istanbul. Und erschüttert vom
brutalen Vorgehen der Polizei
gegen die Demonstranten auf
dem Taksim-Platz. Vom langen
Weg in eine demokratische
Gesellschaft

Walter Sittler
Istanbul

»Für mich sind die Gezi-Proteste wie die Demonstrationen gegen Stuttgart 21!« Dieser Satz ging im Juni 2013 durch die deutsche Presse. Und er machte Gerd Leipold und mich neugierig. Er stammte von dem türkischen Parlamentsabgeordneten Akif Çağatay Kılıç, einem engen Berater des türkischen Ministerpräsidenten Recep Tayyip Erdoğan. 2000 Kilometer von Stuttgart entfernt verwies ein Politiker auf den Widerstand gegen den Neubau des Stuttgarter Bahnhofs? Dass die Menschen in Griechenland protestieren, ist nachvollziehbar. Wie aber konnte es kommen, dass sie in einem Land mit einem in Europa einmaligen Wirtschaftsaufschwung auf die Straße gehen?

Am 28. Mai 2013 waren mitten in Istanbul spontane Demonstrationen gegen den Abriss eines kleinen innerstädtischen Parks ausgebrochen, Auslöser für massive landesweite Proteste gegen die Regierung. Die Welt rieb sich überrascht die Augen. Niemand hatte damit gerechnet, am wenigsten Erdoğan selbst. Schließlich hatte die Türkei seit seinem Amtsantritt einen sagenhaften Aufstieg erlebt. Erst im Jahr 2001 hatte er seine Partei AKP[1] gegründet. Und schon ein Jahr danach war er zum Ministerpräsidenten gewählt worden. Damals stand das Land vor dem Staatsbankrott. Ein steigendes Leistungs- und Handelsbilanzdefizit, verbunden mit einem maroden Bankensystem, hatte 2001 eine Staatskrise ausgelöst. Innerhalb weniger Stunden hatte die türkische Lira 40 Prozent ihres Wertes verloren, viele Unternehmen und 21 Banken mussten Insolvenz anmelden. Der Internationale Währungsfonds IWF sprang ein und pumpte, um eine Staatspleite abzu-

---

1   Adalet ve Kalkınma Partisi, übersetzt: Partei für Gerechtigkeit und Aufschwung

wenden, Kredite von mehr als 30 Milliarden US-Dollar ins Land.

Wenige Jahre später: blühende Landschaften. Durch kluge Reformen war es Erdoğan gelungen, den türkischen Banken- und Finanzsektor so zu stabilisieren, dass sämtliche türkischen Kreditinstitute die Weltwirtschaftskrise 2008 problemlos überstanden. Während Griechenland, Portugal, Spanien und viele andere Länder Europas heute am Rand des Ruins stehen, konnte die Türkei als einziges Land während der Krise ihr Rating sogar verbessern!

Und jetzt das: ein landesweiter Aufstand, nur wegen einiger Bäume? Wegen eines Parks, der einer Shopping-Mall weichen sollte?

»Gesindel!«, nannte Erdoğan die Demonstranten am Taksim-Platz. Für kommunale Projekte müsse er nicht »einige Marodeure« um Erlaubnis fragen. Mappus alla turca: Der türkische Ministerpräsident schäumte. Und wir beschlossen, zwei Tickets zu kaufen und an den Bosporus zu fliegen.

Am sehr frühen Morgen sind wir auf dem Atatürk-Flughafen gelandet – ein internationaler Großflughafen, der den Ankommenden selbstbewusst signalisiert, wohin die Reise geht. Als erfolgreicher und weltoffener Staat präsentiert sich die Türkei hier, mit Cafés und Boutiquen in lässiger Modernität und mit – im Vergleich zu anderen europäischen Airports – geradezu erfrischend klaren architektonischen Strukturen. »Wir spielen mit im Orchester der Großen«, lautet hier die Parole. Und der Trend, den Turkish-Airlines-Chef Temel Kotil im März 2013 formulierte, ist auf Schritt und Tritt sichtbar: Die halbstaatliche Fluggesellschaft sei, so der Manager, die weltweit am schnellsten wachsende Airline. Willkommen im 21. Jahrhundert.

In der Metro: selbstbewusste, südländische Städter. Westlich gekleidete, resolut wirkende ältere Damen in leichten Sommerblusen und junge Frauen in modernen Kleidern. Und neben mir liest ein sportlicher junger Mann in grünem

Lacoste-Polo und mit Sonnenbrille auf der Nase in einer Che-Guevara-Biografie. Ein weißer iPod liegt auf der roten Ferrari-Tasche, die er auf seinen Oberschenkeln abgelegt hat. Die obligatorischen Kopfhörer dazu stecken in seinen Ohren. In der rappelvollen Metro sitzt nur eine einzige junge Frau mit Kopftuch. Dass diese U-Bahn-Linie nicht durch konservative Viertel fährt, erfahren wir erst später.

»In der Türkei findet alles gleichzeitig statt«, sagt Dilek Zaptçıoğlu. »Die modernsten Kommunikationsmittel, die modernsten Plattformen – und jahrhundertealte Traditionen. Es wird getwittert wie kaum wo auf der Welt; die Türken sind unter den Top 5 der meisten Facebook-Nutzer weltweit. Es gibt hier ein unglaubliches Interesse an neuer Elektronik, die Menschen interessieren sich für alles, was neu und modern ist. Sie wollen mitmachen. Ein Grund dafür ist sicher, dass das Durchschnittsalter in der Türkei bei 29 Jahren liegt. Die türkische Gesellschaft ist sehr jung im Vergleich zur deutschen, die sich in den nächsten Jahren auf ein Durchschnittsalter von fast fünfzig zubewegt. Gehen Sie mal nach Beyoğlu, das ist der Stadtteil, in dem der Gezi-Park liegt – dort fühlen Sie sich mit fünfzig alt.«

»Die Menschen hier sind sehr höflich. Eine junge Frau hat mir eben in der Metro ihren Sitzplatz angeboten«, sagt Gerd Leipold. »Das hat mich auch gewundert. Ich dachte mir noch: Sehe ich so erschöpft aus?«

»Sie sind ein älterer Herr hier«, lacht Dilek.

Von Deutschland aus hatten wir uns mit ihr in Verbindung gesetzt und ein Treffen vereinbart. Dilek Zaptçıoğlu ist Publizistin und Historikerin. Die Kapitänstochter kam schon als Kind nach Hamburg, besuchte dort das Heinrich-Hertz-Gymnasium und absolvierte später die Deutsche Schule in Istanbul. Geschichte und Politik studierte sie in Istanbul und Göttingen – »weil sie verstehen wollte, was den Orient und den Westen ausmacht«. Als Deutschland-Korrespondentin für renommierte türkische Zeitungen wie Cumhuriyet und

Yeni Yüzyıl hat sie viele Jahre in Hamburg und Berlin gelebt. 1998 ist sie zurückgekehrt in ihre Heimatstadt Istanbul. Sieben Jahre lang hat sie von hier aus für den WDR und die Financial Times Deutschland gearbeitet. Für einen Jugendroman wurde sie mit dem Gustav-Heinemann-Friedenspreis ausgezeichnet. Heute schreibt sie für deutsche Zeitschriften und Zeitungen wie die Berliner »taz« oder die Blätter für deutsche und internationale Politik und übersetzt deutsche Literatur wie Jenny Erpenbecks *Heimsuchung* ins Türkische.

Wir treffen uns mit ihr in Kuzguncuk, einem altjüdischen Viertel auf der asiatischen Seite des Bosporus unweit von Üsküdar. Vom Flughafen aus waren wir am Morgen mit der Metro ins Stadtzentrum gefahren, vorbei an neuen, mehrspurigen Stadtautobahnen und an Industriekomplexen, wie man sie überall findet in der Peripherie großer Städte. Dann hatte die moderne Bahn ihr Tempo reduziert und sich langsam, wie eine alte Tram, durch die engen Gassen der Altstadt geschlängelt, vorbei am pulsierenden Treiben des Großen Basars, an Hagia Sophia und Blauer Moschee.

In Kuzguncuk säumen Platanen die gepflasterten alten Straßen und hüllen sie in ein angenehm schattiges, frühsommerliches Licht. Nur noch wenige Juden leben heute hier, und doch ist die einstige kulturelle Vielfalt spürbar. Es gibt neben einer aktiven Synagoge christliche Kirchen, griechisch-orthodoxe, armenische. Junge Leute betreiben Ateliers und Werkstätten, Schmiede, Schlüssel- und Schildermacher. Ein Künstlerviertel. Und die alten Männer nutzen die Straßen und ihre Cafés als Seniorenheim, treffen sich, unterhalten sich, machen ein Nickerchen in irgendeiner Ecke, in der milden Wärme dieses Sommers. Hier haben wir das Haus von Dilek Zaptçıoğlu gesucht – und es in einer engen Seitenstraße schließlich gefunden.

»Seit der Gründung der Republik hat es eine solche Bewegung nicht gegeben«, sagt die kleine Frau mit den langen schwarzen Haaren und den hellwachen Augen. Sie trägt Jeans, ein weißes T-Shirt und Sneakers. Mit ihrem Mann und ihrem Sohn lebt sie in dem schmalen alten Reihenhaus, das sich über vier Stockwerke erstreckt. Seit Wochen verfolgt sie die Ereignisse am Taksim-Platz. »Dass die Leute massiv zu Hunderttausenden im ganzen Land auf die Straße gehen würden, das war eigentlich unvorstellbar! Auch jetzt könnten beim kleinsten Funken die Leute sofort auf den Taksim marschieren. So ist die Stimmung im Moment.«

»Wann waren Sie zuletzt auf dem Taksim-Platz?«, frage ich.

»Vor drei Tagen.« Sie spricht leise, aber selbstbewusst. »Es gab eine Demonstration der Journalisten. Für Pressefreiheit. Auch die wurde gewaltsam auseinandergetrieben. Es gab wieder Tränengas, und massiv Polizei.«

Wir sitzen auf dem kleinen Balkon ihres Hauses, auf der Seite zur Gasse. Das filigrane Eisengeländer ist behängt mit Pflanzentöpfen und die Pflanzen ranken in Grün und Lila und allen Farben des Sommers. Dilek Zaptçıoğlu hat Gebäck auf dem kleinen Holztisch bereitgestellt, Alltagsgeräusche dringen von der Gasse und dem Viertel hoch, Stimmen aus den offenen Fenstern der Nachbarhäuser, Musik aus dem nahen Frisörgeschäft. Und in der Ferne blinkt das Blau des Bosporus in der Sonne.

»Im Moment wird alles gefährlicher. Seit Neuestem sind Milizkräfte auf der Straße. Männer in Zivil. Anhänger der Regierungspartei oder vielleicht auch Zivilpolizisten, wie manche behaupten. Man weiß es nicht. Sie haben Stöcke und prügeln in Seitenstraßen auf junge Leute ein. Die Protestierenden sind zumeist bürgerliche Leute. Manche gehen mit Guy-Fawkes-Masken auf die Straßen; sie beziehen sich auf *Occupy Wall Street* und verstehen sich als Teil einer Weltprotestbewegung. Andere sind junge Unternehmerinnen, da ist die Inhaberin eines Kosmetiksalons neben einer Ärztin, da sind Studentinnen, Bankangestellte. Was ich so bemerkenswert finde: Über die Hälfte der Demonstranten sind Frauen.

Unverhüllte Frauen. Die Gezi-Bewegung ist zugleich eine freiheitliche Frauenbewegung. Sie kommen nach Feierabend, um Haltung zu zeigen. Das sind zum größten Teil keine politisch organisierten Menschen. Sie können ihre Meinung zum Ausdruck bringen, aber sie können nicht gegen die Polizei kämpfen. Es gibt bereits sechs Tote. Und Tausende Verletzte, Menschen, die Augen verloren haben, weil die Polizei die Tränengasmunition direkt in die Menge schießt. Zuletzt wurde ein 19-Jähriger, ein Student, in Eskişehir, ein bisschen südlich Istanbuls, erschlagen. Er ist geflüchtet, in eine Sackgasse geraten, nachts. Und da kamen fünf, sechs Männer in Zivil und einige uniformierte Polizisten. Sie haben ihn fürchterlich verprügelt. An einer Gehirnblutung ist er gestorben. Auseinandersetzungen gibt es sogar bei Bestattungen: Wasserwerfer werden dabei eingesetzt. Und es gibt mittlerweile auch in Twitter Drohungen wie: ›Das war nur der Anfang.‹

Vor nackter Gewaltandrohung bekommen natürlich alle Angst. Es ist ein effektiver Weg, friedliche Demonstranten zu verschrecken. Als Erdoğan von einer Auslandsreise zurückkam, skandierten seine jungen Anhänger am Flughafen: ›Gib uns nur ein Zeichen – wir zerschmettern Taksim!‹ Gestern Morgen haben zum Beispiel vielerorts Razzien stattgefunden. Das Leben läuft in der Türkei nur scheinbar normal weiter. Wir sitzen hier jetzt so schön. Aber das täuscht nur.«

»Hat sich denn diese Stimmung langsam aufgestaut?«, frage ich. »Für uns kam das völlig überraschend.«

»Der Kulturkampf hat sich nur sprunghaft verschärft. Aber eigentlich hat er eine lange Geschichte. Man muss bis zur Gründungsphase der Republik zurückgehen. Die Modernisierung der Türkei begann ja eigentlich vor fast 300 Jahren. Sie konzentrierte sich zuerst auf die Nichtmuslime, die einen freieren Zugang zu Europa hatten und von den Entwicklungen dort stärker beeinflusst wurden. Nach und nach griff das auch auf die städtische muslimische Bevölkerung über. Schauen Sie: Mein Großvater hat in Izmir als Schuhmacher

begonnen. Er hatte noch bei einem griechischen Meister gelernt. Diese erste Zeit der Republik, in den 1920er-Jahren, war
eine enorme Aufbruchszeit.«

Es war die Zeit Mustafa Kemal Atatürks[2], von dem John
F. Kennedy sagte, dass er »der Wegbereiter der Moderne im
Orient« gewesen sei. Mustafa Kemal, ein einfacher Junge aus
dem damaligen Saloniki, stieg zum Gründer der modernen
Türkei auf. Sein glanzvoller militärischer Sieg gegen die – vor
allem griechischen – Besatzungsmächte nach dem Ersten
Weltkrieg hatte ihn zum mächtigsten Mann des Landes gemacht. Ein Land, das auf sein Kerngebiet Anatolien ge-
schrumpft war und wo die Alphabetisierungsrate gerade mal
bei zehn Prozent lag. Ein äußerst armes Land. Mustafa Kemal
hat viele Reformen eingeführt: Vor allem eine strikte Trennung von Staat und Religion verankerte er in der Verfassung.

»Damals«, erzählt Dilek Zaptçıoğlu, »gab es eine Import-
sperre für viele Waren, damit sich die einheimische Wirtschaft
entwickeln konnte. Auch meine Großeltern konnten so ihr
Geschäft ausbauen. Mein Großvater eröffnete eine Leder-
manufaktur, brachte es zu einem großen Lederfabrikanten,
der hochwertige Schuhe und Handtaschen in Izmir produzierte. Und er hat wunderbar damit gelebt. Er ist reich geworden. Er führte in Izmir mit seiner Frau ein gänzlich
verwestlichtes Leben. Meine Großmutter bedeckte ihren
Kopf nicht mehr, ging frei auf der Straße spazieren, unternahm allein Reisen – und die einzige Legitimation dafür war
der Name Kemâl Paşas.«

Einen »Kulturrevolutionär« nennt sein Biograf Klaus
Kreiser Atatürk. Er schloss die religiösen Gerichtshöfe und
Bildungseinrichtungen und führte die allgemeine Schul-
pflicht ein. Der Fes[3] wurde verboten, und auch religiöse

---

2   Atatürk wurde als Mustafa 1881 im heutigen Thessaloniki geboren. Auf der Militär-
    akademie erhielt er den Beinamen Kemal, für seine Verdienste im Ersten Weltkrieg
    wurde er mit dem Titel Pascha ausgezeichnet. Er war der Begründer der modernen
    Republik Türkei und ihr erster Präsident. Am 10. November 1938 ist er in Istanbul
    gestorben.

3   Traditionelle islamische Kopfbedeckung, eine zylindrische, meist rote Kappe

Trachten, Pluderhosen und Turbane. Er führte ein Schei-
dungsrecht ein, Mann und Frau wurden rechtlich gleichgestellt. Mädchen und Frauen wurde das Studium ermöglicht,
das aktive und passive Frauenwahlrecht eingeführt. Die
islamische Zeitrechnung wurde durch den Gregorianischen
Kalender abgelöst. Der Sonntag trat als arbeitsfreier Tag an
die Stelle des – den Muslimen heiligen – Freitags. Die am
Koran orientierte Rechtsprechung wurde durch das Schweizer
Zivilrecht abgelöst. Das Handelsrecht hat man von Deutschland und das Strafrecht aus Italien übernommen. Die osma-
nische Hochsprache der alten Eliten hat er durch die türkische Volkssprache ersetzt – und die arabische Schrift durch
das lateinische Alphabet.

Er soll Sprachwissenschaftler eingeladen und sie gefragt
haben: »Wie lange wird es dauern, um die lateinische Schrift
einzuführen?« Die Experten kamen zu unterschiedlichen Ein-
schätzungen und meinten, dass es zwischen zehn und 20 Jahren dauern würde. »Ich gebe euch sechs Monate«, soll er gesagt und sie an die Arbeit geschickt haben. Den Koran ließ er
ins Türkische übersetzen – nicht, weil er gläubig gewesen war,
sondern um aufzuklären. Am Schluss hat er auch noch, um
die Verwaltung zu optimieren, das Namensrecht reformiert.
Auch das wie im Westen: Jeder Türke musste nun einen Nachnamen führen. Er selbst erhielt von der Nationalversammlung
den Nachnamen Atatürk[4]. Ein gigantischer gesellschaftlicher
Umbau – die neue republikanische Führungselite wollte das
Land so schnell wie möglich modernisieren.

»Mein Vater ist Mitte der 1920er-Jahre geboren und kann
sich an die massiven Alphabetisierungskampagnen auf dem
Land erinnern. Ich habe das später recherchiert und festgestellt, dass dabei die schnelle Modernisierung in Russland
nach der Revolution bei vielen Maßnahmen Pate stand. Man
musste ja Bauern an Bildung heranführen. Deshalb eröffnete
man auf dem Land sogenannte Dorfinstitute. Junge Leute,
auch Mädchen, sollten zu ländlichen Aktivisten und Trägern

4   Vater der Türken

der Modernisierung gemacht werden. Und es ist bezeichnend, dass Gegner dieser Modernisierung in Dörfern das Gerücht verbreiteten, dass in diesen Instituten Mädchen ungewollt schwanger werden würden, weil sie ständig mit jungen Männern zusammenkämen – übrigens eine Propaganda, die bis heute noch wirkt. Religiöse Gruppen werben Studenten für ihre privaten Heime an und behaupten, dass in den gemischten staatlichen Schulen Mädchen im Keller Fehlgeburten erleiden würden.«

Vierzehn Jahre nach Kemals Tod ist die Türkei 1952 in die NATO eingetreten und hat das Mehrparteiensystem eingeführt. Mit den ersten freien Wahlen kam eine wirtschaftsliberale Regierung an die Macht, die mit den reaktionären Gefühlen in der ländlichen Bevölkerung Stimmung machte. Gleichzeitig erlebte Anatolien eine regelrechte Bevölkerungsexplosion – 1930 lebten in der Türkei noch 14 Millionen Menschen. Heute über 75 Millionen.

Die städtischen, verwestlichten, modernisierten Schichten sind, wie Dilek Zaptçıoğlu weiter erzählt, nach und nach zur Minderheit geraten. Heute findet man in Istanbul nur noch wenige Menschen, einige Zehntausend vielleicht, die seit mehreren Generationen am Bosporus leben. Die Städter sind demografisch überholt worden. Das ist für die Publizistin der wichtigste Faktor, weshalb islamistische, konservative Ideen hier auf einen fruchtbaren Boden stoßen. »Deshalb«, sagt sie, »kann man die Entwicklung in der Türkei nicht mit dem Aufstieg des liberalen Bürgertums in Europa vergleichen.«

»War es ein Versäumnis dieser Atatürk-Ära, das Militär mehr in diese zivilen Prozesse einzubinden?«, fragt Gerd Leipold. »Nach 1960 kam es ja alle zehn Jahre zu einem Militärputsch. War das Militär zu wenig eingebunden in zivile Prozesse?«

»Ich denke, wir müssen immer wieder über das Ziel der Reformer sprechen: Sie wollten eine aufgeklärte, moderne Gesellschaft, die mit den entwickelten Nationen des Westens auf Augenhöhe agierte. Die starke Stellung des Militärs ist im Nahen Osten, natürlich auch im Osmanischen Reich, ein nachhaltiges Erbe. Mustafa Kemal selbst hat aber gesagt: Wer ins Parlament will, soll zuerst seine Uniform ausziehen. Er hat sehr stark auf ein ziviles Parlament bestanden. Sein Ziel war eine parlamentarische Ordnung.«

»Mit einem starken Militär«, ergänzt Gerd Leipold.

»Das Problem ist doch: Es gibt in der Geschichte nie eine Stunde null. Sogar Revolutionen sind nur verdichtete Entwicklungsmomente. Man hat sein kulturelles und soziales Erbe. Die Republik hat zwar das Sultanat und Kalifat abgeschafft, aber alle verehrten Atatürk wie den neuen Sultan. Dies kam ihm gelegen, weil er aufgrund seiner Popularität viele der Reformen gegen den Widerstand der Religiösen durchsetzen konnte. Die Armee hatte zuvor jahrhundertelang eine herausragende Position innegehabt. Diese behielt sie. Es kommt hinzu, dass die Reformen im Reich zuerst im Militärwesen begonnen hatten. Seit jeher zogen die Militärakademien sehr gut ausgebildete Offiziere heran. Diese wurden im 20. Jahrhundert in den USA und in Europa weiter geschult. Sie lernten Fremdsprachen, bereisten wohlhabende Länder und genossen Respekt im Land. Wegen ihrer guten Bildung standen sie über den ungebildeten Schichten des Landes. Sie verstanden sich also nicht nur als eine bewaffnete Kraft, sondern als eine Elite, als eine soziale Ordnungskraft – die auch auf den Westkurs des Landes achten musste. Im Kalten Krieg wurde ihnen diese Aufgabe regelrecht aufgedrückt – es gab in der Türkei keinen Militärputsch, der nicht von Washington abgesegnet war.«

»Welche Rolle spielt das Militär heute?«, will ich wissen.

»Die türkische Gesellschaft war in den 1990ern so weit, dass sie mehrheitlich keine putschende, sich in das zivile Leben einmischende Armee haben wollte. Sie empfand das als etwas sehr Anrüchiges. Man wollte unter den am meisten zivilisierten, entwickelten Nationen der Welt sein und hatte ein immerfort putschendes Militär – das ging nicht. Europa hat diesen Punkt zu Recht immer kritisiert. Was Erdoğan nach 2003 machte, war eigentlich, die bestehende Mehrheit für seine Zwecke zu vereinnahmen – eine Mehrheit aus Liberalen und Konservativen, die beide keine kemalistische Armee mehr wollten. Er war dabei aber so entschlossen und konsequent wie kein anderer Regierungschef vor ihm. Die ganze Gesetzgebung wurde in den letzten Jahren verändert. Außerdem war der Kalte Krieg vorbei. Stattdessen ging im Westen die Angst vor islamischen Terroristen um. In Erdoğans AKP sah man die moderate Variante einer islamischen Partei, die man unterstützen und bei der Bekämpfung des Terrorismus auf seine Seite ziehen musste. Und als es in den 2000er-Jahren in der Armeespitze unruhig wurde, weil einige Offiziere in der Regierungspartei eine islamistische Kraft sahen, die die Errungenschaften der Republik abschaffen will, hatten sie keinen Rückhalt mehr im Westen.«

Während der über Jahrhunderte gewachsene Einfluss des Militärs schrumpfte, blieb die Bedeutung religiöser Fragen in der türkischen Gesellschaft von großer Relevanz. Dilek Zaptçıoğlu verfasste vor einigen Jahren einen längeren Aufsatz über Dietrich Bonhoeffer. Bereits als Schülerin in Hamburg hatte sie von dem protestantischen Theologen und seinem Widerstand gegen das Nazi-Regime erfahren. Bis heute verehrt sie ihn. Bonhoeffer war damals in der Türkei weitgehend unbekannt. »Die tiefer gehenden theologischen Debatten des 20. Jahrhunderts, gerade auch in Deutschland«, sagt sie, »haben die Art und Weise der Menschen, ihre Religion zu leben, beeinflusst. Eine solche Reflexion wird hier sofort überlagert von Äußerlichem, von Ritualen. Die Islamisierung der Gesellschaft wird dadurch vielerorts zu einem Wettbewerb der Frömmigkeit, zu einer Zurschaustellung des Glaubens, die mit dem eigentlichen islamischen Glauben nicht zu vereinbaren ist – denn man soll nicht mit seinem Glauben prahlen.«

»Katholiken nennen solche Leute Scheinheilige«, wirft Gerd ein. Er glaubt im Prinzip an den Wandel auch religiös geprägter Gesellschaften. »Vielleicht bin ich optimistisch«, fügt er hinzu, »weil ich als Kind den dominierenden Katholizismus in einem süddeutschen Dorf erlebt habe, wo jedes Abweichen von der Norm ein Skandal war. Die Macht, die die Kirche damals hatte – das ist vorbei.«

»Interessant ist hier eine neue Oppositionsgruppe, die sich stark an den Gezi-Protesten beteiligte und sich ›Revolutionäre Muslime‹ nennt. Sie sind inspiriert von der lateinamerikanischen Befreiungstheologie. Sie organisieren zum Beispiel im Ramadan Fastenbrechen auf dem staubigen Bürgersteig – als Reaktion auf teure Festtische in Fünf-Sterne-Hotels, an denen die neuen, frommen Reichen so gerne teilnehmen. Für die Diskussion innerhalb des Islam ist das sehr gut. Während die Regierung dabei ist, die Gesellschaft zu spalten – in wir, die Muslime, und ihr, die Atheisten, die Modernen –, ziehen die linken Muslime diesem Diskurs den Teppich unter den Füßen weg. Dieser innerreligiöse Streit ist pluralistisch. Eine Gesellschaft wird nie pluralistisch, wenn ihr Glaube selbst nicht pluralistisch diskutiert wird.«

In ihrem Buch *Die Geschichte des Islam* diskutiert Dilek Zaptçıoğlu auch diese Punkte: Warum ist der Islam bis heute eine so kollektivistische Religion geblieben? Weshalb lehnen die meisten religiösen Autoritäten die westliche Moderne ab und bezeichnen sie als unmoralisch? Wovor hat man so viel Angst? Die »Verstädterung des Islam« wird dies ändern, denkt sie. Noch ist es aber nicht so weit. Noch kann in der Türkei zum Beispiel eine junge, moderne Frau, die unverheiratet mit einem Partner zusammenlebt, nicht einfach in der nächsten Moschee beten gehen, ohne sich schuldig zu fühlen. Die heutige islamische Lebenswelt ist noch stark ländlich geprägt.

»Gibt es denn auch progressive, moderne, junge Imame?«, frage ich.

»Es gibt junge Imame, die fortschrittlicher und moderner denken. Diese Entwicklung hat begonnen, stößt aber auf Widerstand. Zum Beispiel wurde gegen einen jungen Imam, der in einer Amateur-Rockband spielte, eine Ermittlung angestrengt. Die Welt ist leider immer noch sehr patriarchalisch und autoritär.«

Mich interessiert: »Gibt es eine Diskussion, ob Frauen Imame werden können?«

»Auch die gibt es. Es gibt jetzt tatsächlich eine rege Diskussion über alles. Über alles, was wir hier besprechen, wird in diesem Land in der Zivilgesellschaft diskutiert. Das heißt nicht, dass hier jetzt die Legalisierung der Homo-Ehe bevorsteht. Man kann damit aber erst mal leben – wenn die Menschen immer toleranter werden. Ich glaube aber, das ändert sich jetzt. Die islamisch-konservativen Kräfte wollen zwar immer noch auf eine Augenhöhe mit dem Westen, aber sehen dies – fälschlicherweise – als eine nur materielle Angelegenheit. Innerlich verabschieden sie sich zurzeit immer schneller von westlichen Werten wie Demokratie oder Freiheit. Sie wollen das Gemeinleben islamisieren.«

Nachvollziehbar, dass der Widerstand gegen die Islamisierung der Gesellschaft deshalb auch von Randgruppen mitgetragen wird. Kurz vor unserem Besuch in Istanbul hatte in Taksim eine *Gay Pride Parade* stattgefunden. Mit Regenbogenfahnen waren Schwule, Transvestiten, Lesben und Transsexuelle auf den Taksim-Platz gezogen. Und ein Novum: Die bürgerlichen Gezi-Protestler waren mitgegangen. Erstmals hatte eine Schwulenparade in Istanbul im Jahr 2003 stattgefunden – damals eine ganz kleine, mutige Gruppe. Im Jahr 2010 waren es schon über 5000 Teilnehmer. 2012 waren es 30 000 Leute. Im Sommer 2013 waren es mit den anti-islamistischen Gezi-Demonstranten über 100 000 Protestierende – die größte Schwulenparade, die es je im Osten von Europa gegeben hat.

Ich denke an die Homosexuellen in katholischen und protestantischen Gemeinden in Deutschland. »Sicher gibt es hier
auch fromme Schwule?«

»Homosexualität ist im Islam genauso verboten wie im
Christentum. Aber es gibt konservative Schwule wie den
Modemacher Cemil Ipekçi. Er sagte neulich in einer Fernseh-
sendung: Ich bin gläubig und möchte in eine Moschee gehen
können. Ein Hodscha, ein Theologe, hat mit ihm darüber diskutiert, dass es möglich sein muss, die Moschee für alle zu
öffnen. Diesen Veränderungsdruck, den *Wind of Change,*
spüren natürlich die Konservativen, die Islamisten. Andererseits wissen sie, dass die Mehrheit der Gesellschaft Angst hat
vor zu großen Veränderungen. Die Regierung will die rapide
Modernisierung in islamische Bahnen lenken – wenn nötig,
mit Gewalt. Das geht auf Kosten von Freiheit und Demokratie. Die aber besteht nicht nur darin, alle vier oder fünf Jahre
wählen zu gehen.«

Es ist spät geworden an diesem Nachmittag. Eine milde
Brise weht durch die Gassen, und friedlich scheint die Stimmung an diesem Ort. Dilek führt uns durch ihr Viertel, zeigt
uns den Weg zum Meer. Und wir nehmen die Fähre rüber ins
Abendland.

Rushhour am Bosporus. Feierabendstimmung. Die Fäh-
ren sind überfüllt. Pendler springen auf. Menschen tippen
Kurznachrichten in ihre Smartphones, telefonieren, lesen Zeitung. Wir sitzen stumm auf einer der Holzbänke an Deck,
lassen uns den Wind durch die Haare streifen und betrachten
dieses unglaubliche Panorama mit den beiden großen Brü-
cken in der Ferne, den alten Gebäuden und Minaretten an
den Ufern der beiden Kontinente, die modernen Hochhäuser.
Und das rege Treiben auf dem bewegten Wasser, wo teure
Yachten und kleine Fischerboote ihre Routen kreuzen.

In Kabatasch nehmen wir die Füniküler, die Seilbahn,
hoch zum Taksim-Platz. Jetzt, am frühen Abend, möchten
wir uns selbst ein Bild machen von der Situation, die seit

Wochen unsere Nachrichten beherrscht. Der Stadtteil Beyoğlu liegt zwischen Fatih, der religiös geprägten Altstadt, und Beşiktaş, der eher westlich geprägten Gegend. Hier waren während des Osmanischen Reiches die Botschaften zu Hause. Das Deutsche Konsulat ist noch immer hier.

Als wir die U-Bahn-Station verlassen, stehen wir auf dem großen Platz. Im Hintergrund ist der Atatürk-Kulturpalast zu sehen, ein Bild, das wir aus der Tagesschau kennen. Die Scheiben der Fenster sind zerschlagen. Hier hat vor wenigen Tagen der Tänzer und Choreograf Erdem Gündüz gestanden und mit seinem stillen Protest die Menschen weltweit berührt. Der »Stehende Mann«.

Vor uns liegt der Gezi-Park, unzählige Polizeiautos stehen am Rand der Grünfläche. Eine Hundertschaft Polizisten in Kampfmontur, schwarzen Uniformen, mit Gürteln voller Tränengaspatronen, mit Schlagstöcken und Schildern in den Händen, Gasmasken auf den weißen Helmen. Wir hören Schreie, einige ältere Frauen rennen in Panik auf die Polizisten zu, wild gestikulierend. Nur wenige Meter von ihnen entfernt prügeln einige Muskelmänner auf zwei junge Männer ein, einer liegt reglos am Boden. Es ist wie im Film. Als würde man uns die Geschichten nachspielen, die Dilek Zaptçıoğlu gerade erzählt hat. Es ist so surreal, dass ich Mühe habe zu erfassen, was sich in diesen Augenblicken so unvermittelt vor unseren Augen abspielt. Die Schläger treten auf den Bewusstlosen ein, malträtieren ihn mit Schlagstöcken. Wenn nicht sofort Hilfe kommt, ist es zu spät.

Wir wissen nicht, wie wir reagieren sollen. Intervenieren? Wie? Wegrennen? Wie ein Vollidiot kommt man sich vor in einer solchen Situation. Schließlich machen sich vier, fünf Polizisten gemächlich auf, folgen den Frauen, die sie weinend anflehen, einzuschreiten. Fast gelangweilt schieben die Uniformierten die Schläger zur Seite, nehmen ihre Schlagstöcke entgegen und werfen sie auf einen Haufen von Dachlatten, den wir erst jetzt entdecken.

Dann bückt sich ein Uniformierter zu dem Stapel, nimmt die Latten unter den Arm und trägt sie zu einem Polizeiauto. Dort stehen zwei der Schläger und nehmen sie entgegen. Die Polizisten machen nicht einmal Anstalten zu verbergen, dass sie mit ihnen unter einer Decke stecken.

Noch immer liegt der Bewusstlose am Boden, Menschen stehen um ihn herum, versuchen ihn zu versorgen. Polizisten drohen den Umstehenden mit Gaspistolen, fordern sie auf, zu verschwinden.

Verwirrt stehen Gerd Leipold und ich unter den jungen Leuten. Eine der Frauen hat sich auf den Bordstein gesetzt und schüttelt erschöpft und verzweifelt den Kopf. Wir gehen in den Park, sind unsicher, wissen nicht, wie sich die Situation entwickelt, alles ist in Bewegung. Am anderen Ende des Parks haben Demonstranten ein improvisiertes Mahnmal errichtet: Farbfotos der sechs Toten, die die Auseinandersetzungen der letzten Tage gefordert haben. An abgesägten Dachlatten befestigt. Darauf handgeschriebene Traueradressen, Bekundungen der Solidarität. Menschen verweilen davor. Wir stellen uns dazu und betrachten wortlos die Bilder und die stummen Trauernden.

Später gehen wir weiter in die İstiklal Caddesi, den Boulevard des Viertels. Ein weiterer Schock – das plötzliche Einbrechen der Unterhaltungskultur in den Abend. Musik dröhnt aus den offenen Türen der Läden und Cafés, nur wenige Hundert Meter von dem Park entfernt, wo Demonstranten, Bürgerinnen und Bürger, um die Wiedereroberung des öffentlichen Raums kämpfen. Auch hier ist die Atmosphäre, trotz der Rituale des Alltags, angespannt. Zweimal treffen wir auf Polizeisperren, Beamte in martialischer Kampfmontur, wieder mit Helmen, Stöcken, Gasmasken. Eine Gruppe junger Demonstranten, in der ersten Reihe nur Frauen, nähert sich. Immer und immer wieder wiederholen sie ihre Parolen und marschieren ohne zu zögern direkt auf die Polizeisperre zu, kommen erst direkt davor zum Stehen, keinen Meter vom ersten Schlagstock entfernt. Applaus aus den Cafés und von den Passanten für ihre Courage – es ist unglaublich, wie mutig die Protestierer sind!

Dann machen wir uns auf den Weg zurück zur Metro, zurück in unser Hotel.

Am nächsten Tag schlendern wir durch den Großen Basar und frühstücken in einem der kleinen Cafés. Der Morgen wirkt entspannt, fast als hätte es den gestrigen Abend nicht gegeben. Das Pflaster der Gassen wird mit viel Wasser abgespritzt und sauber gewischt, Händler richten ihre Auslagen her, frisches Obst, geputzt, in ordentlichen Pyramiden feilgeboten. Hört uns jemand deutsch sprechen, werden wir oft angesprochen. Wir probieren Tee, Trockenfrüchte, türkische Süßigkeiten. Wir wandern durch Fatih, den traditionell geprägten Teil der Altstadt, vorbei an unzähligen Restaurants und Imbissbuden. Fladen werden frisch zubereitet, Zuckerzeug stapelt sich in den Auslagen. Die Zahl der Touristen ist überschaubar an diesem milden Sommertag, selbst an der Hagia Sophia, dem Weltkulturerbe, einst eine christliche Kirche, die nach der Eroberung der Osmanen 1453 zur Moschee umgewandelt wurde – und seit Atatürk als Museum dient. Ein völlig von weltanschaulichem Furor befreiter Ort der Schönheit, ein historisches Denkmal, das für alle offen steht, die hier leben oder von draußen kommen. Wir gehen hinunter nach Kabatasch, an die Anlegestation der Boote am Bosporus. Es verwirrt uns. Es ist wunderbar, in der Stadt unterwegs zu sein. Man kann gar nicht anders, als es zu genießen, auf dem Schiff oder in den Straßen. Und man sieht deutlich, dass es in der Türkei in den letzten Jahren aufwärts gegangen ist. Auch wie die Menschen miteinander umgehen, in den Geschäften, auf den Straßen – das ist alles sehr attraktiv. Aber wie passen dazu die Bilder von den jungen Leuten, die man hier totgeschlagen hat, von der brutalen Polizei, dem rücksichtslosen Einsatz der Wasserwerfer und Knüppel?

Fast selbstverständlich werden wir immer wieder in Gespräche verwickelt, immer wieder werden wir angesprochen, auf Deutsch, wenn die Leute hören, wie wir uns unterhalten. Und alle haben eine Meinung. Und alle bringen sie sie auch zum Ausdruck. Manche verteidigen Erdoğan: »Wenn du hier früher krank warst und ins Krankenhaus gingst, haben sie dir gesagt: Komm in einem halben Jahr wieder. Heute funktioniert das. Schaut euch die Stadt an, die Straßen, die Infrastruktur, alles funktioniert!« Andere verachten ihn und seinen Traum vom sunnitischen Vorzeigestaat. Einer fragt uns: »Habt ihr schon Gas gefressen?« Wir haben niemanden erlebt, der keine Meinung hatte oder der gesagt hat, ich möchte nicht darüber reden.

»Das ist ja ein sehr politisches Land«, sagt Dilek Zaptçıoğlu, und die Freude über unsere Beobachtung – oder besser über ihre Landsleute – ist spürbar. »Aber früher haben die Leute immer gedacht, man muss die Türkei in einem guten Licht darstellen. Das ist nicht mehr so zwanghaft, wie es früher war. Es ist schon ein bisschen reflektierter geworden. Jetzt kommt noch die Eurokrise dazu. Das Beispiel der angrenzenden Staaten wie Griechenland oder Bulgarien – ihnen geht es viel schlechter. Das sind ja arme Länder im Vergleich zur Türkei. Illegale Einwanderer kommen für Billigjobs im Pflegebereich oder auf dem Bau. Viele Leute haben in den letzten beiden Jahren mitbekommen: EU-Mitgliedschaft bedeutet nicht automatisch großen Wohlstand.«

Wir haben uns mit ihr auf Büyükada, einer der Prinzeninseln, verabredet, einer Inselgruppe südöstlich von Istanbul im Marmarameer. Eine autofreie Insel. Die Menschen gehen zu Fuß, fahren Fahrrad oder nutzen die Pferdefuhrwerke als Taxis. 90 Minuten lang sind wir mit dem Schiff hierher gefahren, 90 Minuten an der Skyline von Istanbul entlang, eine riesige, nicht enden wollende, faszinierende Stadt. Jetzt sitzen wir in einem Garten umgeben von viel Grün, schattenspendenden Bäumen und blühenden, lilafarbenen Bougainvillea.

»Wer ist dieser Recep Tayyip Erdoğan?«, wollen wir wissen. Uns irritiert dieser Gegensatz aus fortschrittlicher Modernität und restriktiver Politik. »Vielen im Westen galt er als ein aufgeklärter Islamist.«

»Necmettin Erbakan«, sagt Dilek, »war der Begründer des türkischen Islamismus. Und Erdoğan und seine Freunde sind Männer, die mit ihm großgeworden sind. Sie haben die sogenannten Imam- und Predigerschulen besucht. Menschen, die stark religiös sozialisiert wurden, die selbst fromme und autoritäre Väter gehabt haben. Sie sehen die Welt aus einem islamisch-politischen Blickwinkel. Ich denke, dass sich die Weltsicht Erdoğans nie geändert hat. Das Wasser, in dem man schwimmt – das ist für ihn die Religion. Religion ist nicht einfach nur ein Aspekt, sondern alles – die Welt. Die Menschheit teilt sich aus diesem Blickwinkel in Glaubensgemeinschaften: Es gibt die Muslime, die Christen, die Juden, es gibt die Buddhisten. Und die Atheisten. Und innerhalb des Islam gibt es zwei Kategorien: einmal die mehr oder weniger praktizierenden Gläubigen. Und es gibt eine Gruppe, auf die der religiöse Begriff ›Munafik‹ angewandt wird. Er meint einen Menschen, der vorgibt, religiös zu sein, aber im Innern nicht glaubt. Diese Leute sind noch schlimmer als die explizit Gottlosen. Für die Islamisten sind die Türken, die sich als Muslime bezeichnen, aber an die Ideale der alten Republik glauben, die also den Glauben strikt in die Privatsphäre drängen, die säkular und modern leben wollen, solche ›Munafiks‹. Sie seien schlimmer als die erklärten Feinde, heißt es. Denn sie verhindern eine Entwicklung, die stattfinden muss.«

»Das gab es im Christentum auch«, sagt Gerd. »Die schlimmste Sünde ist die Sünde wider den Heiligen Geist. Also wenn man zwar Christ ist, aber die Lehre leugnet. Dann ist man auf ewig verdammt, da gibt es keine Entschuldigung.«

»Ich habe das, was wir heute erleben, in irgendeiner Weise kommen sehen«, sagt die Journalistin. »Erdoğan war von 1994 bis 1998 Bürgermeister von Istanbul. Damals hatte er durch-

gesetzt, dass in städtischen Lokalen kein Alkohol mehr aus-
geschenkt werden durfte. Er wollte gesonderte Badezonen für
Frauen und getrennte Schulbusse für Jungen und Mädchen
einführen. 1998 wurde er dann zu einer kurzen Haftstrafe und
lebenslänglichem Politikverbot verurteilt. Anlass war eine
Ansprache bei einer Konferenz in Siirt[5]. Er zitierte aus einem
religiösen Gedicht: ›Die Moscheen sind unsere Kasernen, die
Minarette unsere Bajonette, die Kuppeln unsere Helme und
die Gläubigen unsere Soldaten‹. Selbst nach seinem Wahlsieg
im Jahr 2002 durfte er das Amt des Ministerpräsidenten offiziell zunächst nicht ausüben – erst eine Verfassungsänderung
hob sein Politikverbot auf. Als eine der ersten Amtshandlungen wollte er den Ehebruch strafbar machen. Erdoğan machte
nie einen Hehl aus seinen Ansichten. Niemand kann behaupten, dass er die Menschen täuschen wollte. Sein Ziel ist eine
islamische Gesellschaft. Er glaubt an den Sinn dieser Mission
– so wie Liberale daran glauben, dass eine freiheitliche Gesellschaft durch Bildung und Freiheit aufgebaut werden kann.«

»Bei uns ist er ja häufig als ›Wolf im Schafspelz‹ bezeichnet
worden«, sage ich. »Man hat schon befürchtet, dass er die
Türkei in Richtung einer islamischen Gesellschaft umwan-
delt. Und man war völlig überrascht, dass das zunächst nicht
passiert ist.«

»Man hat wohl vor allem gedacht: Weil die moderaten
Islamisten sich mit der Geschäftswelt und der Marktwirtschaft arrangieren, werden sie irgendwann automatisch li-
beral. Also: Marktwirtschaft schafft notwendigerweise eine
liberale Gesinnung – dem ist aber nicht so.«

»Das ist ja in vielen westlichen Demokratien ein weit ver-
breitetes Missverständnis«, sage ich, »dass man Marktwirtschaft mit Demokratie verwechselt.«

»Das hat schon auch seine Gründe. Wenn Sie Geschäfte
machen, brauchen Sie eine bestimmte Freiheit. Ihr Eigentum
muss geschützt sein. Ihre Geschäftsgrundlage muss per Gesetz
gesichert werden. Es gibt schon eine Relation zwischen einer

5   Stadt in Ostanatolien

freien Marktwirtschaft und liberaler Gesinnung. Viele Liberale in der Türkei glaubten deshalb: ›Was im Westen passierte, wird hier auch im Zeitraffer passieren. Der wirtschaftliche Erfolg wird zu einer schnellen Demokratisierung führen‹. Aber diese eifrige Anpassung an die Globalisierung schafft nicht automatisch Demokratie und Freiheit. Nicht gleich und nicht automatisch. Dabei sind auch Wechselbeziehungen wichtig: Wenn zum Beispiel die Türkei eine glaubwürdige, faire Chance einer EU-Mitgliedschaft bekommen hätte, hätten sich auch die Ansichten Erdoğans gewiss modifiziert.

Religion war in der Türkei und auch in anderen Ländern, wie im Iran zum Beispiel, immer mit der Klassenfrage verbunden. In der Türkei hatten sich durch den Kemalismus Eliten und ein verwestlichtes Bürgertum in den Städten entwickelt. Durch die Bevölkerungsexplosion haben die Städte die Einwanderer vom Land nicht mehr kulturell formen können. Die Massen, die aus Anatolien in die Großstädte gezogen sind, noch in zweiter, dritter Generation, bildeten mehr oder weniger eine neue, konservative Mittelschicht von Arrivierten. Sie hatten höhere Ziele – das Ziel, einmal die gesamte Wirtschaft und Politik zu übernehmen. Die Gesellschaft nach ihren Vorstellungen zu formen. Diejenigen, die in den Städten verächtlich auf sie herabgeschaut haben, dafür zu bestrafen. Die ganze Sache ist also viel komplizierter als die Formel ›Erdoğan kam und siegte‹. Für diesen Sieg gibt es vielschichtige Gründe. Auch internationale Gründe. Ich denke, dass der Islamismus nur als ein internationales, historisch begründetes Phänomen verstanden werden kann. Und ich glaube, dass die heutige Führungselite der Türkei sich als eine Art Retter der Muslime weltweit versteht – zumindest wollen sie Lösungen für die Probleme schaffen, die ihrer Ansicht nach von der nicht muslimischen Welt willentlich verschleppt werden wie etwa das Palästinaproblem.

Ich denke, der Schlüsselbegriff in unserer Zeit ist ›die Gleichheit‹. Gleichwertigkeit. Erdoğan hat oft gesagt: ›Wir sind die Neger der Türkei‹. Und er sagt immer wieder, dass das bestehende Weltsystem ungerecht sei. Damit meint er nicht nur die materielle Hierarchie, sondern die kulturellen und sozialen Wertungen. Viele junge Leute, die früher hätten Linke werden können, sind Islamisten geworden. Es gab sogar junge Leute, die gar nicht aus konservativen Familien kamen, die aber Gefallen gefunden haben an dieser Idee des zornigen Abrechnens mit den verwestlichten, verwöhnten Reichen und Schönen – ein Klischee, dem wir auch vor der Iranischen Revolution in den Debatten um die Verwestlichung Irans sehr oft begegneten. Dort nannte man die modernen, städtischen Schichten ›Garbzadeh‹, vom Westen Geschädigte.«

»Es ging diesen jungen Leuten um die eigene kulturelle Identität?«, frage ich.

»Auch, natürlich. Und das ist revolutionär. Revolutionär in dem Sinne, dass diese Bewegung die bestehende Ordnung angefochten hat. Ich beobachtete in diesem Umwandlungsprozess der letzten Jahre auch, dass viele Liberale und Linke ein schlechtes Gewissen hatten – zum Beispiel, weil die verhüllten Studentinnen oft aus der Unterschicht kamen. Anstatt die Dinge nüchtern zu diskutieren und Grenzen zu ziehen, solidarisierten sich viele gönnerhaft mit ihnen. Die neue Machtelite verstand es sehr gut, dieses schlechte liberale Gewissen für sich zu vereinnahmen. Auch die Kritik an den Ungerechtigkeiten im Weltstaatensystem konnten die Liberalen nicht von der Hand weisen. Die als extrem unehrlich empfundene Haltung der EU hat eine große Rolle gespielt.«

»Ist Istanbul mehrheitlich konservativ?«, will ich wissen.

»Es gibt Stadtviertel wie Fatih, Aksaray, Üsküdar, Eyüp in der Mitte und viele Vororte, die extrem konservativ sind. Und es gibt liberale Stadtviertel: Taksim und der ganze Bereich nördlich von Taksim. Den Bosporus hoch, Beşiktaş und so weiter. Der Taksim-Platz besitzt einen großen Symbolwert für säkulare Liberale als Szene- und Ausgehviertel mit vielen Bars,

Restaurants, Kunstgalerien, Buchläden und Cafés. Auch Kadıköy auf der asiatischen Seite ist aufgeklärt-liberal.«

»Die Strukturen in der Türkei haben sich durch die wirtschaftliche Entwicklung ja auch geöffnet«, stellt Gerd Leipold fest. »Zwar ist die konservativ-religiöse Schicht gestärkt, aber auch die sozialen Verhältnisse haben sich verändert. Viele westlich orientierte Liberale sind offensichtlich nicht bereit, ihre Rechte kampflos aufzugeben. Durch seinen wirtschaftlichen Erfolg hat Erdoğan diese Begehrlichkeiten beschleunigt – und befindet sich jetzt in einer selbst gebauten Falle.«

»Die Regierung forciert den wirtschaftlichen Fortschritt, sie baut Einkaufszentren, die Infrastruktur wird ausgebaut. Dazu kommen umstrittene Großbauprojekte wie eine dritte Autobahnbrücke über den Bosporus. Der Turbokapitalismus strömt ungezügelt ins Land. Und auf der anderen Seite predigt sie: ›Wir müssen unsere Jugend schützen‹. Aber wie macht man das? In dem man ihr ganz früh Religionsunterricht einrichtet? Deshalb hat Erdoğan in seiner dritten Amtszeit die Bildungspolitik stark verändert: Das Mindestalter für den Koranunterricht wurde auf drei Jahre gesenkt. Neben dem bestehenden Pflichtfach Religion wurden drei neue Wahlfächer Koran, Arabisch und das Leben des Propheten Mohammed eingeführt, sodass es jetzt im Curriculum der staatlichen Schulen wöchentlich sechs bis acht Stunden Religionsunterricht gibt.«

»Modernität einerseits und rückwärtsgerichtete Bildungspolitik andererseits – das wirkt heuchlerisch. Das aber ist in einer Gesellschaft, die über zunehmend mehr Informationen verfügt, schwierig«, sagt Gerd. »Heuchler brauchen immer Geheimhaltung. Sonst funktioniert das nicht.«

»Die türkische Presse ist heute stark eingeschränkt. Alle großen Zeitungen und Fernsehkanäle mussten sich anpassen. Als die Gezi-Proteste ausbrachen, zeigten die türkischen Nachrichtenkanäle NTV und CNN Tierdokumentationen. Deshalb ist der Pinguin zum Symbol der Gezi-Bewegung geworden. Die jungen Menschen gingen daraufhin als Pinguine verkleidet in den Park.«

»Und dann hat CNN Christiane Amanpour[6] geschickt?«, frage ich.

»Ja, und das regierungsnahe Blatt Yeni Şafak hat einen Fake-Aufmacher gebracht: *Christiane Amanpour gesteht.* CNN International hätte Leute bezahlt dafür, dass sie auf dem Taksim-Platz demonstrieren gehen. Im Kleingedruckten stand dann in den hinteren Seiten: Das sei so nicht gewesen – wäre aber immerhin möglich. Es passieren wirklich unglaubliche Dinge!«

Laut einer Meldung der Nachrichtenagentur AP vom 24. Juli 2013 wurden seit dem Ausbruch der Gezi-Proteste Anfang Juni 59 Journalisten in türkischen Medien entlassen. In vielen Fällen, so die Meldung, ist der Grund, dass sie sich in sozialen Netzwerken positiv über die Demonstrationen geäußert haben sollen. In der gleichen Meldung wird darauf hingewiesen, dass zurzeit 64 Journalisten in türkischen Gefängnissen sitzen. Weitere 123 stehen vor Gericht. Die Türkei ist das Land, in dem weltweit die meisten Journalisten inhaftiert sind. Die große Mehrheit von ihnen sind kurdische Journalisten.

Wo aber die Rechtssicherheit für Journalisten nicht gewährleistet ist und eine Regierung Medien besitzt und kontrolliert, sind Grundlagen der Demokratie nicht mehr vorhanden. Längst haben die türkischen Behörden auch Netzwerke wie Twitter unter Beobachtung. In Izmir und in Istanbul gab es im Sommer Verhaftungswellen, jungen Leuten wurde vorgeworfen, sie hätten per Twitter zum Aufstand aufgerufen. Und wie der NSA-Skandal beweist: Die Sicherheit der Daten von Bloggern auf den großen Servern ist alles andere als gewährleistet.

In seiner dritten Amtszeit zeigt die Politik Erdoğans zunehmend autoritäre Züge. Mit Iman- und Predigerschulen macht sich Erdoğan auf in Richtung Vergangenheit. Im

---

6   Christiane Amanpour ist eine britisch-iranische Journalistin, die als internationale Chefkorrespondentin für den Nachrichtenkanal CNN bekannt wurde.

Grunde sind sie nichts anderes als religiös geprägte Schulen, etwa wie katholische oder evangelische Gymnasien in Deutschland. In der Türkei aber sind sie nicht unter kirchlicher, sondern unter staatlicher Verwaltung – und sie sind in den letzten zehn Jahren wie Pilze aus dem Boden geschossen. Ursprünglich gegründet, um Imame und Prediger auszubilden, haben sie sich längst zu einem Parallelschulsystem gewandelt. Tausende von ihnen gibt es im ganzen Land.

Bei der Hochschulzulassung wurden die Absolventen von religiösen Akademien denen von geistes- und naturwissenschaftlichen Schulen gleichgestellt. Nach und nach werden diese Iman- und Predigerschulen zur Regelschule. Das säkulare Prinzip verschwindet immer weiter aus den Schulinhalten – und klammheimlich wurden über ein Dutzend bisher gemischter Schulen zu reinen Mädchenschulen gemacht.

»Wenn in einer Gesellschaft das säkulare Bewusstsein tief verankert ist, dann kann man die Rechte von Religionsgemeinschaften immer weiter aushandeln«, sagt Dilek. »Sozialwissenschaftler wie Jürgen Habermas nennen das ›postsäkulare Diskussionen‹. Aber das Wichtige ist, und das sagt er auch: Eine postsäkulare Gesellschaft lässt sich nur auf der säkularen aufbauen. In der Türkei ist die Gesellschaft nicht säkularisiert in dem Sinne, dass man beispielsweise über getrennte Klassen für Mädchen und Jungen wie in Schweden oder in den USA diskutieren kann. Wir haben in diesem Land jedes Jahr Hunderttausende von Mädchen, die minderjährig verheiratet werden. Wir haben täglich Frauen, die ermordet werden, durch häusliche Gewalt. Wenn ein Staat wie der iranische oder saudische selber nicht hinter Säkularität und Demokratie steht, sondern sie durch seine eigenen Maßnahmen, denen man nicht entkommen kann, aushöhlt, dann muss man sehr vorsichtig sein.

Es wird in der Türkei über diese Themen heftig diskutiert. Es gibt mittlerweile auch eine gläubige Oberschicht. Konservative Familien, die in Villen mit abgeschirmten Swimmingpools leben, die Burberry und Prada tragen. Das passt nicht in das Klischee der ärmlichen frommen Unterschicht, die sich verhüllt. Es kommen arabische Touristen nach Istanbul, die Frauen sind schwarz verhüllt. Sie bedecken sogar ihren Mund. Manche haben einen Tüllschleier vor den Augen – und tragen Gucci-Handtaschen. Der Mann ist in der Regel mit Shorts und Sandalen ganz normal gekleidet. Das ist nicht Lifestyle, sondern autoritär und patriarchalisch. Die Türkei ist seit der Gründung der Republik auf diesem Feld weit gekommen. Sie darf das Rad jetzt nicht zurückdrehen.«

Die im Westen erhoffte Gleichheit in der türkischen Gesellschaft ist in weite Ferne gerückt – jetzt gibt es eine neue, eine islamische Elite. Jetzt sind nicht nur die Aleviten, die Kurden und andere Minderheiten von der sozialen Abwertung betroffen, sondern auch Liberale, die säkularen Mittelschichten. Die Wahrung von deren Lebensweise und Identität interessiert Erdoğan nicht. Genauso wenig wie die politischen Forderungen von Umweltschützern und Menschenrechtlern. Ihm geht es nicht um Pluralismus, sondern um die Durchsetzung seines Dominanzanspruchs. Im Frühsommer hat er ein Gesetzespaket eingebracht, das den Alkoholverkauf nach 22 Uhr verboten hat. Außerdem darf für alkoholische Produkte nicht mehr geworben werden. Was vermeintlich harmlos aussieht, hat konkrete kulturelle Konsequenzen – zum Beispiel für das Sponsoring von Konzerten. In diesem Jahr musste deshalb unter anderen das traditionelle Efes Pilsen Blues Festival in Istanbul abgesagt werden.

»Das Problem ist«, sagt Dilek Zaptçıoğlu, »dass die Liberalen den Zusammenhang zwischen Lebensweise und Demokratie eigentlich immer vernachlässigt haben. Dabei gibt es gerade zwischen Frauenfreiheit und Demokratie einen starken Zusammenhang. Es gibt eine direkte Korrelation zwischen Meinungsfreiheit und einer autoritären, patriarchalen Lebensweise. Vor allem auf den Frauen lastet der moralische Druck enorm. Sehr wenige Frauen trauen sich mittlerweile, öffentlich sexuelle Freiheit einzufordern. Sie wissen, dass sie dann als ›Prostituierte‹ angesehen würden. Nur eine kleine Gruppe von Istanbuler Feministinnen traut sich noch, über diese Themen zu sprechen. Ich vergleiche aufgrund meiner Biografie immer beide Länder, die Türkei und Deutschland. In Deutschland war die Elterngeneration durch die totale Niederlage nach dem Krieg diskreditiert. Die 68er-Rebellion, davon bin ich überzeugt, war ein Segen für Deutschland.«

Es sind diese Themen, die die Menschen zu Hunderttausenden auf die Straßen treiben: Transparenz und Pluralismus. Die geplante restaurative Umgestaltung eines kleinen Parks, der für die liberale, aufgeklärte städtische Klientel von symbolischer Bedeutung ist, war der Auslöser. Die Ursachen für die Unruhen liegen tiefer: Die Menschen fürchten den systematischen gesellschaftlichen Umbau ihres Landes. Sie gehen auf die Straßen, um ihre demokratischen Grundrechte zu verteidigen.

»Die Gezi-Bewegung ist kopflos und unorganisiert«, sagt Dilek Zaptçıoğlu. »Sie lässt sich auch kaum organisieren. Die Gegner der Demokratie sind immer viel organisierter als die Liberalen. Das ist mir auch klar geworden in diesen Jahren. Sei es in Ägypten, der Türkei oder in Tunesien oder auch in den Einwandervierteln Europas – die Anhänger islamischer Vereine und Parteien gehen bis in die kleinsten Viertel hinein, sie eröffnen Büros, nehmen direkten Kontakt zu den Menschen auf. Sie lernen die Sorgen der Menschen kennen und helfen mit Geld, Beziehungen oder notwendigen Waren. Studenten, Intellektuelle, Mittelständler – liberale Städter machen so etwas nicht.

Nun haben liberale Studenten in Istanbul und Ankara begonnen, WGs für Studenten anzumieten, die aus Anatolien kommen – um zu verhindern, dass sie von fundamentalistischen Vereinigungen für deren Heime angeworben werden. Aber liberale oder linke Studenten haben niemals so viel Geld, solche Beziehungen und so viel Zeit, dass sie mit organisierten Strukturen konkurrieren könnten.

Das ist überhaupt der Punkt, über den ich mir in den letzten Jahren so viele Gedanken gemacht habe: Demokratie muss man lernen. Wie lernt man Demokratie? Wie wird man zu einem Demokraten? Welche Zusammenhänge gibt es zwischen Kleidung, Körpergefühl, dem Selbstbewusstsein des Einzelnen und der demokratisch-freiheitlichen Kultur? Demokratie haben die Islamisten vielerorts auf Wahlen reduziert. Aber Demokratie ist eine komplexe Philosophie. Eine Lebensweise.

Die Gezi-Bewegung ist ein großer demokratischer Aufstand. Egal wie er ausgeht – er wird Nachwirkungen haben, weil eine ganze Generation von städtischen Jugendlichen, die nach 1990 geboren sind, hier eine wichtige politische Erfahrung gemacht hat.« Dann lacht Dilek auf: »Das sage ich mir jeden Tag dreimal.«

Am Abend besuchen wir gemeinsam eine Podiumsveranstaltung der Gezi-Bewegung, in einem kleinen Park im Stadtteil Fatih. Als wir ankommen, sitzen ungefähr Hundert Zuhörer auf Kissen auf dem Boden. Immer wieder lassen die jungen Organisatoren einen Korb mit Datteln herumgehen. Auch Teegläser machen die Runde und finden dankbare Abnehmer. Auf der Stirnseite des Parks, vor einem Plakat mit der Aufschrift »Fatih-Forum«, sitzen drei Männer ebenfalls auf dem Boden – Journalisten, die von verschiedenen Ereignissen aus ihrer täglichen Arbeit berichten. Der jeweilige Redner hält ein Mikrofon in der Hand. Sie beklagen den vorauseilenden Gehorsam der Medien, die unter Druck der Regierung stehen. Alle rauchen, immer wieder bringt ein junger Mann ein Teeglas und bietet es einem der drei an.

Star des Abends ist Ahmet Şık, ein in der Türkei berühmter, investigativer Journalist. Der mit diversen Medienpreisen ausgezeichnete Autor war in den vergangenen Jahren mehrfach verhaftet worden. Zuletzt war das Manuskript seines Buches

Die Armee des Imam noch vor Erscheinen beschlagnahmt und er erneut festgenommen worden. Wie deutsche Medien berichteten, weist Şık in seinem Buch den Einfluss der Bewegung des islamischen Predigers Fethullah Gülen auf die türkischen Sicherheitskräfte nach. Es beschreibt, wie die Gülen-Gemeinde seit Mitte der 80er-Jahre systematisch den türkischen Polizeiapparat unterwandert hat. Den neuen »tiefen Staat«. Und obwohl sogar der Besitz des Manuskripts unter Strafandrohung stand, wurde eine Kopie des Entwurfs ins Internet gestellt und innerhalb der ersten von zwölf Stunden 90 000-mal heruntergeladen. Das Buch erschien später auch in Druckform und ist in der Türkei immer noch ein Bestseller.

»*Tiefer Staat*«, sage ich, als wir in dieser warmen Nacht durch die Gassen der Altstadt zurück ins Hotel schlendern. »Klingt das nicht wie ›Supergrundgesetz‹? Erinnerst du dich: Nachdem die NSA-Affäre[7] aufgedeckt worden war, war der deutsche Innenminister Friedrich zu Gesprächen in den USA. Er kam mit leeren Händen zurück und ihm fiel nichts Besseres ein, als von einem ›Supergrundrecht‹ zu reden, einem Recht auf Sicherheit, dem sich alle anderen demokratischen Rechte unterzuordnen hätten. Wenn aber freiheitliche Bürgerrechte wie Transparenz und Informationsfreiheit bedroht sind, müssen die Alarmglocken schrillen!«

Die Nacht ist mild. Obwohl es längst nach Mitternacht ist, sind noch viele, vor allem junge, Menschen auf den Straßen. Sie haken sich unter, lachen, unterhalten sich. Es ist wie in Paris oder Berlin, London oder – Beirut. »Es ist doch interessant«, sage ich mehr zu mir selbst, »dass die Grenzen zwischen einer Demokratie und einem totalitären System oft fließend verlaufen, in zahlreichen Schattierungen. Dass sich ein undemokratischer Staat nach außen von einem demokratischen nicht unbedingt unterscheiden muss. Das sieht nicht überall aus wie in Nordkorea. Demokratische Werte siehst du

---

7   Mitte Mai 2013 wurde bekannt, in welchem Ausmaß die National Security Agency (NSA) der USA Informationen durch Ausspähen von Telekommunikation gewinnt.

nicht auf den ersten Blick. Aber du merkst es sehr schnell – an der Kultur, in den Medien. Und an der Sprache. Vielleicht sollten wir in der Demokratie ein präziseres Vokabular verwenden. Wenn zum Beispiel eine Partei die Wahl gewinnt, reden wir davon, dass sie an die Macht kommt. Das sind Begriffe aus anderen Epochen. Warum sagen wir nicht: ›Die Politiker haben Aufgaben übertragen bekommen‹? Der Sprachgebrauch verändert auch das Denken. Denn wenn ich sage: ›Sie haben die Macht‹, dann habe ich sie schon abgegeben. Regierende Politiker sind Amtsträger, sie sollen Aufgaben erfüllen. Ich frage mich, ob uns diese Wortwahl nicht selber beschränkt.«

Während ein Straßenreinigungsfahrzeug mit ohrenbetäubendem Lärm die Gassen fegt, beschließen wir den Abend in einem Straßencafé mit einem Raki, dem Lieblingsgetränk Kemal Atatürks. Viel hat sich getan in den 90 Jahren, seit er der Türkei die Moderne mit Vehemenz und Gewalt ins Stammbuch geschrieben hat. Und so viele Fragen kehren heute wieder und scheinen offen. Der Sultan ist tot – und doch muss die Demokratie immer wieder aufs Neue erkämpft werden. Heute ist die Türkei eins der prosperierenden Länder der Welt. Der Drang nach Freiheit lässt sich aber auch mit materiellen Gütern nicht unterdrücken. Eine wache Bevölkerung will mehr, als alle paar Jahre wählen zu dürfen und die übrigen Prozesse den Volksvertretern zu überlassen. Immer mehr Leute fordern Partizipation und Freiheit ein, das faire Einbinden von Minderheiten.

Da ist es nicht genug, wenn der türkische Premier, wie Ende September 2013, ein halbherziges Reformpaket vorstellt. Dieses »Demokratiepaket« sei eine Mogelpackung, sagen die Gezi-Protestierer. Waschpulver, um den Schafspelz zu waschen. Es wurde nicht im Parlament und in der Öffentlichkeit diskutiert, sondern erlassen, wie von einem Fürsten.

Die Türkei unter der absoluten Mehrheit der AKP, das haben wir erfahren, ist keine lupenreine Demokratie. Aber die

Gezi-Proteste zeigen eine neue Richtung auf. Sie sind ein lupenreines zivilgesellschaftliches Engagement, das vorbildhaft sein kann für die Gesellschaften im Anthropozän. An der Brutalität, mit der Erdoğan dagegen vorgeht, wird deutlich, wie ernst er es nimmt. Die etablierten Machthaber werden ihre Privilegien nicht widerstandslos zugunsten einer emanzipierten Zivilgesellschaft preisgeben. Die Auseinandersetzungen um mehr Bürgerbeteiligung bedürfen der Beharrlichkeit und Fantasie. Es könnte spannend werden. Willkommen im 21. Jahrhundert.

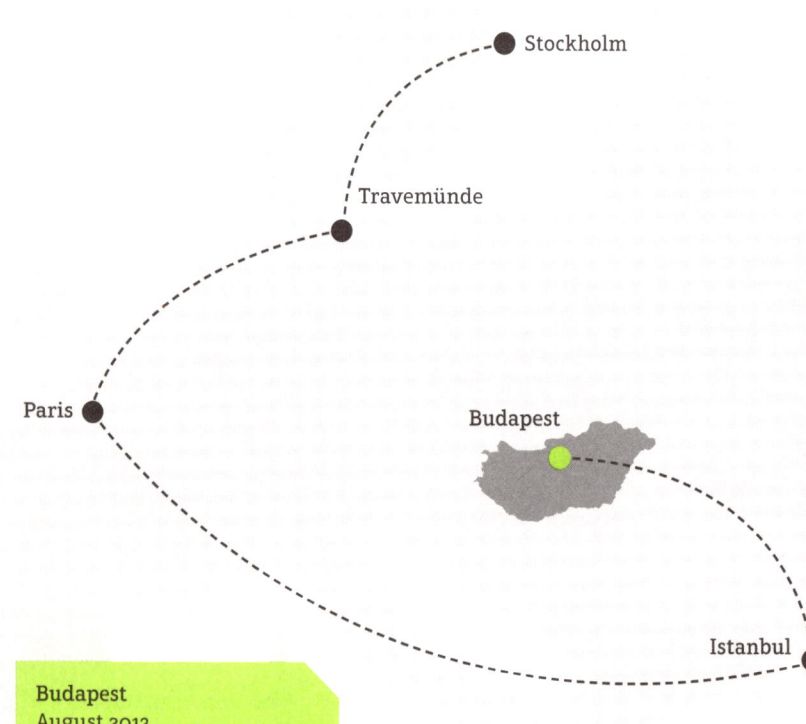

Stockholm

Travemünde

Paris

Budapest

Istanbul

Budapest
August 2013

Am heißesten Tag des Jahres
besuchen Gerd Leipold und
Walter Sittler die ungarische
Hauptstadt. In der politischen
Grabesstille von Budapest
diskutieren sie über das schwie-
rige Überwinden von Apathie
und Angst

Gerd Leipold
Budapest

»42 Grad!« Der Taxifahrer wischt sich mit einem Tuch den Schweiß von der Stirn. »Heute werden wir den heißesten Tag des Jahres bekommen!« Bevor er den Motor startet, knipst er den kleinen batteriebetriebenen Ventilator an, den er an der inneren Windschutzscheibe auf der Fahrerseite mit einem Saugnapf befestigt hat. Seit Tagen stöhnt die ungarische Hauptstadt unter der sommerlichen Hitze. Wer es sich leisten kann, hat sich an den Balaton geflüchtet. Doch auch der größte Binnensee Mitteleuropas garantiert keine Kühlung – mit nur drei Metern durchschnittlicher Tiefe wärmt er sich schnell auf und bringt es in diesem Sommer auf gut 30°C Wassertemperatur. Gegen die Budapester Hitze war unser von einer milden Brise durchwehte Besuch am Bosporus die reinste Sommerfrische.

Im völligen Kontrast zum Klima steht die politische Situation in beiden Ländern. Während in der Türkei eine liberale bürgerliche Mitte zu Hunderttausenden in hitzigen Demonstrationen für Meinungsfreiheit und Transparenz auf die Straßen geht, herrscht in Ungarn Grabesstille. Die Meldungen, die in den letzten Jahren aus dem Land dringen, sind verstörend. Auch ein Vierteljahrhundert nach dem Fall des Eisernen Vorhangs nagt der einstige kommunistische Vorzeigestaat wirtschaftlich am Hungertuch. Korruption und politische Grabenkämpfe der beiden großen Lager rechts und links haben die Gesellschaft paralysiert. Die Minderheiten der Roma und Juden werden von vielen als Sündenböcke für eine ausweglos erscheinende Situation stigmatisiert. Und die sozialen Unterschiede nehmen dramatische Ausmaße an. Das Land versinkt in einem Sumpf aus brodelnden Vorboten eines möglichen Faschismus und Apathie. Selbst ein amtierender Ministerpräsident kam zu dem Schluss: »ein Scheißland!«

Das war im Mai 2006. Nachdem es ihm als erstem Ministerpräsidenten nach der Wende gelungen war, wiedergewählt zu werden, hatte Ferenc Gyurcsány während einer geschlossenen Parteitagung in Balatonőszöd eine erschütternde politische Bilanz gezogen. Auch die eigene Partei nahm er dabei nicht aus. Im Wahlkampf, so resümierte er, sei »morgens, mittags, abends gelogen« worden. Und er kam zu dem Schluss: »Wir haben die Sache verschissen.«

Starker Tobak. Die Politiker, die gerade dabei waren, es sich auf den alten Posten für die nächsten Jahre bequem zu machen, waren irritiert. Und der Premier, der seine Partei auf diese rüde Weise auf sein Reformprogramm einschwören wollte, geriet in die Bredouille: Ein interner Gegenspieler nämlich hatte seinen derben Auftritt aufgenommen und den Tonbandmitschnitt öffentlich gemacht. Was in George Papandreous »Symi Symposien« möglich war, das freie Analysieren von Fehlern, die tabulose Suche nach neuen Wegen – hier ist es krachend gescheitert. Die politischen Gegner und die innerparteilichen Widersacher erzwangen vorgezogene Neuwahlen – und die spülten die »Fidesz«, die rechtskonservative Partei des heutigen Ministerpräsidenten Viktor Orbán, mit einer Zweidrittelmehrheit an die Macht.

Seitdem ist Ungarn so weit von funktionierenden demokratischen Strukturen entfernt wie seit Langem nicht mehr. Mehr als 300 Gesetze und eine neue Verfassung hat die Regierung Orbán in kürzester Zeit verabschiedet. Sozialleistungen für Arbeitslose wurden radikal zusammengestrichen, Renten wurden gekürzt, Arbeitnehmerrechte stark beschnitten. Und ein neues Mediengesetz, das grundlegende journalistische Freiheiten stark einschränkt, konterkariert die Ideale einer pluralistischen Gesellschaft ebenso wie der Wechsel der Intendanz am Nationaltheater in Budapest. Auf den liberalen, weltoffenen Róbert Alföldi folgte im Herbst 2013 der Wunsch-

kandidat der nationalkonservativen Regierung: Attila Vidnyánszky. Der hatte sich als Berater der Findungskommis-
sion, die den neuen Intendanten wählte, selbst für das Amt
vorgeschlagen. Während Róbert Alföldi für ein modernes,
antinationalistisches Theater stand, hat Vidnyánszky seine Intendanz dem ungarischen Nationalgefühl verschrieben. Ein
Schmierentheater.

Dem wirtschaftlichen Niedergang seines Landes hat Ungarns Staatschef Orbán den Verfall der politischen Kultur zur
Seite gestellt. Aufhalten konnte er ihn nicht. Doch dem nicht
genug: Er hat ein politisches Klima geschaffen, in dem Rassismus und Intoleranz gedeihen. Aus dem Dunstkreis der geis-
teswissenschaftlichen Fakultäten Ungarns hatte sich schon im
Jahr 2003 eine rechtsnationale Partei gegründet. Sie lehnt sich
in ihrer Rhetorik an die nationalsozialistischen Pfeilkreuzler
an, die während der Nazi-Besatzung in Ungarn ihr Unwesen
trieben. Die Partei nennt sich Bewegung für ein besseres Ungarn, kurz »Jobbik«. Völlig unverhüllt agitiert sie gegen Roma
und Juden, propagiert die Wiederherstellung von »Großun-
garn« und fordert, Homosexualität unter Strafe zu stellen. Ihr
Vorsitzender, der Historiker Gábor Vona, ist auch Chef der
Neuen Ungarischen Garde. So nennt sich die Schlägertruppe,
die der Partei als Saalschutz bei Veranstaltungen dient. Regelmäßig hält sie Aufmärsche in Dörfern mit Roma-Bevölkerung
ab, was diese in Angst und Schrecken versetzt. Seit den Wahlen 2010 ist »Jobbik« mit fast zwölf Prozent der Stimmen die
drittstärkste Partei im ungarischen Parlament, seit den letzten
Europawahlen entsendet die Partei drei Abgeordnete nach
Brüssel. Und Europa schaut meist staunend und verzweifelt
einfach nur zu.

Das Taxi schiebt sich durch den morgendlichen Berufs-
verkehr. Walter Sittler und ich sind nach Budapest gekommen, weil wir Antworten auf unsere Fragen suchen: Wie kann
es kommen, dass sich mitten in Europa eine intellektuelle Elite für faschistische Ideale stark macht? Dass in einem demo-

kratisch gewählten Parlament 80 Prozent der Abgeordneten rechtsnationalen Parteien angehören? Dass sich die Bevölkerung eines Landes bei Wahlen selbst entmündigt?

Trotz Sommerferien und Rekordhitze ist die Straße vom Flughafen in die Stadt rappelvoll. Selten habe ich einen so freundlichen Taxifahrer erlebt, er beachtet das Reißverschlussprinzip, lässt Fußgänger freundlich über die Straße und begegnet uns Fahrgästen mit ausgesuchter Höflichkeit. Große Werbeplakate am Straßenrand werben für ein Konzert von *The Wall*, den alten Pink-Floyd-Klassiker mit Roger Waters. Und nicht minder groß werben andere für Leslie Mandoki, den bei München lebenden exil-ungarischen Schlagerstar, der einst als Bühnenmongole Dschinghis Khan mit offenem Hemd und Schnauzbart über die Bühnen fegte und die Kassen von Schlagermogul Ralf Siegel klingeln ließ.

In den stuckbesetzten, hohen Räumen des altehrwürdigen Centrál Kávéház in der Károlyi Mihály treffen wir zwei Bürgerrechtler: Attila Mong, einen mehrfach ausgezeichneten investigativen Journalisten und Pulitzer-Preisträger, und die promovierte Wirtschaftswissenschaftlerin Ágnes Urbán vom Institut für Infokommunikation an der Corvinus Universität Budapest, wo sie Medien- und Publikumsforschung unterrichtet und die Neustrukturierung des ungarischen Fernsehmarktes untersucht.

»Berichten die ungarischen Medien von den Demonstrationen am Taksim-Platz«, frage ich. »Gibt es in Ihren Medien Diskussionen darüber?«

»Natürlich hören wir davon«, antwortet die junge, braun gebrannte Wissenschaftlerin, die gerade erst aus ihrem Balaton-Urlaub zurückgekehrt ist. »Aber wir beide sind nicht repräsentativ. Wenn Sie die Leute auf der Straße draußen fragen würden, bin ich mir nicht sicher, ob sie von den internationalen Protesten – auch in Bulgarien, Griechenland, Brasilien – etwas wissen.«

»Die Medien schweigen darüber?«, fragt Walter Sittler.

»Die Gründe für diese Demonstrationen werden nicht diskutiert«, sagt Attila Mong. »Und es gibt auch keinen Diskurs
darüber, warum das hier bei uns nicht passiert. Ich kenne natürlich die Gründe. Ich glaube, ich verstehe es, weil ich hier
lebe. Es gibt diese lange Tradition der fehlenden persönlichen
Initiative. Die Ungarn denken traditionell: Egal, was ich mache, es hat keinen Einfluss, denn es gibt andere Mächte, die
viel stärker sind. Der Staat, die Regierung, die Sowjets, die
Deutschen, die Österreicher, die Türken[1]. Es ist also egal, was
ich mache.

Die osteuropäische Umwälzung 1989 war eine Chance.
Aber die politische Elite der 1990er-Jahre wollte sie nicht
wahrnehmen – jedenfalls hat sie nichts unternommen, um
zivilgesellschaftliche Prozesse zu unterstützen. Für sie war es
eine sehr bequeme Situation: Das Volk war apathisch und sie
konnte ihre eigenen Geschäfte machen. Sie konnte hohe
Summen für sich auf die Seite schaffen. Und Häuser bauen
auf den Hügeln von Buda[2]. Sie unternahm also nichts, um
den Leuten eine Vorstellung davon zu vermitteln, dass, wenn
sie Steuern zahlen, sie auch darüber mitreden können, wofür
diese verwendet werden. An Mitbestimmung und einer modernen Demokratie hatten sie kein Interesse. Es gibt also eine
große Enttäuschung über die Politiker der 1990er-Jahre – und
die Enttäuschung fürrt natürlich dieses Desinteresse an der
Politik. Die Leute sagen: ›Nichts verändert sich. Ich kümmere
mich um meine Familie, mein privates Leben.‹«

»Ich habe in den letzten drei Jahren regelmäßig an Protesten teilgenommen«, sagt die junge Wissenschaftlerin. »Und
oft frage ich eine meiner ganz alten Freundinnen, die ich seit
dem Kindergarten kenne: ›Warum kommst du nicht mit?‹ Bei
der jüngsten Demonstration hier unten in der Stadt sagte sie
nur, dass sie mit Freunden eine Fahrradtour mache. Das Wet-

---

1   Seit dem 16. Jahrhundert war Ungarn im Wesentlichen vom Osmanischen Reich,
    von den Habsburgern, von Deutschland oder der Sowjetunion besetzt.

2   Von 1361 bis 1541 Hauptstadt des Ungarischen Reiches, seit 1873 mit den Städten
    Óbuda und Pest zu Budapest vereinigt. Heute hügeliger Stadtteil im Westen der Stadt
    mit vorwiegend wohlhabender Bevölkerung

ter sei so schön. Und ihre Mutter warnte sie: ›Sei vorsichtig auf dieser Fahrradtour! Es könnte besser sein, zu Hause zu bleiben. Es kann so vieles passieren.‹ Irgendetwas existierte in den Vorstellungen der Mutter – obwohl sie gebildet ist. Es war eine absolut irrationale Angst. Sie ist Direktorin einer lokalen Schule. Sie ist eine Intellektuelle. Diese kollektive Furcht kann man nicht richtig erklären.«

»Ist es eine alte Angst aus der kommunistischen Zeit?«, fragt Walter.

»Natürlich – aber es gibt heute keinen Grund mehr für eine solche Angst.«

»Aber sie existiert!«, bestätigt Attila Mong. »Wenn Sie auf Ungarns Geschichte schauen: Jeder, der revoltierte, wurde in den Gulag oder in ein Konzentrationslager gesteckt.«

»Und es gab 1956«, sagt Walter Sittler.

»Ja, 1956[3]. Es gibt eine lange Tradition der Einschüchterung und Unterdrückung.«

»Was sind das für Demonstrationen, zu denen Sie gehen?«, möchte ich wissen. »Wer sind die andern, die daran teilnehmen?«

»Ich nehme an Demos teil«, sagt Ágnes Urbán, »bei denen es um grundsätzliche demokratische Probleme geht. Ich habe auch gegen die neue Verfassung demonstriert. Das war sehr wichtig – und trotzdem haben nur ein paar Hundert Menschen an den Protesten teilgenommen! Diese neue Verfassung hat quasi das demokratische System verändert. Die Leute scheinen gar nicht verstanden zu haben, wie wichtig eine Verfassung ist! Ich habe auch gegen die Veränderungen im Bildungssystem protestiert; und auch gegen den neuen Theaterdirektor.«

»Wer organisiert diese Demos?«

»Verschiedene zivile Organisationen. ›Milla‹, eine Facebook-Gruppe, war eine der Hauptorganisationen. Vielleicht war der einzig positive Einfluss der Orbán-Regierung, dass

3   Aufstand in der Volksrepublik Ungarn gegen die sowjetische Besatzungsmacht, der blutig mit Truppen und Panzern niedergeschlagen wurde

durch den Widerstand gegen sie die Zivilgesellschaft in den letzten drei Jahren etwas gestärkt wurde. Das ist natürlich noch weit weg von Verhältnissen wie in Westeuropa – aber es ist stärker, als es vorher war.«

»Das sehe ich auch so«, stimmt ihr Attila Mong zu. »Als die umstrittenen Mediengesetze 2010 akzeptiert wurden, war das nicht die erste antidemokratische Tat von Orbán. Aber damals gab es zum ersten Mal eine Koalition aus Zivilgesellschaft und NGOs. Man nennt es ›Milla‹ – eine Million Menschen für die Pressefreiheit in Ungarn. Eine Facebook-Initiative. Deren Agenda ist heute viel breiter – sie behandeln jetzt auch das Roma-Problem und sie kämpfen gegen Korruption. Sie behandeln im Internet mittlerweile eine Menge anderer Themen – das ist das, was hier so etwas wie einem ›zivilen Aufbäumen‹ am nächsten kommt.«

»Und die Informationen verbreiteten sich über Facebook und andere soziale Netzwerke?«, vermute ich.

»Facebook hat den Effekt, dass man Dampf ablassen kann. Viele kündigen auf Facebook an, dass sie zu den Demos kommen – am Ende kommen sie aber doch nicht. Sie denken, es reicht, auf ›like‹ zu klicken. Ich nenne das ›like-Aktivismus‹. Es gibt gute Effekte durch die sozialen Netzwerke – aber das ist einer der schlechten. 1956 gab es noch kein Internet. 1956 haben die Proteste als Studentenaufstand begonnen. Die Menschen sahen sich auf den Straßen und Plätzen – und sie realisierten plötzlich, dass sie nicht alleine waren. Es waren viele Menschen. Das hat die Demonstration zu etwas ganz anderem gemacht, einer Revolution, einem Freiheitskampf. Auf Facebook verpufft dieser Effekt.«

»Wissen Sie«, sagt Ágnes Urbán, »das ist ein kleines Land. Ich habe das Gefühl, dass sich die aktiven Menschen, die sich wirklich für öffentliche Angelegenheiten interessieren, alle kennen. Wenn ich zu einer Demo gehe, kenne ich die meisten Teilnehmer. Zumindest die Gesichter.«

»Zeigen die Demos Wirkung?«, fragt Walter.

»Nein«, erwidert die Wissenschaftlerin knapp. Und Attila Mong ergänzt: »Nur um Sie daran zu erinnern: Wir sind hier in einem Land, in dem eine exekutive Kraft mit einer Zweidrittelmehrheit regiert. Was wird sich also verändern? Und die Hochrechnungen zeigen, dass ›Fidesz‹ auch heute bei der politisch aktiven Bevölkerung vorne liegt. Es ist frustrierend, dass die Menschen nicht gegen die staatliche Korruption protestieren. Gegen die mafiöse Art der Korruption und gegen die extrem starke exekutive Macht, die macht, was sie will – ohne von einer starken zivilen Opposition kontrolliert zu werden. Darüber bin ich wirklich enttäuscht.

Orbán hat die Rhetorik und die Strategie, die in bestimmten Teilen der Gesellschaft sehr beliebt sind: Er spielt mit den antikapitalistischen Gefühlen der Gesellschaft. Seine Hauptbotschaft ist: Ich beschütze euch vor der Maßlosigkeit des Kapitalismus. Seine wirtschaftliche Bilanz ist katastrophal; der Lebensstandard ist niedriger als vor vier Jahren – aber seine Botschaft ist, dass die internationale Lage dafür verantwortlich ist. Ungarn kann nichts dafür. Wir beschützen euch davor. Das ist seine Nachricht – und die ist sehr beliebt.«

»Wird im Fernsehen darüber diskutiert?«, frage ich.

»Die TV-Sender reden nur über regierungsfreundliche Dinge«, sagt der Journalist. »Der öffentlich-rechtliche TV-Sender hat sein Programm unterbrochen für eine Nachrichten-Sondersendung, in der über eine regierungsfreundliche Demo mit über 100 000 Menschen berichtet wurde.«

»Das war eine Eilmeldung!«, sagt Ágnes Urbán. »Aber die wöchentlichen Demos mit ein paar Hundert Menschen gegen die Verfassung, gegen das Bildungssystem, das Gesundheitssystem und so weiter – die sind in den Nachrichten kein Thema. Man muss es nüchtern sehen: Diese Proteste sind auch nicht groß genug, um wirkliche Nachrichten zu sein.«

Mich interessiert: »Was sind die Forderungen der Demonstranten?«

»Wir wollen die antidemokratischen Tendenzen stoppen«, sagt Ágnes Urbán. »Das Problem daran ist, dass sich die Leute für diese 200 Liberalen, die das fordern, nicht interessieren.«

Und Attila Mong ergänzt: »Die Nachricht der Protestler, die für die Regierung sind, lautet: ›Wir wollen keine Kolonie Brüssels oder des IWF sein!‹ Das ist der Slogan. ›Wir unterstützen die Regierung, weil Orbán das Land beschützt!‹«

»Sie müssen wissen«, sagt Ágnes Urbán, »es gibt nicht nur einen hoch verschuldeten Staat, sondern auch eine hohe Verschuldung der Privathaushalte. Viele Familien nahmen in den letzten zehn Jahren Kredite in ausländischen Währungen auf. Vor allem in Schweizer Franken, aber auch in Euro, denn der ungarische Forint war nichts wert. Das ökonomische Wissen war in den meisten Familien nicht groß genug, die Leute konnten das Risiko der Umrechnung nicht überblicken. Aber wenn man ein Einkommen in ungarischen Forint hat und Schulden in Schweizer Franken – dann ist das ein Problem. Und es wirft die Frage der Verantwortung der Banken, der Behörden, des Staates, der Medien und natürlich der einzelnen Haushalte auf, die sich übernommen haben. Es ist ein großes Problem in Ungarn – und es wurde zum Symbol der schlimmsten Seite des Kapitalismus. Die Banken zerstören ganze Familien und viele Familien wurden obdachlos, weil sie ihre Häuser verloren.

Es ist also ein echtes Problem und es wäre sehr wichtig, eine Lösung unter Beteiligung aller Interessensvertreter zu finden. Aber das Ziel der Regierung war es nicht, eine Lösung zu finden, sondern das Problem als ein Kommunikationsinstrument gegen die internationalen Institutionen zu nutzen. Gegen die EU, die Banken, den Kapitalismus, gegen alles! Ungarn wird vom Rest der Welt bedroht – das ist die Losung.«

»Aber natürlich gibt es auch eine persönliche Verantwortung«, sagt Attila Mong. »Aber in der Debatte der Regierung oder in generellen Diskussionen wird nur selten gesagt: ›Leute, ihr seid auch verantwortlich dafür, dass ihr die Kredite aufgenommen habt. Das ist kein Problem, das von draußen kommt. Niemand hat euch gezwungen, das zu unterschreiben, ihr hättet vorher das Kleingedruckte lesen können. Ihr hättet wissen können und müssen, dass ihr die Verträge in Euro oder Schweizer Franken abgeschlossen habt und dass die Kurse der Währungen steigen und fallen können.‹ Aber hier ist die Vorstellung fremd, dass man selbst dafür verantwortlich ist, was man macht. Dass man persönlich die Verantwortung dafür übernehmen muss. Orbáns Nachricht lautet: Ihr seid die Opfer – und der Staat wird euch beschützen.

Diese Opferrolle hat Tradition in diesem Land. Die erste antisemitische Gesetzgebung entstand bereits sehr früh, schon in den 1920er-Jahren. Es war für mich sehr schockierend, diese dokumentierten Beweise zu lesen, die zeigen, dass die Juden von Ungarn noch und gerade gegen Kriegsende zu Hunderttausenden in Konzentrationslager geschickt wurden[4]. Die Deutschen haben sich beschwert, dass sie nicht so schnell so große Menschenmengen ›abwickeln‹ können. Hunderttausende ungarischer Mitläufer haben beim Holocaust mitgeholfen. Es waren nicht nur die Deutschen; es war der gesamte Sektor der ungarischen Staatsverwaltung und der Polizei. Die haben sich aktiv daran beteiligt – und das wurde nie diskutiert. Heute sagt man: ›Der Holocaust ist etwas, das uns widerfahren ist. Wir sind demnach nicht für das verantwortlich, was in dieser Zeitspanne passiert ist. Ungarn war unter ausländischer Kontrolle; wir wurden entweder von den Deutschen oder den Sowjets kontrolliert.‹«

»Natürlich gibt es ein paar Kapitel darüber in den Geschichtsschulbüchern«, sagt Ágnes Urbán, »aber es gibt keine Diskussion in irgendeiner Form. Ein gutes Beispiel ist ›Jobbik‹ – die hatten einen Politiker, er war sogar Mitglied im Europaparlament. Csanád Szegedi. Mit antisemitischen Parolen hat er Politik gemacht – bis er damit konfrontiert wurde,

---

4   Der für die Geschichte des ungarischen Holocaust maßgebliche Historiker
     Randolph L. Braham geht von 565 000 Ermordeten und 260 000 Überlebenden aus.

dass er selbst jüdischer Herkunft ist. Vor ein paar Wochen gab es ein sehr interessantes Interview mit ihm in der Zeitschrift Hungarian Weekly. Er sagte, dass er tatsächlich keine Ahnung hatte von seinen jüdischen Wurzeln. Seine Großmutter hatte nie darüber gesprochen – sie wollte nicht, dass auch nur ein einziges Wort darüber gesprochen wurde. Für die Familie, dachte sie, wäre es das Beste, wenn man nicht darüber spräche. Sollte es wieder zu etwas Ähnlichem kommen, könne die Familie überleben, da niemand wisse, dass sie Juden seien. ›Jobbik‹ hat ihn nach dieser ›Enthüllung‹ aufgefordert, sein Mandat im Europaparlament zurückzugeben. Unwissen über ihre Herkunft gibt es bei vielen Juden hier in Ungarn. Offiziell leben nur noch 36 000 Juden hier; die Dunkelziffer aber ist weit höher. Die Menschen trauen sich nicht, sich zu ihrer Kultur und Herkunft zu bekennen. Ist das nicht erschütternd?«

Attila Mong ergänzt: »Letzte Woche war ich in Berlin am Wittenbergplatz. Dort gibt es eine Gedenktafel, eine Auflistung aller Konzentrationslager. So etwas wäre hier undenkbar.«

»Stimmt es, dass die Situation für die Roma unter den Kommunisten besser war als jetzt?«, fragt Walter.

»In den 1980er-Jahren hatten die Roma eine bessere Chance auf Integration«, sagt Attila Mong, »weil sie Arbeit hatten. Jetzt leben ganze Generationen in Armut. Die haben niemals jemanden aus der Familie zur Arbeit gehen sehen – und das bereits in der dritten Generation. Dieses ganze Problem wurde missachtet. Und die stärksten romafeindlichen Gefühle entstehen in Gegenden, wo Roma und Ungarn zusammen in Armut leben. Jeder ist arm, auch die Nicht-Roma. Und trotzdem müssen die Roma für alles herhalten, was schlecht läuft, für die Kriminalität, die unsichere Situation.

Das steckt hinter dem Aufkommen von ›Jobbik‹, denn jahrelang hat sich die politische Elite nicht für dieses Problem interessiert. Sie hatte keine Antworten darauf. So ist diese

Diskriminierung stetig gewachsen. Es gibt Studien, die zeigen, wie es läuft, wenn jemand eine Arbeit oder ein Haus sucht. Sobald man am Telefon den Akzent erkennt, sind die Reaktionen komplett anders, als wenn jemand ohne Roma-Akzent anruft. Und wenn man es bis zum Vorstellungsgespräch schafft, werden spätestens dort die Roma nicht mehr akzeptiert. Für diese diskriminierende Stimmung ist also auch die Wirtschaft und sind auch die Medien verantwortlich. In den Medien gibt es zum Beispiel keinen einzigen Roma-Vertreter! Keinen Nachrichtensprecher, keinen Moderator. Niemanden! Die Medien spiegeln also nicht die Gesellschaft wider. Und man muss wissen: Beide privaten Sender gehören deutschen Konzernen, die zwei größten Sender sind RTL und ProSiebenSat.1. Gerade bei ihnen sollte doch ein klarer Wille vorhanden sein, Spiegel der Gesellschaft zu sein. In den US-Medien spiegeln die Moderatoren und Journalisten ihre Gesellschaft – es gibt Schwarze, Hispanics, Latinos. Hier haben wir einen institutionellen Rassismus mit Unterstützung der deutschen Konzerne!«

»Ich habe vor ein paar Tagen ein Paar kennengelernt«, erzählt Ágnes Urbán, »das einen Roma-Jungen adoptiert hat. Sie selbst sind keine Roma, haben blonde Haare, Bilderbuch-Ungarn. Aber sie haben diesen dunkelhäutigen Jungen adoptiert. Es war schockierend, ihre Geschichte zu hören. Sie erleben seitdem eine krasse Diskriminierung – obwohl die Eltern ungarische Intellektuelle sind. Alles dreht sich nur noch um die Hautfarbe dieses kleinen Jungen. Es herrscht ein sehr diskriminierendes Verhalten in der Gesellschaft – und die kommerziellen Firmen wollen dieses Problem nicht angehen. Sie gehen kein Risiko ein. Sie wollen Geld verdienen. Sie brauchen die Dividende. Es ist nicht ihr Problem.«

»Ich hatte ein langes Gespräch mit dem Stellvertreter eines Vorstands einer Medienfirma«, berichtet Attila Mong. »Ich warf ihm vor: ›Sie sehen nicht die langfristigen Effekte auf die Gesellschaft, für die Sie verantwortlich sind. Ich verstehe, dass

Sie oben in den Bergen in Buda leben und dass Sie mit diesen sozialen Problemen im Nordosten Ungarns niemals konfrontiert werden. Aber der Tag kann kommen, an dem Sie mit Ihrem Auto in die Stadt runterfahren und attackiert werden – denn Ungarn nähert sich sehr schnell dem südamerikanischen Modell.‹ Diese Leute interessieren sich nicht für die langfristigen Effekte, aber die langfristigen Effekte sind bereits eingetreten. Wir bekommen jetzt die Quittung für schlechtes Management. Extremismus und Rassismus sind allgegenwärtig.«

Walter fragt: »Warum gibt es nur diese beiden politischen Flügel? Die Linken haben jahrzehntelang Fehler gemacht – und die Rechten machen es jetzt nicht besser. Warum ist keine neue politische Kultur entstanden? Eine neue Partei.«

»Das ist eine interessante Frage«, antwortet Attila Mong. »Die Leute misstrauen jedem, der sich selbst als Politiker versteht. Das ist ein Problem für die Demokratie – denn gute, glaubwürdige, nicht korrupte Menschen überlegen sich hundertmal, ob sie in die Politik gehen oder nicht. Schauspieler, Künstler, Leute aus der Wirtschaft oder Vorsitzende von NGOs. Wenn jemand Politiker wird, ist das persönlich das Ende für ihn – denn es gibt keine glaubwürdige Politik in den Augen der Mehrheit. Egal, ob sie vorher gute Anwälte oder was auch immer waren – ihre Glaubwürdigkeit sinkt mit dem Eintritt in die Politik schlagartig um 75 Prozent. Das ist das Ende des Spiels.«

»Wie sieht es mit dem Engagement der gesellschaftlichen Elite aus? Wissenschaftler, Intellektuelle, Künstler?«, fragt Walter.

»Ich bin wirklich enttäuscht darüber«, antwortet Ágnes Urbán. »Ich komme von einer sehr angesehenen Universität und ich sehe meine Kollegen, die absolut passiv sind. Sie gratulieren mir immer im Privaten, wenn ich einen Artikel auf Facebook gepostet habe oder wenn ich zu einem politischen Event gehe. Ich hatte ein paar komische Erfahrungen, es ist verrückt! Eine meiner Kolleginnen versuchte mir kürzlich zu erklären, dass sie kurz vor ihrem PhD-Abschluss stehe und sich die Konsequenzen, wenn sie sich engagieren würde, nicht ausmalen wolle. ›Aber trotzdem: Glückwunsch zu deinem geposteten Artikel.‹ Es ist wirklich irrational. Und das ist das Problem der jungen Intellektuellen einer beliebten Universität. Sie fragen mich, ob ich keine Konsequenzen fürchten würde, wegen meines zivilen Engagements. Ich sage: nein. Und sie sind überrascht. Sie glauben, dass ein sehr hohes Risiko damit verbunden ist, in öffentlichen Demos aktiv zu sein.«

»Es ist eine Ausrede«, findet Attila Mong.

Und Ágnes Urbán pflichtet ihm bei: »Ja, es ist eine Ausrede für die, nicht mitzumachen. Und wenn ich sage: ›Nein, es besteht kein Risiko. Wir leben nicht in einer Diktatur‹ – dann fühlen sie sich immer unwohl.«

»Ist es nicht frustrierend, zu den Demonstrationen zu gehen, wenn sie ohnehin keinen Effekt haben?«, fragt Walter.

»Ich fühle mich verpflichtet hinzugehen«, antwortet die junge Wissenschaftlerin. »Aber ich glaube, es macht keinen Unterschied. Ich weiß ganz genau, dass die Proteste nicht groß genug sind.«

»Natürlich hat es einen Effekt!«, widerspricht Attila Mong. »Es ist wichtig, dass man sich dort sieht und dass die Menschen dort zusammen sind.«

»Das stimmt natürlich – der psychologische Effekt ist viel wichtiger als die politischen Konsequenzen«, räumt Ágnes Urbán ein.

»Wir kommen gerade aus der Türkei – dort engagieren sich auch viele Journalisten für die Demokratiebewegung«, sage ich. »Und viele von ihnen sitzen im Gefängnis.«

»Wir Journalisten haben natürlich die Gesetzgebung zur Einschränkung der Pressefreiheit aufmerksam verfolgt«, sagt Attila Mong. »Mit meinem Redakteur sprach ich oft darüber. Wir überlegten, was wir machen könnten – denn dieses Vorgehen der Regierung war empörend. Was aber genauso empörend ist, ist die Journalistengemeinde. Und das ist die Antwort auf Ihre Frage: Sie beteiligt sich nicht aktiv an den Debatten. Das Gesetz wurde in ein paar Wochen durchgeboxt, wie jedes andere Gesetz in Ungarn auch. Es gab keine öffentliche Debatte darüber. Die Zweidrittelmehrheit entschied. Ich war sauer auf meine Journalistenkollegen, weil sie einfach nicht auf diese politische Grenzüberschreitung reagiert haben. Ungarische Journalisten arbeiten entweder für die linke oder die rechte Seite – beim Rundfunk oder bei Zeitschriften, deren Finanzierungen mit irgendwelchen politischen Oligarchen verknüpft sind. Sie haben Angst, gegen ihre Seiten aufzumucken. Das ungarische öffentliche Radio ist längst von ›Fidesz‹-loyalen Mitarbeitern besetzt. Also hat das öffentliche ungarische Radio nichts gegen die Gesetzgebung gesagt.

Ich habe mir deshalb überlegt, was ich machen könnte – und so habe ich das öffentliche Radioprogramm aus Protest gegen die Mediengesetze für eine Minute angehalten.«

»Das wurde zu einem großen Thema«, sagt Ágnes Urbán. »Er wurde zu einem Helden im Land!«

Attila Mong lacht verhalten: »Für dich. Für andere Menschen war ich der Verräter.«

»Erzählen Sie uns, wie Sie das gemacht haben!«, fordere ich ihn auf.

»Es war im morgendlichen Hauptprogramm. Das ist hier die meistgehörte Sendung, ich war der Moderator. Das ungarische öffentliche Radioprogramm hat traditionell viele Zuhörer, das Morgenprogramm fast eine Million. Es beginnt um sechs Uhr morgens mit den Nachrichten. Alle halbe Stunde gibt es eine kürzere und eine längere Version der Nachrichten. Und dazwischen machte ich Interviews und Moderationen. Live-Interviews mit Politikern, die oft persönlich im Studio sind. Viele Politiker kommen und können acht oder zehn Minuten reden. Ich machte vier von fünf Sendungen pro Woche.

Ich hatte mehrere Redakteure und der, der an diesem Morgen Dienst hatte, stand auf meiner Seite. Wir fühlten uns verpflichtet, etwas zu tun. Wir mussten ein Zeichen setzen. Wenn mich in 20 Jahren die Leute fragen, was ich damals gegen die Einschränkung der Demokratie getan habe, kann ich sagen, dass ich diese Aktion gemacht habe. Es gab nur wenige Optionen für einen öffentlich-rechtlichen Journalisten und wir entschieden uns, dass Stille ein starker Kommentar ist.«

»Ihr Redakteur und Sie selbst haben das entschieden?«

»Ja, wir hatten auch den Technikern nicht Bescheid gegeben. Das Gesetz wurde in der Nacht genehmigt. Als um Viertel nach sechs die Nachrichten vorbei waren und der Nachrichtensprecher das Studio verlassen hatte, sagte ich den Zuhörern: ›Das neue Mediengesetz ist in der Nacht verabschiedet worden. Die Vorschriften der ungarischen öffentlich-rechtlichen Sender erlauben es uns nicht, dies zu kommentieren oder unsere Meinung darüber abzugeben. Aber wir sind der Ansicht, dass dies ein wichtiger Moment ist, daher werden wir nun eine Schweigeminute in diesem 180-Minuten-Programm einlegen‹. Dann startete die Schweigeminute.«

»Und was ist dann passiert? Gab es eine Reaktion?«

»20 Minuten später stand die komplette Führungsetage des Senders im Technikraum. Der Präsident des Senders blieb für den gesamten Rest des Programms da. Ich habe sie gesehen, denn die Wand zwischen Technik und Studio ist aus Glas.«

»Aber sie haben Sie nicht sofort aus dem Studio gezerrt?«

»Nein. Sie haben meinen Redakteur gefragt, ob wir noch weitere Provokationen an diesem Tag planten. Wir sagten, dass dies keine Provokation war und dass wir das Programm ganz normal weiterlaufen lassen würden. Ich konnte bis neun Uhr fertig moderieren. Dann leiteten sie ein Disziplinarverfahren gegen mich ein. Es basierte auf dem Arbeitsrecht, da es eine Unstimmigkeit zwischen Angestellten und Arbeitgeber war. Wir wurden sofort suspendiert.«

»Für wie lange?«

»Für immer.«

»Und Ihre Mitarbeiter im Radio? Gab es irgendwelche solidarischen Aktionen?«

»›Jobbik‹ wollte eine Demonstration in unserem Namen organisieren, auf der mein Redakteur und ich Stellungnahmen abgeben sollten – das haben wir aber selbstverständlich nicht gemacht. Meine Journalistenkollegen sind immer noch nicht aktiv geworden. Es existiert eine starke Selbstzensur in redaktionellen Teams. Bestimmte Themen sind nicht akzeptiert. Unerwünschte Ansichten werden der Öffentlichkeit vorenthalten. Heute kann ich bei keinem Haupt-Medienträger mehr arbeiten. Ich arbeite als Freiberufler für eine ziemlich gute Homepage und ich arbeite für Non-Profit-Projekte.«

»Wie finanzieren die sich?«, frage ich. Und Ágnes Urbán antwortet: »Es ist ein großes Problem, dass die meisten internationalen Stiftungen sich fast nur auf weniger entwickelte Länder fokussieren. Die meisten EU-Mitgliedstaaten sind von solchen Programmen ausgeschlossen. Diese Stiftungen haben einen starken Fokus auf den Balkan und Afrika, aber nicht auf EU-Mitgliedstaaten.«

»Diese Probleme herrschen in fast allen osteuropäischen Mitgliedsländern«, erläutert Attila Mong. »Slowakei, Kroatien, Rumänien. Die wirtschaftliche Eingliederung ist gemacht – aber das ist nur ein Teil des Programms. Wenn die europäischen Länder diese Länder voll integrieren wollen, dann benötigt man hierfür einen viel längeren Prozess. Im NGO-Sektor werden diese Staaten als EU-Staaten betrachtet, was sie faktisch ja auch sind. Die EU-Programme sind nicht für so etwas gedacht wie das Fördern der Entwicklung von Zivilgesellschaft, von investigativem Journalismus und Pressefreiheit. Das existiert fast nicht in der europäischen Finanzierung.

Die ungarischen Mediengesetze zeigen die Grenzen der Europäischen Union sehr gut auf. Die ungarischen Mediengesetze, gegen die wir protestieren, berühren grundsätzliche europäische Werte der Informationsfreiheit und Redefreiheit. Aber Brüssel und die EU waren unfähig, etwas dagegen zu unternehmen, denn sie haben nur limitierten Handlungsspielraum für gemeinsame Marktstrategien. Das Europäische Parlament hat es versucht, aber gegen jede Änderung in der Verfassung, die Ungarn machte und die die grundsätzlichen europäischen Werte angriff, war das Europäische Parlament machtlos. Es fehlen ihnen die politischen Instrumente – so ein Fall war nicht vorgesehen.

Hätte Orbán seine Politik vor der Integration in die EU durchgezogen, wäre Brüssel viel stärker gewesen. Man hätte dort sagen können: ›Das können wir nicht akzeptieren‹, man hätte Druckmittel besessen: ›Mit diesen Mediengesetzen könnt ihr niemals EU-Mitglied werden.‹ Sobald man aber drin ist, fällt das in die nationale Hoheitsgewalt.

Der Übergang von der Diktatur zur Demokratie wird viel länger dauern – selbst 20 Jahre danach haben wir noch viel zu tun. Alles wurde unter den Teppich gekehrt. Alles wurde aus wirtschaftlicher Sicht betrachtet. Kapitalismus kann man innerhalb einer Woche einführen. Demokratische Institutionen kann man innerhalb von ein paar Monaten einführen – aber die Denkweise, die politische Kultur, ändert sich viel langsamer. Das dauert wahrscheinlich eine Generation. Unser Leben lang. Und Ungarn ist ein gutes Beispiel hierfür. Es gibt eine lange Tradition in Ungarn, sich dem Staat entgegenzusetzen. Dass wir jetzt selbst der Staat sind, müssen wir erst lernen.«

»Ich glaube«, sagt Ágnes Urbán, »dass das ein Schlüsselproblem ist in den meisten demokratischen Ländern: Die globale Krise, die Finanzkrise, wird als ein ausschließlich wirtschaftliches Problem angesehen. In Ungarn wird im Grunde das ganze demokratische System infrage gestellt, weil für das Gros der Leute Demokratie und Marktwirtschaft so ziemlich dasselbe bedeuten. Man kann die Probleme der Wirtschaft, die Probleme der Finanzmärkte und die Herausforderungen der demokratischen Gesellschaften nicht unterscheiden.«

»Nehmen die Leute denn wahr, dass die Qualität der Zivilgesellschaft und die Wirtschaft zusammenhängen?«, will Walter wissen. »Je besser die Zivilgesellschaft entwickelt ist, desto besser die Voraussetzungen für eine gut funktionierende Wirtschaft.«

»Das ist eine der Lektionen«, sagt Attila Mong, »die ich persönlich vom Wechsel gelernt habe. Jeder hat sich auf die Wirtschaft konzentriert, kaum jemand auf die Zivilgesellschaft. Sogar die internationalen Institutionen sind diesem Irrglauben aufgesessen, dass Transformation so funktioniert. Und das in einem Land, wo die Zivilgesellschaft traditionell schwach ist. In einem Land, wo vieles traditionell vom Staat abhängig ist – Staatsangestellte, staatliches Bildungswesen, Staatsrundfunk. Alles. Viele Leute waren vom Staat abhängig und hatten keine Tradition, persönliche Verantwortung zu übernehmen oder persönliche Initiative zu ergreifen.«

»Alle«, sage ich, »schauten auf dieses neoliberale Credo, wonach wir schnell eine Marktwirtschaft entwickeln müssen. Dann kommt alles andere von selbst. Das ist die Theorie.«

»Wenn man die deutsche Geschichte anschaut«, sagt Attila Mong, »scheint das ja zu stimmen: 20 Jahre nach dem Zweiten Weltkrieg war Deutschland ein blühendes Land. Deshalb gehören Demokratie und wirtschaftlicher Wohlstand in vielen Köpfen hier zusammen.«

»Der Aufbau der Institutionen durch die Siegermächte«, sage ich, »war aber nach dem Zweiten Weltkrieg sehr wichtig. Es wurde viel darüber nachgedacht, schon ab Beginn der 1940er-Jahre in den USA – was machen wir, sobald Deutschland besiegt ist? Sie dachten an die Institutionen. Nach 1989 aber sagte man sich: Wir brauchen das nicht. Wir müssen nur der Wirtschaft Freiheit geben, dann wird der Rest schon von alleine folgen.«

»Es gab Intellektuelle«, sagt Ágnes Urbán, »die die Gesellschaft in Publikationen gewarnt haben und erklärten, dass wir dieses Problem angehen müssten. Aber es verschwand irgendwo in der Versenkung. Das Problem wurde erst in den letzten Jahren deutlich – erst die Wirtschaftskrise und die globale Krise haben das ganze Problem ans Licht gebracht.«

»Denken Sie, Sie können all die Probleme im politischen System Ungarns mit den existierenden Parteien lösen, oder braucht es eine neue Politik?«, fragt Walter Sittler. Und die junge Wissenschaftlerin überrascht uns mit einer beunruhigenden Einschätzung: »Ich glaube, es ändert sich nur etwas, wenn etwas Schockierendes passiert. Es braucht ein extremes Ereignis, um diese Strukturen zu ändern. Ich kann mir wirklich nicht vorstellen, dass eine neue Partei aufkommt. Neue Gesichter, gute Leute. Ich kann mir das wirklich nicht vorstellen.«

»Ungarn war schon nahe am Staatsbankrott«, wendet Attila Mong ein. »Die Gefahr, dass das Geld die Straßen fluten würde, war sehr groß. Wenn es etwas wie eine Hyperinflation gäbe, würden sich die Dinge sicher ändern. Aber so etwas kann man sich nicht wünschen. Es sollte eine langsame Umwandlung sein.«

Eine nachdenkliche, ratlose Stimmung liegt in dem imposanten Raum.

Ich denke über die letzten Sätze von Ágnes Urbán nach. Aus dem ungarischen Blickwinkel erscheint die Europäische Union wie eine Art multinationaler Weimarer Republik. Eine Epoche des Übergangs. Eine fragile Spielwiese für demokratische Prozesse, in der die etablierten Kräfte des Kontinents versuchen, ohne Rücksicht auf das Gelingen des politischen Ganzen, ihre Eigeninteressen durchzusetzen. Bis es im Crash endet? Hier in Budapest klafft die Schere zwischen Erkenntnis und aktuell real umsetzbarer Politik erschreckend weit auseinander.

Hinter den dicken Mauern des altehrwürdigen Café Centrál haben wir die Temperaturen dieses Tages im Gespräch mit zwei interessanten, engagierten Menschen bei Obstsäften und Kaffee vergessen. Jetzt, wo wir uns von unseren Gesprächspartnern verabschieden und nach draußen treten, stockt uns fast der Atem. Der Peak der Hitze scheint erreicht.

Es ist nicht viel los auf den Straßen – und selbst der Taxifahrer, den wir beim Schachspiel mit einem Kollegen unter einem schattenspendenden Baum stören, ist nicht wirklich erfreut über die Kundschaft aus dem Westen. »Heute ist der heißeste Tag des Jahres!«, sagt er mit einem Grinsen, während er sich langsam zu seinem alten Fiat aufmacht. Zumindest der Wetterbericht scheint hier zu funktionieren. »Wo wollen Sie denn bei diesem Wetter hin?«, fragt er uns in einer Mischung aus Missmut und schlitzohriger Ironie. Walter Sittler zeigt ihm auf einem Zettel die Adresse der ungarischen Sektion von Transparency International im Stadtteil Pest. »Die Straße heißt Falk Miksa«, sagt er und lässt sich auf den Beifahrersitz fallen, »Utca 30. Das muss die Hausnummer sein.«

Im Jahr 1993 hatte der ehemalige Weltbankdirektor Peter Eigen die internationale Antikorruptionsorganisation Transparency International gegründet. Eigen hatte, nach jahrzehntelanger Tätigkeit als Angestellter der Weltbank, Korruption als die größte Bedrohung für den Erfolg entwicklungspolitischer Arbeit erkannt. Da die Weltbank damals die Bedrohung, die von flächendeckender Korruption für demokratische Gesellschaften ausgeht, nicht erkannte, quittierte Peter Eigen seinen Dienst und gründete im Juni 1993 in Den Haag die weltweit erste und heute führende Antikorruptionsorganisation.

Mithilfe eines Unterstützungsforums und der Antikorruptionsagentur der EU arbeiten in Budapest seit 2006 zehn Anwälte, Kulturwissenschaftler und ein Psychologe für die ungarische Sektion der NGO. Wir treffen uns mit dem Geschäftsführer József Martin, dem ehemaligen Chefredakteur der Wirtschaftszeitung Figyelő, und mit Miklós Ligeti, dem Chefanwalt der ungarischen Sektion.

»Wir haben kürzlich eine Studie über das Korruptionsbarometer veröffentlicht«, stellt uns der Geschäftsführer seine

Arbeit vor. »Eine globale Studie mit 107 Ländern im Vergleich. In dieser Umfrage werden die Menschen gefragt, was sie über den Korruptionslevel denken, was sie gegen die Korruption machen und ob sie überhaupt daran interessiert sind, etwas dagegen zu machen.

In dieser Umfrage haben 61 Prozent der Ungarn angegeben, dass sich die Situation in Ungarn in Bezug auf die Korruption in den letzten zwei Jahren verschlechtert hat. 82 Prozent fanden, dass es eine undurchsichtige Beziehung zwischen einigen Wirtschaftszweigen und der Regierung gibt. Wir nennen das die ›Besitzergreifung eines Staates‹, ein Staat wird für Eigeninteressen seines Handlungsspielraums beraubt. Transparency International Ungarn hat dieses Phänomen der ›Besitzergreifung eines Staates‹ letztes Jahr vorgestellt. Es bedeutet, dass nach Angaben von 82 Prozent der Bevölkerung die öffentliche Entscheidungsfindung im Staat nicht an öffentlichem Wohlstand orientiert ist, sondern an privaten Interessen.

Auf der einen Seite sind diese Zahlen sehr schlecht für Ungarn. Aber wenn man diese Zahlen mit anderen Ländern in der Region vergleicht, dann sind sie nicht schlimmer als anderswo – mit Ausnahme einer Frage: Würden Sie die Korruption anzeigen oder nicht? Nur 30 Prozent der Ungarn würden Korruption anzeigen! Das ist der niedrigste Wert in der ganzen EU. Das ist die einzige Frage, in der es einen deutlichen Unterschied, verglichen mit anderen Ländern, gibt. In Deutschland würden 94 Prozent der Menschen Korruption den Behörden melden. Das Problem ist, dass bei uns Korruption die Regel ist und nicht die Ausnahme.«

»Ist Transparency International hier willkommen?«, fragt Walter Sittler. »Arbeiten Regierungsbeamte mit Ihnen zusammen?«

»Bis zum Frühling 2013 arbeiteten wir in einer Antikorruptions-Arbeitsgruppe der Regierung mit. Aber nach der Anpassung des Gesetzes zur Informationsfreiheit haben wir entschieden, dass wir diese Arbeitsgruppe verlassen und dass wir nicht in ein Anti-Korruptions-Theater eingebunden sein wollen, während systematisch Korruption betrieben wird. Die einzige Zusammenarbeit, die es in einigen Fällen noch gibt, ist eine Kooperation mit dem Büro des Staatsanwalts.«

»Versuchen die Manager der Firmen, die Korruption gemeinsam mit Ihnen zu bekämpfen?«, fragt Walter Sittler. »Ist die Wirtschaft in dieser Frage offen?«

»Es gibt ein Unterstützungsforum der Wirtschaft«, sagt Jószef Martin, »das uns zu etwa 20 Prozent finanziert. Dieses Forum setzt sich aus multinationalen Firmen mit ungarischen Niederlassungen zusammen. Das ist ein erheblicher Teil unseres Budgets. Wir haben also gute und starke Beziehungen zu internationalen Firmen in Ungarn. Auf der anderen Seite wünscht die Geschäftswelt keine totale Konfrontation mit der Regierung. Ich denke, dass es für unsere Beziehung mit den großen Firmen nicht das Beste wäre, wenn wir gar keinen Kontakt zu den staatlichen Behörden hätten. Manche der großen Firmen teilen unsere Interessen – aber sie möchten nicht, dass wir auf totalen Konfrontationskurs mit der Regierung gehen.«

»Viele Regierungspolitiker sagen, dass die EU und auch das ›jüdische Kapital‹ großer internationaler Firmen für die schlechte wirtschaftliche Lage des Landes verantwortlich sind«, sage ich.

»Diese Art Verschwörungstheorie ist kompletter Unsinn. Das hat keine Grundlage, es gibt keine tatsächlichen Fakten, die dafür sprechen.«

»Sehen Sie es als Ihre Aufgabe an, als Transparency International auf diese Aussagen zu reagieren?«, hake ich nach. »Denn den Effekt dieser Propaganda kann man an Zahlen ablesen: Eine aktuelle Umfrage sagt, dass 31 Prozent der Ungarn der Meinung sind, dass die EU ihr einziger Feind sei. Wenn man aber die Struktur- und Sozialausgaben anschaut, dann sieht man, dass Ungarn von der EU profitiert!«

»Transparency International versucht, bei dem Profil der Organisation zu bleiben: Transparenz und Korruptionsprobleme. Manchmal aber erheben wir natürlich unsere Stimme, um die allgemeinen demokratischen Normen und Prinzipien zu verteidigen.«

»Wie bekämpft man Korruption«, fragt Walter Sittler, »wenn es eine Regierung wie die jetzige gibt, die die Korruption nicht loswerden will – da sie Teil ihres Systems ist?«

Miklós Ligeti, der Chefanwalt des Büros, schaltet sich in dieser Frage ein: »Wissen Sie, wenn man gute qualitative Belege hat, dann ist es für die Regierung schwer, sich der Debatte zu verweigern. Vor einem Jahr ist Transparency International an die Öffentlichkeit gegangen, um die Gesellschaft in unsere Aktionen zu involvieren. Das ist eine langfristige Investition. Wir versuchen, die Jugendlichen zu erreichen. Es gibt eine Straßenkampagne zur Information über Korruption. Wir haben Informanten, die uns Korruption melden. Manchmal gelingt es uns, hohe Vollzugsbeamte zu überreden, einzelne Fälle zu übernehmen und zu untersuchen. Deswegen sagte ich, wenn man gute qualitative Beweise hat, wenn man den Behörden gute Informationen vorlegt, dann können sie nicht behaupten, dass diese Informationen substanzlos sind.

Und sie wissen: Wenn sie nicht reagieren, dann veröffentlichen wir unsere Recherchen. Natürlich können wir sie nicht im öffentlich-rechtlichen Kanal senden, denn der ist regierungsfreundlich. Aber es gibt das Internet.

Vor einiger Zeit hat die Regierung ein sehr prekäres Gesetz vorgeschlagen, um die Gesetze der Konfiszierung und Zwangsenteignung zu erweitern. Besitztümer und Immobilien können danach beschlagnahmt werden, wenn diese privaten Häuser für Politikmitglieder oder Parlamentsmitglieder von Interesse sein könnten. Es ist uns immerhin gelungen, dass die Regierung den Gesetzesentwurf ändern musste.

Ich würde dies nicht als riesigen Erfolg bewerten, nur weil die Regierung jetzt nicht mehr Häuser beschlagnahmen kann, wenn ihr ein Haus gefällt. Das sollte normal sein. Wenn eine Regierung im Parlament eine Zweidrittelmehrheit hat, wird sie selbstgefällig und tollpatschig. Durch qualitative Beweise und durch den gezielten Einsatz der Medien und des Internets kann man immer kleine Veränderungen erreichen. Das ist wichtig für den Blick auf das große Ganze. Das sind alles nur kleine Mosaiksteine.«

»Fühlen Sie sich von der Regierung eingeladen?«, fragt Walter.

»Nein!«, stellt Jószef Martin eindeutig fest. »Sie ignorieren uns einfach. So simpel ist das. Die Änderung der Informationsfreiheit ist eine wirklich scheußliche Sache. Nicht nur wegen des Inhalts. Auch wie sie das gemacht haben, war abstoßend. Ich glaube, es war um die Osterzeit. In nicht einmal 48 Stunden wurde das Gesetz durchgedrückt. Das war eine außergewöhnlich schnelle Art, eine Gesetzesschrift zu verabschieden – ohne dass die Gesellschaft daran teilnehmen konnte. Keine Expertengremien wurden gehört, keine Gewerkschaften, es gab keine gesellschaftliche Auseinandersetzung.

Wir haben damals einen offenen Brief an den Präsidenten verfasst. Und wir haben renommierten internationalen Medien, die in Ungarn präsent sind, Interviews gegeben. Der Financial Times und auch der Süddeutschen Zeitung. Am Ende hat der Staatspräsident sein Veto eingelegt. Das Gesetz wurde neu verfasst und erst in der dritten Lesung wurde es schließlich verabschiedet. Zu einem bestimmten Grad ist es jetzt weniger aufdringlich und das Kappen der Informationsfreiheit fiel weniger brachial aus. Das ist auch eine Art von Erfolg. Aber wir konnten die Akteure nicht davon überzeugen, das Gesetz komplett zu den Akten zu legen oder es an den Staatsgerichtshof zu leiten, um eine Verfassungsrevision zu beantragen. Das war unmöglich.

Ein anderes Beispiel unseres Erfolgs hängt mit dem Gesetz für das sogenannte Aktionspaket zusammen, das auch vom Europaparlament und der EU-Kommission als sehr antidemokratisch eingestuft wurde. Darin wurden die Wahlrechte der im Ausland lebenden Ungarn vorgestellt. Die Idee dahinter war, geheimzuhalten, in welcher Form sie registriert werden, sodass man nicht in der Lage ist festzustellen, wie viele Wähler sie stellen und wofür sie stimmen. Wir haben erfolgreich Veränderungen vorgeschlagen – jetzt ist die Chance geringer, die Wahlen zu manipulieren. Man kann Wahlbetrug nie ganz ausschließen, aber wenigstens die großen offenen Türen, die zum Betrug eingeladen hätten, konnten geschlossen werden. Nicht alle Türen – aber die restlichen sind immerhin nicht mehr ganz so weit auf.«

»Denken Sie, dass die Arbeit von Transparency International in der ungarischen Gesellschaft wahrgenommen wird?«, frage ich.

»Ich glaube«, sagt Miklós Ligeti, »viele hier kennen uns. Aber es ist sicher wie immer: Diejenigen, die gebildet sind und die einen stabilen intellektuellen und finanziellen Status in der Gesellschaft haben, sind auch besser informiert und wissen mehr über die Arbeit von NGOs.

Auf der anderen Seite haben die Leute kein Vertrauen in die Behörden und die öffentlichen Ämter. Sie vertrauen der Polizei nicht, der Staatsanwaltschaft nicht, der Zoll- und der Finanzadministration und der Steueradministration auch nicht. Es werden immer wieder kriminelle Praktiken aufgedeckt – daher haben sie auch gute Gründe, nicht zu vertrauen.

Wenn Sie sich die Bereicherungen der Politiker und Mitglieder der Regierung anschauen, sehen Sie immer, dass die ein normales versteuertes Einkommen angeben. Das ist wirklich nicht viel Geld. Und trotzdem: Ohne große wirtschaftliche Investitionen und ohne passendes Einkommen werden sie immer reicher; mit jeder Abteilung im öffentlichen Dienst, die sie durchlaufen. Sie haben riesige Villen in den besten Teilen von Budapest. Sie behaupten: ›Ich habe das Geld von meinem Vater geerbt, na und?‹ Nur dass der Vater ein Grundschullehrer war, der bereits in Rente ist. Der hat dann eine monatliche Rente von 100 oder 200 Euro.

Aber sie haben keine Konsequenzen zu befürchten. Der Staatsanwalt oder die Steuerbehörden sagen nicht: ›Das schauen wir uns mal genauer an! Woher stammt das Geld, das sie brauchen, um ihre Ausgaben zu decken?‹ Das Parlament mit seinem ständigen Ausschuss für Gesellschaftsfragen sagt, dass sie diese Besitztümer eingehend geprüft haben und alles war okay. Vielleicht ein paar vernachlässigbar kleine Schreibfehler, aber der Rest ist okay. Die Leute sehen das und lernen, dass die, die an der Macht sind, einfach damit davonkommen. Wie sollten sie also den Impuls dazu entwickeln, dass sie Korruption bei den Behörden melden sollten?«

»Sie sagten, Korruption sei in Ungarn weit verbreitet. Sie ist also nicht nur auf den Regierungsapparat reduziert?«, frage ich.

»Ich muss zunächst zwischen mindestens zwei Leveln der Korruption unterscheiden«, antwortet Miklós Ligeti. »Die eine ist die Korruption auf hohem Level. Politiker, Entscheider, Wirtschaftsgiganten.

Die andere ist die sogenannte Straßenkorruption. Eine Form, die in Ungarn sehr weit verbreitet ist, ist die Korruption im Gesundheitssystem bei den Medizinern und praktizierenden Ärzten. Das kann jemand aus Deutschland kaum verstehen. Denn bei Ihnen geht man ins Krankenhaus, wenn man krank ist und muss die Ärzte oder Krankenschwestern nicht bestechen, um versorgt zu werden. Man bezahlt seine Steuern und hat seine Sozialversicherungskarte, mit der man die Behandlung bekommt, die man braucht.

So geht das aber in Ungarn nicht. Obwohl man auch hier Steuern zahlt und eine Sozialversicherungsnummer hat, muss man dennoch den Ärzten und Krankenschwestern Bestechungsgeld zahlen. Ist jemand krank, braucht jemand Hilfe, dann erhält er sie nicht, solange er keine Beziehungen oder Freunde hat – oder wenn man nicht genug Bestechungsgeld bezahlt. Das ist absolut knallharte Korruption.

Wir versuchen oft, mit der Polizei ins Krankenhaus zu gehen und die bestechlichen Ärzte verhaften zu lassen. Das
klappt aber nie, denn die Polizeioffiziere haben Angst, dass sie
dann selbst nie wieder im Krankenhaus behandelt werden,
wenn sie oder ihre Frauen oder Kinder mal krank sind und
Hilfe brauchen.«

»Was, würden Sie sagen, sollten die EU und die Nachbar-
staaten tun, um der Demokratie hier und der Zivilgesellschaft
zu helfen?«

»Eigentlich müsste die EU ziemlich überrascht darüber
sein, was in Ungarn so los ist«, findet Miklós Ligeti. »Die
Kommission und das Parlament hätten schon viel früher darauf kommen müssen, dass, wer auch immer dem Club beitritt, dessen Regeln respektieren muss. Und er müsste den
EU-Kodex als eigenen ethischen Kodex ansehen. Ungarn
macht das nicht. Die EU scheint keine Kapazitäten mehr zu
haben, diese Herausforderungen anzugehen. Wann immer
die EU oder ausländische Investoren in Verhandlungen mit
der Regierung treten, ist es ein Weg, die Position der Regierung zu stärken.

Ich muss sagen: Vielleicht nicht in der Bundesregierung,
aber in einigen lokalen Regierungen, vor allem in Bayern –
da sitzen die Freunde von Ungarn. Die sind nicht sehr kritisch Ungarn gegenüber. Und die Deutsche Botschaft in Budapest hat kein wirklich großes Interesse daran, die
Kooperation mit Transparency International zu akzeptieren.
Unser Kontakt ist eher oberflächlich. Die USA und die
Skandinavier akzeptieren und unterstützen uns voll und
ganz. Es sieht so aus, als wolle der Deutsche Botschafter
nicht als Unterstützer von regierungskritischen Zivilorgani-
sationen angesehen werden. Das könnte für die deutschen
Geschäfte in Ungarn schlecht sein, denn die Deutschen sind
die größten Investoren in Ungarn. Wenn die Deutschen gehen, wäre in Ungarn nicht mehr viel übrig. Mercedes-Benz,
Audi, RTL …«

»Die Regierung könnte es sich doch gar nicht leisten, diese Konzerne rauszuwerfen«, sagt Walter Sittler. »Sie könnten also durchaus kritischer sein.«

»Ich glaube, das ist ein heikles Spiel«, sagt Miklós Ligeti. »Die deutschen Firmen haben in Ungarn so viel investiert. Und die Ungarn brauchen das auch. Ohne diese deutschen Investitionen würden wir verhungern. Aber ich stimme Ihnen zu: Deutschland könnte kritischer sein.«

Wir verabschieden uns mit einem Gefühl der Beklommenheit, das uns noch nicht einmal im aufgewühlten Istanbul ähnlich begegnet ist.

Am Városliget, dem Stadtpark, in unmittelbarer Nachbarschaft des Heldenplatzes, des Museums der Bildenden Künste, des Zoos und der Kunsthalle treffen wir Katalin Kállai auf der Terrasse eines Cafés. Die dunkelhaarige Frau um die fünfzig hat eine vitale Ausstrahlung. Viele Jahre hat sie als Ratsmitglied für Roma-Programme im Ministerium für Kultur und Bildung gearbeitet. Als »Fidesz« an die Regierung kam, hat sie ihren Job verloren. Jetzt arbeitet sie in gleicher Funktion im sozialistisch regierten Budapester Rathaus. Man merkt ihr an, dass sie anpacken kann. Und ihr Optimismus ist wohltuend. »Wenn die Medien die Tzigan nicht immer nur als negativ darstellen würden, würde man uns nicht immer nur als problematische Menschen ansehen. Das würde sehr helfen. Ein zentrales Problem der ungarischen Tzigan-Politik ist, dass sie so ausschließlich auf die Defizite fokussiert ist. Sie sollte mehr die Menschen im Blick haben, ihre Kultur. Und es sollten Auswege präsentiert werden. Denn es geht um die Menschen, nicht um das Verwalten ihrer Probleme. Es geht um ihre Identität. Und die muss auf positiven Visionen basieren. Der Stolz der Tzigan kommt in der ungarischen Gesellschaft nicht vor.«

»Sie haben kein Problem damit, sich selbst Zigeuner zu nennen?«, fragt Walter Sittler etwas verunsichert.

»Wir nennen uns Tzigan«, sagt Katalin Kállai. »Wie die Gitanos in Andalusien. Warum sollen wir uns nicht so nennen?«

»In Deutschland ist das Wort ›Zigeuner‹ politisch nicht korrekt. Wir sagen Roma. Das Wort ›Zigeuner‹ wird als diskriminierend empfunden. Fühlen Sie sich im täglichen Leben diskriminiert?«

»Es gibt hier beides, Antisemitismus und auch Anti-Tziganismus. Das ist leider so.«

»Könnten Sie uns Beispiele nennen?«, frage ich.

»Die Distanz zum Beispiel. In einem vollen Bus halten die meisten Leute einen Abstand zu einem mitfahrenden Tzigan. Wenn ein Tzigan einen Laden betritt, folgt ihm der Security-Mann, bis er den Laden wieder verlässt. Wenn Sie aber die Bürger in Ungarn über Tzigan befragen, werden Sie erleben, dass viele von ihnen Kontakte zu ihnen haben: ›Ich kenne normale Tzigan‹, sagen sie. ›Ich habe einen normalen Tzigan zum Freund‹. Wenn Sie sich aber die Umfragen anschauen, dann ist es so, dass die meisten Ungarn nichts mit uns zu tun haben wollen. Sie wollen uns nicht in der Nachbarschaft, nicht als Mitarbeiter, nicht in der Schule der Kinder. Die Einstellung ist ablehnend.

Jede ungarische Regierung nach 1989 hat versucht, etwas für die Tzigan zu machen. Wenn man sich die Resultate solcher Programme aber anschaut, dann sind sie negativ. Man hat Programme aufgelegt, um die Lebensumstände der Tzigan-Bevölkerung zu verbessern. Aber man hat nichts für die Integration unternommen. Diese Programme und Projekte sind nichts als Papiertiger. Sie werden angekündigt, die Gelder ausgegeben – aber in der Realität sind es unehrliche Programme. Sie wollen eigentlich gar nicht das erreichen, was sie versprechen.«

»Da die öffentlichen Programme für die Roma nicht greifen – gibt es Bemühungen in der Roma-Gesellschaft, selbst etwas aufzubauen?«, fragt Walter Sittler.

»Es gibt viele Graswurzel-Initiativen in der Tzigan-Community. Und einige sind durchaus erfolgreich. Es gibt verschiedene Tzigan-Firmen, die Produkte für den Export herstellen. Das gibt es schon, aber es herrscht permanente

Geldknappheit. Es gibt keine Mittelschicht unter den Tzigan, die wohlhabend genug wäre, das zu sponsern.«

»Die Roma sind als Musiker geachtet«, sagt Walter Sittler, »und als Mitbürger diskriminiert. Das ist doch schizophren.«

»Das hat eine lange Tradition in unserem Land. Die Musiker sind so etwas wie die Aristokraten der Tzigan. Aber es gibt auch seltsame positive Entwicklungen. In Ungarn gibt es zum Beispiel diese TV-Show *X-Factor* und andere Talentsuche-Produktionen. Das sind die meistgesehenen TV-Shows in Ungarn.«

»Und daran nehmen Roma teil?«

»Nicht nur, dass da viele mitmachen – es gewinnt auch fast immer einer von ihnen!« Katalin Kállai lacht. »Die Menschen stimmen bei diesen Sendungen per SMS ab. Sie müssen sich das mal vorstellen: Die ungarische Bevölkerung verschickt SMS, um für einen Tzigan zu stimmen! Ist das nicht interessant? Es gibt diesen anonymen Hass in der Gesellschaft gegen die Tzigan. Aber sobald man ein Gesicht sieht und man sieht, wie talentiert dieser Mensch ist, der sich dahinter verbirgt, geben die Ungarn sogar Geld aus, um SMS für ihn zu verschicken.

Gleichzeitig gibt es international hoch anerkannte Musiker unter den Tzigan, die arbeitslos sind und kein Geld haben. Sie sind Teil der ungarischen Kultur und Musik, aber sie haben keinen Job und kein Einkommen. Und sie werden nicht gefördert. Die Kultur der Tzigan ist ein fester Bestandteil Ungarns und wird im Ausland auch mit Ungarn assoziiert. Aber im neuen nationalen Programm des Theaterintendanten kommen wir nicht vor. Es gibt noch viel zu tun!«, sagt Katalin Kállai, und ihr anfänglicher Optimismus weicht mit den letzten Sätzen einer nachdenklichen Melancholie.

Im Városliget liegen vereinzelte Liebespärchen aneinandergeschmiegt unter Bäumen. Arbeiter machen einen Feierabendschlaf, in kleinen Gruppen sitzen andere zusammen und unterhalten sich. Kinder spielen an Schaukeln und Rutschen. Es sind freundliche Menschen, denen wir in dieser Stadt begegnen. Und dennoch ist eine Stille fühlbar, die schwer zu beschreiben ist. Liegt es an unseren Gesprächen, dass wir immer das Gefühl haben, hier spielt sich alles wie mit angezogener Handbremse ab?

Die Angst der Bevölkerung vor ihrem Staat als einem eigendynamischen, unkontrollierbaren Gebilde, die kollektive Suche nach Sündenböcken – vieles an diesem Tag wirkt kafkaesk. Diese Angst existiert in Bulgarien, in Tschechien, in der Slowakei, in Rumänien – Länder, in denen die Situation der Minderheiten meist keinen Deut besser ist als in Ungarn. Das Beispiel Ungarn zeigt, dass Faschismus auch im modernen Europa des 21. Jahrhunderts nicht allein ein Thema von tumben Glatzköpfen ist – sondern eine intellektuelle Elite damit in freien Wahlen punkten kann.

Dringend notwendig wäre ein größeres europäisches Engagement zur Unterstützung zivilgesellschaftlicher Prozesse. Die EU müsste sich mehr für die viel und oft beschworenen europäischen Werte stark machen, gerade in Ländern wie Ungarn. Und wir Bürger sollten die mutigen Menschen aus der Zivilgesellschaft stärker unterstützen.

Es liegt eine Traurigkeit wie Mehltau über dieser Stadt.

Stockholm

Travemünde

Paris

Stuttgart

Budapest

Istanbul

Stuttgart
August 2013

Gerd Leipold und Walter
Sittler treffen sich mit einer
Staatsrätin für Zivilgesellschaft. Und erleben, wie
spannend und hochpolitisch
Bürokratie sein kann. Wie
Bürgerbeteiligung entstehen,
wachsen und organisiert
werden kann

Walter Sittler
Stuttgart

Am Morgen musste ich schon früh aus dem Haus, ein Produzent und ein Regisseur sind aus Berlin angereist, um über ein Filmprojekt zu sprechen. Mit den Gedanken an die Budapester Begegnungen im Kopf geht der Alltag weiter. Gerd Leipold nutzt den Vormittag für E-Mails und Telefonate. Er ist in Stuttgart geblieben, weil er sich über den Stand des Bahnhofsprojekts S21 informieren möchte. Für den frühen Nachmittag haben wir uns im Mittleren Schlossgarten verabredet.

Es ist ein strahlender Sommertag. Alles geht seinen gewohnten Gang im Stuttgarter Talkessel. Taxifahrer warten auf Gäste, Lieferwagen werden entladen und blockieren die Straßen. Menschen warten an Zebrastreifen und die Ampeln wechseln von Rot auf Grün. Es ist wie in Paris und in Istanbul und gestern in Budapest. Urbaner Alltag eben. Und es ist, wie es Dilek Zaptçıoğlu in Istanbul beschrieb – wenn es in einer Stadt brodelt, wenn Veränderungen in der Luft liegen, ist das im Straßenbild oft kaum zu spüren. Auch Stuttgart lebte im Sommer 2010 über Monate hinweg im Ausnahmezustand. Jede Woche kam es zu Demonstrationen, zu kilometerlangen Staus, überall hingen Plakate, es kam zu Diskussionen in Firmen und Familien, Freundschaften zerbrachen, neue entstanden. Die Stadt war im Aufruhr. Und dennoch – wenn Besucher kamen, suchten sie oft verzweifelt nach der »revolutionären Atmosphäre«. Spätestens am Bahnhof wurden sie fündig: am zum kreativen Widerstands-Kunstobjekt verwandelten Bauzaun, an der Mahnwache und an den beharrlich fortschreitenden Abbrucharbeiten.

Heute sind die Einschnitte in der Stadtlandschaft, die das Großprojekt S 21 verursacht, nicht mehr zu übersehen. Im

Mittleren Schlossgarten, dem Stadtpark von Stuttgart, dort, wo die Baukräne sich in unmittelbarer Nähe an Projekten mit ambitionierten Namen wie »Milaneo« oder »Cloud Seven« verheben, liegt noch der alte Biergarten. Bei einer Tasse Kaffee oder einem Glas Wein kann man hier an sonnigen Tagen das Schauspiel städtebaulichen Umbruchs fast wie im Kino betrachten – direkt hinter dem Bauzaun dröhnt die zweitgrößte Baustelle Europas. Was früher im von pietistischer Bescheidenheit geprägten Stuttgart völlig unvorstellbar gewesen wäre, hier wird es aus dem Boden gestampft: ein neues Stadtviertel mit Luxuswohnungen und Büros, aus Glas und Stahlbeton, auf Megaplakaten und in Hochglanzprospekten feilgeboten zu horrenden Preisen. Die neuen Baukomplexe treiben den alteingesessenen Stuttgarter Gewerbetreibenden Sorgenfalten auf die Stirn. Schon in diesem Anfangsstadium wird deutlich, was das vermeintliche Mobilitätsprojekt in Wirklichkeit ist: ein überdimensioniertes Immobilienvorhaben, der giganteske Umbau einer Stadt, an deren Bürgern vorbei.

Vor zwei Jahren standen hier noch 200 Jahre alte Platanen, mitten in der City, unweit der Einkaufsmeile in der Königstraße. Am 30. September 2010, dem »Schwarzen Donnerstag«, begann die Stuttgarter Polizei mit der Räumung des Schlossgartens, mit einem brutalen Einsatz von Wasserwerfern. Die ersten 27 alten Bäume im Park wurden unter Polizeischutz gefällt – und das, obwohl das Eisenbahnbundesamt, die oberste Bauaufsicht des Projektes S 21, Zweifel an der Rechtslage hatte und die Abholzung kurz zuvor untersagt hatte. Rabiat wurde der Einsatz durchgezogen, Hunderte Protestierende wurden dabei verletzt. Ein Demonstrant, der Stuttgarter Ingenieur Dietrich Wagner, verlor fast vollständig sein Augenlicht. Und in der politischen Karriere des amtierenden Ministerpräsidenten Mappus begann sich der Gang aller irdischen Dinge abzuzeichnen.

Gerd und ich treffen im Biergarten einen der strategischen Köpfe des Stuttgarter Widerstands. Viele Jahre war Matthias von Herrmann für Greenpeace aktiv und konnte bei dieser Arbeit die Bedeutung von symbolischen Aktionen studieren. Der junge schwäbische Politologe weiß, wie man klare Bilder produziert, um Botschaften zu transportieren.

Mit dem Widerstand gegen das Bahnhofsprojekt kam von Herrmann erstmals im Jahr 2007 in Berührung. Damals unterzeichnete er ein Bürgerbegehren – ohne ernsthaft damit zu rechnen, dass das Projekt jemals Wirklichkeit würde. Zu viele entscheidende Termine zur Unterschrift unter die Verträge hatte die Bahn verstreichen lassen, als dass noch irgendjemand in Stuttgart an die Umsetzung der futuristisch anmutenden Pläne geglaubt hätte. »Des wird eh nie was!«, hieß es.

Doch plötzlich ging alles rasend schnell. Der damalige Bahnchef Hartmut Mehdorn hatte dem Projekt wider Erwarten seinen Segen erteilt – urbi et orbi, die Bauarbeiten sollten beginnen. Aus Stuttgarts oberirdischem Kopfbahnhof soll ein unterirdischer Durchgangsbahnhof werden, ein Jahrhundertprojekt, ein Prestigeprojekt – und nach Auffassung vieler Bürger ein überteuerter Größenwahnsinn. Heute, Ende 2013, heißt es, die Sache könne womöglich bis 6,9 Milliarden Euro kosten – Jahr für Jahr wurde die Summe höher. Ursprünglich sollte der Bahnhof im Jahr 2002 fertig sein. Inzwischen ist von 2022 die Rede.

Matthias von Herrmann war wie viele Stuttgarter eher beiläufig zum Widerstand gekommen. Eines Abends im Herbst 2009 entdeckte er auf dem Heimweg von der Arbeit am Stuttgarter Bahnhof einen mit Kreide auf den Boden gemalten Pfeil, daneben die Schrift: »Montagsdemo gegen S 21«. Wenige Tage später war er dabei. Seitdem organisiert er Aktionstrainings für die Kampagne und wurde zu einer der wichtigsten Stimmen des Protests.

Als ich ankomme, sind er und Gerd Leipold schon im Gespräch. Ich setze mich zu ihnen, an einen der großen Holztische direkt am Park – und höre gerade noch Gerd Leipolds Satz, der das Gespräch gleich zu Anfang fast zum

Verstummen bringt: »Ich bin ja ein Fan von Stuttgart 21«, sagt er gelassen. »Ich habe bei dem Referendum dafür gestimmt.« – »Für den Stopp der Baumaßnahmen?«, verleiht Matthias von Herrmann seiner Hoffnung Ausdruck, dem Gesprächsbeginn noch eine versöhnliche Wendung zu geben. »Nein«, sagt Gerd. »Ich habe für den neuen Bahnhof gestimmt. Ich muss aber dazu sagen: Ich bin kein Stuttgarter«, fügt er fast entschuldigend an. »Ich habe nur aus der Entfernung verfolgt, was hier passiert ist. Mit den Details habe ich mich nicht beschäftigt. Und ich weiß auch nicht, ob das viele Geld für den neuen Bahnhof nicht besser hätte eingesetzt werden können. Aber ich finde Investitionen in die Bahn zunächst mal gut und wichtig«, erklärt Gerd. »Und dass die Bahn in einem technologisch hochentwickelten Land wie Deutschland modern sein muss, steht für mich außer Frage. Den Kanaltunnel[1] zwischen England und Frankreich, an dem 15 000 Leute sieben Jahre lang gearbeitet haben, halte ich zum Beispiel für eine großartige Sache. Er ist übrigens am Anfang beinahe pleitegegangen, wegen der Zinsen für Milliardenschulden – inzwischen lohnt er sich. Viele Riesenprojekte, ob Suezkanal oder Panamakanal, gingen anfangs bankrott. Und heute sind sie unverzichtbar – der Kanaltunnel ersetzt heute faktisch den Großteil des Flugverkehrs zwischen Paris und London. Ich bin davon überzeugt, dass wir zur Bewältigung der globalen Umweltkrise auch nachhaltige Hochtechnologie benötigen.«

Matthias von Herrmann kann seine Irritation kaum verbergen. So eine Position hätte er bei einem ehemaligen Greenpeace-Kollegen nicht erwartet. »Bei Großprojekten dieser Art«, sage ich, »ist es doch vor allem zwingend notwendig, dass ehrlich und offen geplant und kommuniziert wird. Die Kosten müssen auf den Tisch und die Bürger gefragt werden – wie man das beim Bau des Gotthardtunnels[2] gemacht hat.

---

[1] Der Kanaltunnel, auch Eurotunnel genannt, ist ein privat finanzierter, 50 Kilometer langer Eisenbahntunnel unter der Straße von Dover.

[2] In der Schweiz gab es Volksabstimmungen über Teilaspekte dieses milliardenschweren Tunnelprojektes, das Ende 2016 bis 2017 beendet sein soll.

Kritiker müssen zu Wort kommen. Das ist für mich eine Selbstverständlichkeit in einem Land, das nicht nur technologisch, sondern auch zivilgesellschaftlich hoch entwickelt ist.«

So entwickelt sich ein Gespräch über das Für und Wider von Großprojekten und Bürgerbeteiligung, und es zeigt sich, dass Gegner und Befürworter von strittigen Projekten durchaus miteinander kommunizieren können, sofern sie den Positionen des anderen mit Achtung begegnen. Ich vertrete auch jetzt meine Haltung, dass es Aufgabe der Politik sein muss, nach verträglichen Lösungen zu suchen. Auf die Weise kommt vielleicht nicht immer das allermodernste Projekt heraus – aber man erhält Ergebnisse, die von vielen Menschen mitgetragen werden. Eine Mehrheit von knapp 59 Prozent, wie sie sich bei der Volksabstimmung[3] über S 21 ergeben hat, ist meiner Meinung nach nicht ausreichend. Bei einem so entscheidenden Projekt muss der Konsens breiter sein, sonst baut man an einem Geschwür. Und Stuttgart 21 ist genau das: ein urbanes Geschwür. Ich finde den Demokratie-Ansatz von Amartya Sen sehr sinnvoll. In seinem Standardwerk *Die Idee der Gerechtigkeit*[4] fordert der indische Wirtschaftswissenschaftler und Philosoph, der 1998 den Nobelpreis bekam, dass 85 Prozent der Bevölkerung hinter großen, gesellschaftlich relevanten Projekten stehen müssen. Erst dann hat man eine fundierte Solidarität. In der Nähe von Stuttgart gibt es ein in diesem Sinn interessantes Beispiel gelebter Konsens-Demokratie: Der Ulmer Oberbürgermeister Ivo Gönner wollte in seiner Stadt Straßenbahnlinien verlegen. Er organisierte ein Referendum, das ein Ergebnis von 60 zu 40 ergab – zugunsten der neuen Straßenbahn –, und er hat sie trotzdem nicht gebaut. Weil seiner Meinung nach zu viele Stimmen dagegen waren.

»Da bin ich ganz anderer Meinung«, sagt Gerd Leipold. »Natürlich müssen langfristig große Reformen eine breite

---

3 Am 27. November 2011 stimmte Baden-Württemberg über das S21-Kündigungsgesetz ab. Die Abstimmungsbeteiligung lag bei 48,3 Prozent. Ja-Stimmen: 1 507 961 (41,1 Prozent), Nein-Stimmen: 2 160 411 (58,9 Prozent). S21-Befürworter hatten gewonnen.

4 Amartya Sen: Die Idee der Gerechtigkeit. München, 2010

gesellschaftliche Akzeptanz bekommen. Gleichzeitig darf eine Minderheit nicht ein Vetorecht über gesellschaftliche Entwicklungen ausüben. Und S 21 ist doch für die Stadt Stuttgart auch eine einmalige Chance: Statt den Befürwortern das Immobilienprojekt für neue Büroflächen und Luxuswohnungen zu überlassen, müsste man sich hier doch rechtzeitig für einen großen Experimentierraum einsetzen. Für einen Stadtteil, in dem neue Mobilitätskonzepte, neue Wohn- und Arbeitsformen entwickelt werden, in dem sich Ingenieure und Künstler Gedanken machen, wie die Autostadt Stuttgart 2050 aussehen könnte. Man müsste ein städtisches Labor kreieren, in dem die manchmal überbordenden Regeln reduziert wären, in dem es einfacher wäre, Start-ups zu gründen, in dem die Technikfreaks von Mercedes und Porsche mit denen der Universitäten und den grünen ›Spinnern‹ gemeinsam diskutieren und testen könnten. Denn es braucht wenig Fantasie, um sich vorzustellen, dass Stuttgart ohne die Automobilindustrie ähnliche Schwierigkeiten hätte wie einst das Ruhrgebiet nach dem Ende der Kohle- und Stahlindustrie. Und es gehört auch keine prophetische Gabe dazu, vorherzusagen, dass in 30 Jahren keine Autos mehr gebaut werden wie heute. Stuttgart braucht für seine Zukunft die Verbindung von gesellschaftlicher und technologischer Innovation. Und für einen solchen Prozess müsste Stuttgart 21 dienen.«

Matthias von Herrmann steht Großprojekten, die eine so radikale Veränderung bedeuten, dagegen grundsätzlich kritisch gegenüber. »Das beste Beispiel ist doch der Drei-Schluchten-Damm in China«, sagt er. »Solche Großprojekte bedeuten an den Orten, wo sie gebaut werden, eine unglaubliche Beeinflussung von Natur und von Lebensqualität. Man muss sich doch immer zuerst fragen: Kann ich das, was ich erreichen will, nicht sinnvoller, effizienter bekommen? Mit weniger negativen Auswirkungen für die Bevölkerung?«

In diesem Zusammenhang ist für ihn eine Frage von entscheidender Bedeutung: »Wie kommt die Majorität zu ihrer

Meinung? In unserer Widerstandsbewegung haben wir erlebt, was alles falsch dargestellt wurde: geschönte Kostenzahlen, falsche Leistungsbehauptungen, jede Menge nicht geklärter Geologie. Ich glaube, dass am Anfang von allen Entscheidungen immer die Frage nach der Qualität der Information stehen muss: Von wem kommt sie? Wem nützt sie? In Stuttgart werden jetzt 60 Kilometer Tunnel unter einer Großstadt gebaut! Das ist mit einer Bausumme von mehreren Milliarden Euro das zurzeit zweitgrößte Bauprojekt in Europa – nach dem Gotthardtunnel. Der aber ist zivilgesellschaftlich legitimiert.«

Da kann Gerd zustimmen: »Deine Beispiele zeigen ja gerade, dass man unterscheiden muss. Es gibt legitimierte Großprojekte wie den Gotthard-Basistunnel, und es gibt Wahnsinnsprojekte wie den Drei-Schluchten-Damm. Wenn es zu ausführlichen Meinungsbildungsprozessen kommt, die die Hintergründe ausleuchten, ist auch bei Menschen, die das Projekt spontan abgelehnt haben, größere Neigung da, zuzustimmen. Das geht nicht mit Manipulation, nur mit genuiner Information. Hier sind wir uns selbstverständlich einig: Die Demokratie wird stärker, wenn die Bürger wissen, worum es geht und wenn sie eigenes Wissen einbringen können.«

Gerd Leipold hält die Stuttgarter Schlichtung[5] in diesem Zusammenhang für ein interessantes Beispiel – gerade wegen der hohen Qualität der Bürgerargumente und der ganz offensichtlichen Kompetenz der S 21 Gegner. »Daran sieht man, welche Expertise inzwischen in der Bevölkerung vorhanden ist. Was man noch vor 30 Jahren ganz selbstverständlich für den exklusiven Sachverstand von Ingenieuren und Planern gehalten hat, ist so nicht mehr haltbar.« – »Aber es kann doch nicht sein«, wirft Matthias von Herrmann ein, »dass die Bevölkerung, die eigentlich ihrem Broterwerb nachgeht, jetzt

---

5   Vom 22. Oktober bis 30. November tagte aufgrund der Bürgerproteste eine Schlichtungskommission von Bürgern und Betreibern unter Vorsitz des ehemaligen CDU-Politikers Heiner Geißler. Die Sitzungen waren öffentlich, sie wurden vom Fernsehen übertragen, alle Protokolle sind einsehbar. Siehe die Website: http://www.schlichtung-s21.de/

auch noch den Großkonzernen, ob staatlich oder nicht, deren Fehler hinterherrechnen soll!«

»Doch!«, behauptet Gerd. »Gerade wenn man gute und legitime Lösungen will, sind Großprojekte immer auch eine gesellschaftliche und nicht nur eine privatwirtschaftliche oder staatliche Aufgabe. Solche Aufgaben müssen zivilgesellschaftlich diskutiert werden! Da braucht es größere Transparenz und mehr Diskussion. ›Wir sind Fachleute und wissen es besser!‹ – das ist ein Machtargument und ein Machtinstrument. Es wird gezielt eingesetzt, um Frager in die Ecke zu stellen. Weil er genau das verkannt hat, ist Stefan Mappus als Ministerpräsident am Ende gescheitert.«

Gerd Leipold ist der Meinung, dass es der konsequenten und kontinuierlichen Kontrolle der Entscheidungsträger durch die Zivilgesellschaft bedarf. Politische Prozesse dürften sich nicht in Expertengremien verselbstständigen, sondern müssten in jeder Phase als Angelegenheit der Bürger begriffen werden. Die Weisheit der Massen in Entscheidungsprozesse einzubinden ist für ihn ein wesentlicher Bestandteil moderner Demokratien.

»Die Online-Kampagnen haben diesem Prozess natürlich eine völlig neue Dynamik verliehen«, sagt Matthias von Herrmann. »Aber sie müssen mit nicht virtuellen Anteilen, mit physischer Präsenz von Aktivisten kombiniert werden. Wenn man die Vereinzelung, die mit Social Networking verbunden ist, nicht überwindet, kommt langfristig nichts dabei heraus.«

»Ich bin davon überzeugt«, ergänzt Gerd Leipold, »dass wir mit einer Gesellschaft, die zunehmend informierter, wissender wird, auf ein neues Niveau der politischen Diskussionen gelangen. Der Demokratie wird nachgesagt, sie sei schwerfällig. Stimmt! Aber gerade hochkomplexe, moderne Projekte erfordern nicht nur das Beherrschen der Technik, sondern auch eine verantwortungsvolle Gesellschaft, die weiß, was sie sich zumutet, was sie riskiert, was sie will. Wo es Mangel an ziviler Verantwortung gibt, sind moderne, technische

Systeme schlicht zu gefährlich. Das war das Schockierende an Fukushima. Und ich bin mir ziemlich sicher, dass in China, in der dortigen kommunistischen Partei, nach Fukushima die Alarmglocken geschrillt haben.«

Sind sich die Politiker der Notwendigkeit und der Chancen von Bürgerbeteiligung bewusst? Oder klammert sich die Mehrheit noch an gewohnte hierarchische Strukturen? Diese Frage beschäftigt mich, seit ich mich an den Protesten gegen das Bahnhofsprojekt beteilige. Während meines Engagements gegen S 21 habe ich gemerkt, dass viele Entscheidungsträger die Politisierung von Bürgern als ›Radikalisierung‹ deuten. Wer sich einmischt, wird beleidigt, kriminalisiert, angeklagt. Es müsste doch möglich sein, Verwaltungsstrukturen zu schaffen, welche die Projektpartner dazu verpflichten, das Pro und Contra von Großprojekten in seriösen Gutachterverfahren und im öffentlichen Wettstreit kompetent zu diskutieren. Sobald Bürger eingeladen sind mitzumachen, ändert sich die Atmosphäre. Das Implementieren von Bürgerinteressen in Entscheidungsprozesse wäre ein sinnvolles Ziel.

Auch Gerd Leipold hält die Modifizierung von Verwaltungsregeln für unabdingbar, um mehr Bürgerbeteiligung zu erreichen. Dagegen befürchtet Matthias von Herrmann, dass die Regierenden mit der Schaffung von mehr Beteiligungsbürokratie Kritik und Widerstand in kontrollierbare Bahnen lenken wollen. Schon der Begriff »Bürgerbeauftragte« ist für ihn ein Indiz dafür. »Die Bürger beauftragen die Regierenden – nicht anders herum!«

Wie viele leidenschaftliche Auseinandersetzungen und spannende Gespräche habe ich hier, mitten in der Stadt, in der ich seit mehr als 20 Jahren lebe, nun schon geführt! Und es geht mir dabei wie vielen Stuttgartern: Der Protest gegen S 21 hat bei mir ein Nachdenken über grundlegende Fragen unseres Gemeinwesens ausgelöst, über die Notwenigkeit, sich einzumischen. Das Absurde ist, dass wir von dem, was wir ursprünglich erreichen wollten, bislang eigentlich nichts erreicht haben. Aber im zivilgesellschaftlichen Bereich, in dem, was tatsächlich in der Politik stattfindet, haben wir einen Wandel mit angestoßen. Dass Stuttgart heute einen grünen Oberbürgermeister und Baden-Württemberg, als erstes Bundesland, einen grünen Ministerpräsidenten hat, ist vor drei Jahren noch völlig unvorstellbar gewesen. Vieles hat sich geändert in dieser Stadt und in diesem Land. Wird es nachhaltig sein? Trägt es?

Wieder einmal trennen sich unsere Wege. Wir verabschieden uns von Matthias von Herrmann, dessen Engagement und klares strategisches Denken Gerd trotz unterschiedlicher Meinung beeindruckt haben. Während ich Gerd zu seinem Zug begleite, schlägt er mir vor, Gisela Erler um ein Gespräch zu bitten, die grüne Staatsrätin für Zivilgesellschaft und Bürgerbeteiligung. Sie hat Stimmrecht im baden-württembergischen Kabinett. Nicht zuletzt von ihrer Arbeit wird es abhängen, ob der gewünschte Übergang zu neuen Formen von direkter Demokratie gelingt.

Gisela Erler, Germanistin und Soziologin, ist als Tochter des legendären SPD-Politikers Fritz Erler in politisiertem Milieu großgeworden. Die engagierte Intellektuelle war während ihrer Studienjahre im SDS engagiert, im Sozialistischen Deutschen Studentenbund. 1967 war sie Mitgründerin des linken Münchener Trikont-Verlags, 20 Jahre darauf war sie eine der Autorinnen der viel diskutierten Streitschrift *Müttermanifest,* die für die Vereinbarkeit von Familie und Beruf plädierte. Seit 1991 ist Erler eine erfolgreiche Unternehmerin im Bereich Familie, Betreuung und Service. Seit Mai 2011 ist sie Mitglied der baden-württembergischen Landesregierung.

Seit sie ihr Amt angetreten hat, bläst Gisela Erler der schwäbische Wind scharf ins Gesicht. Die Kritik reicht von Unverständnis über den Sinn ihres Amtes bis hin zum Vorwurf, dass sie in diesem Amt nichts bewege. Vielen geht vieles zu langsam. Andere würden das Amt am liebsten gleich wieder abschaffen. Uns interessiert der Blick hinter die Kulissen der Politik.

Noch am Nachmittag hatten wir im Staatsministerium angerufen – und wir hatten Glück: Mitten in ihren Sommerferien lädt Gisela Erler uns zum Gespräch ein.

Ein paar Tage darauf machen wir uns auf den Weg zu ihrem Haus auf der Höri, einer Halbinsel im westlichen Bodensee, zwischen Stein am Rhein und Radolfzell. Über schmale, verschlungene Landstraßen fahren wir durch kleine Wälder, vorbei an Apfelplantagen und Feldern. Dann erreichen wir eine ruhige Wohnsiedlung, eine schmale Straße, mit einer engen Parkbucht, auf der wir parken. Es herrscht sommerliche Stille. Gutgelaunt öffnet die Staatsrätin die Tür des kleinen Einfamilienhauses.

»Guten Tag, Frau Erler«, begrüße ich sie. »Vielen Dank, dass Sie sich mitten in Ihrem Urlaub Zeit nehmen für uns.« – »Na hören Sie! Wenn es um Bürgerbeteiligung geht!«, lacht sie. Eine aufgeräumte, wache Frau; selbst ihre Frisur, die so häufig in hämischen Kommentaren als Relikt der 68er-Generation herhalten muss, wirkt in natura auf vergnügte Art selbstverständlich.

Ein 70er-Jahre Haus, kaum modernisiert, vor zweieinhalb Jahren sind Gisela Erler und ihr Mann, der Politikberater Warnfried Dettling, von Berlin hierher gezogen. Hier leben sie in Miete – näher an Gisela Erlers neuem Arbeitsplatz. Und weit genug davon entfernt. Unsere Gastgeberin war schon beim Bäcker an diesem Morgen. Es gibt frische Brezeln, Sommerfrüchte, Kaffee und Bionade. Irgendwie hat man den Eindruck, dass ihre Entspanntheit und Gastfreundlichkeit auf einer ganz und gar unkomplizierten Freundlichkeit gründen. Wir nehmen Platz am langen Esstisch, mit Blick auf den nahen Bodensee.

»Da machen Sie ja eine tolle Reise!«, kommentiert Gisela Erler unser Projekt. »Reykjavík, Budapest, Paris – wo kommen Sie denn jetzt gerade her?«

»Vor ein paar Tagen waren wir in Stuttgart«, antworte ich. »Im Schlossgarten, beziehungsweise in dem, was davon noch übrig ist. Vergangene Woche waren wir auf dem Taksim-Platz in Istanbul.« Sie lacht. »Was dort passiert, ist nicht ganz dasselbe wie hier. Wenn man in einer Regierung sitzt, hört man oft, wie die Regierenden gleichgesetzt werden mit Unterdrückungsapparaten in anderen Teilen der Erde. Das ist dann doch ziemlich verwegen.«

»Was meinen Sie«, beginnt Gerd das Gespräch, »haben die Proteste gegen S 21 Stuttgart verändert? Hat sich da etwas gewandelt im Stuttgarter Bürgertum?«

»Nach zweieinhalb Jahren Diskussionen auf allen Ebenen – Verwaltung, Politik, Bürgermeister, Bürger – kann ich mit Sicherheit sagen, dass sich sehr viel verändert hat. Nicht nur in Stuttgart. Aber man muss dabei bedenken, dass in Baden-Württemberg eine lange Tradition von Freiwilligen-Engagement existiert.«

Gerd: »Sie meinen ehrenamtliches Engagement in Vereinen und Verbänden?«

»Ja, das hat hier traditionell eine breite Basis. Das sogenannte soziale Kapital in Baden-Württemberg ist ungewöhnlich hoch. Nirgendwo sonst ist es so ausgeprägt …«

»Meistens aber doch relativ apolitisch«, wendet Gerd Leipold ein.

»Schon«, sagt Gisela Erler, »daneben entstanden hier aber auch frühe Protestwellen, die nicht irrelevant sind für das, was wir heute erleben. Denken·Sie an die Anti-AKW-Bewegung in Wyhl und die Friedensbewegung, die Proteste in Mutlangen. Diese Art des Engagements hat sich schon vor Stuttgart 21 verstetigt. Daher haben Kommunen schon vor Jahren damit begonnen, Bürger häufiger in Planungen einzubinden. Und diese Prozesse haben durch Stuttgart 21 noch einmal an Dynamik gewonnen. Mittlerweile gilt das Common-Sense-Urteil: Man muss Bürger so früh wie möglich an Entscheidungen beteiligen. Das gedeiht in unterschiedlichen

Formen. Gerade war ich in Überlingen, wo wegen der kommenden Landesgartenschau ein Bürgerentscheid abgehalten wurde – der ging vom Gemeinderat und von der Bürgermeisterin aus. Das ist neu: ein Referendum sozusagen von oben abzuhalten, um sich zu vergewissern, wie die Bürger zu einem Vorhaben stehen.

Aber es gibt auch viel Skepsis. Manche Bürgermeister fühlen sich regelrecht gejagt von mitunter sehr kleinen Gruppen. Manche Bürgermeister befürchten, dass die Dinge durch zu viele plebiszitäre Elemente aus dem Ruder laufen könnten. Da will zum Beispiel ein Bürger ein Haus im Schwarzwald bauen, er bekommt keine Baugenehmigung, und dann droht er mit ›Verhältnissen wie Stuttgart 21!‹ Solche Briefe erhalten wir im Ministerium. Man muss bedenken, dass es ja nicht nur Bürgerinitiativen gibt, sondern Interessengruppen aller Art. Und jetzt berufen sich die Bürger gern und oft auf Stuttgart 21. Der Widerstand gegen den neuen Bahnhof in Stuttgart hat also einen sehr großen Einfluss auf die Stimmung und Haltung im Land – und er hat das, was wir jetzt im Rahmen der Bürgerbeteiligung versuchen umzusetzen und für die Zukunft nutzbar zu machen, sehr verstärkt.«

»Dass es Gruppen gibt, die über das Ziel hinausschießen«, sage ich, »das glaube ich gern – das ist ja in der Politik nicht anders. Mancher schießt ja auch in der Politik übers Ziel hinaus. Das Problem ist doch das Bewusstsein eines Umgangs miteinander auf Augenhöhe. Und das ist meines Erachtens in der Politik noch nicht richtig angekommen.«

»Ich glaube, es ist schon vorhanden. Es gibt Kommunen, die schon vor Jahren daran gegangen sind, aktiv neue Strukturen zu schaffen. Denen es darum geht, dass die Verwaltung wirklich auf die Bürger hört. Da werden Bürgerforen initiiert, da gibt's ein ganzes Set von Modellkommunen, ein Lernprozess ist im Gang. Und ich sehe viele, die gute Erfahrungen damit machen. Es gibt aber auch andere …«

»Diese von oben angeordneten Referenden sind sicher begrüßenswert«, sage ich. »Was aber die Bürger selber initiieren, was sie anfechten, bezweifeln, ändern wollen, das müsste genauso Gegenstand von Referenden werden können. Dafür fehlen aber die gesetzlichen Voraussetzungen. Ich frage mich auch, ob das per Verwaltungsreform gelingen kann. Eine Politik des kreativen Ermöglichens muss das Ziel sein, und nicht eine des Verhinderns.«

»Ich habe ja eine Biografie, die ursprünglich sehr außerinstitutionell war. Deswegen identifiziere ich mich auch immer mit dem, was so auf den Straßen wabert. Entscheidend aber ist doch: Wie schafft man geeignete Strukturen und Verfahren, damit Verwaltung und Politik überhaupt auf Bürgerbegehren reagieren können? Nehmen wir mal den unerotischen Titel unseres »Planungsleitfadens«[6]. Inhalt des Konvoluts ist, dass die Bürgerbeteiligung verpflichtend wird und dass sie budgetiert wird, dass es also dafür Gelder gibt. Und dass versucht wird, Gutachten einvernehmlich zu vergeben, sodass für jede Entscheidungsphase ein Fahrplan entsteht und alle, die potenziell betroffen sind, eingebunden werden.

Entscheidend ist das Ineinandergreifen der einzelnen Schritte. Bislang konnten Verwaltungen Argumente von Bürgern ignorieren, wenn sie wollten. Jetzt müssen sie zwar nicht alles umsetzen, was Bürger fordern, aber sie müssen deren Fragen adäquat beantworten. Das ist schon ein Fortschritt. Es hört sich etwas technokratisch an, ist aber in der Essenz hochpolitisch. Für die, die das umsetzen, bedeutet es einen Wechsel der Blickrichtung. In den Beamtenhochschulen hat man angefangen, dieses Thema auch in den Führungslehrgängen

6   Eckpunkte für den Planungsleitfaden wurden im September 2012 in Baden-Württembergs Kabinett beschlossen. In drei Stufen wird der Leitfaden für mehr Beteiligung der Öffentlichkeit erarbeitet. 1. Ein Expertengremium aus Verwaltung, Wissenschaft, Wirtschaft sowie der Beteiligungspraxis erarbeitet einen ersten Entwurf. 2. Der Entwurf wird mit Mitarbeitern der Landesverwaltung diskutiert. 3. Die Öffentlichkeit wird einbezogen: Verbände, Wirtschaft, Bürgerinitiativen und eine zufällige Auswahl von 25 Bürgerinnen und Bürgern. Vor allem bei Infrastrukturvorhaben soll der Prozess greifen.

anzubieten. Umwälzungsprozesse sind im Gang. All das schließt natürlich nicht aus, dass dennoch auch falsche Dinge entschieden werden. Es gibt immer auch so etwas wie einen falschen und einen richtigen Zeitgeist.«

»Baden-Württemberg hat im Bundesvergleich miserable Voraussetzungen für Bürgerentscheide. Referenden sind hier fast unmöglich.«

Jetzt spricht die Staatsrätin aus Gisela Erler: »Im Wahlprogramm und im Koalitionsvertrag haben wir versprochen, dass wir analog zu Bayern die Verfassung in Bezug auf Bürgerbegehren ändern wollen – eigentlich ohne Quorum[7]. Aber Umfragen zeigen, dass die Bevölkerung sich nicht vorstellen kann, wie es ohne Quorum gehen kann – es gibt die Furcht, von kleinen Interessengruppen majorisiert zu werden.«

»Die Volksabstimmung zu Stuttgart 21 ist aus dem Gesichtspunkt der Fairness zudem katastrophal verlaufen!«, insistiere ich. »Die eine Seite verfügte über viel Kapital. Sie druckte teure Hochglanzbroschüren, in denen nachweislich falsche Behauptungen standen. Dagegen hat man als Bürgerinitiative keine Chance! Das muss sich doch fairer gestalten lassen!«

Gisela Erler: »Nicht mal in der Schweiz mit ihrer direkten Demokratie gibt es über die Informationsparität hinaus eine Kontrolle der Geldströme. Trotzdem gewinnen viele Initiativen gegen die Wirtschaft, auch in der Schweiz. Bei der Frage des EU-Beitritts beispielsweise war die Wirtschaft für den Beitritt, sie hat ihn mit viel Geld beworben – und ist gescheitert. Die Initiative gegen Abzocke ist ein anderes Beispiel für einen Sieg der Bürger gegen die Wirtschaft. Der Aspekt der Glaubwürdigkeit spielt da eine Riesenrolle – ein aufrechter Bürger traut seinesgleichen womöglich mehr als einem Konzern. Ich bin da unschlüssig. Weil diese Kontrolle natürlich auch als Reglementierung und Bürokratisierung erlebt wird.

---

7   Ein Quorum ist die notwendige Anzahl an Stimmen, die erreicht sein muss, damit
      Bürgerbegehren zur Volksabstimmung zugelassen werden.

Was wir in Baden-Württemberg erwirken wollen, ist, dass bei uns die Hürden für Bürgerentscheide deutlich gesenkt, die Fristen verlängert, die Bedingungen verbessert werden. Parallel dazu läuft eine Reihe von Transparenzinitiativen. Wir unternehmen mit den Kommunen ein Modellprojekt ›Planungsregister‹, das wir auf das ganze Land ausdehnen wollen. Dabei soll alles, was ein Gemeinderat, das Land oder die Ministerien planen, zu jeder Zeit auf dem aktuellen Stand für die Bürger zugänglich sein. Wir setzen bei dem Prozess auch auf ›Zufallsbürger‹, die nach dem Zufallsprinzip ausgewählt und befragt werden. Meist kommen dabei, das ist inzwischen gut belegt, ziemlich vernünftige Meinungsbilder zustande.«

»Wir sind ja hier in der Nähe von Allensbach[8]«, sage ich. »Sie plädieren für Demoskopie statt Demokratie?«

Gisela Erler wehrt sich und lacht: »Selbstverständlich nicht! Die repräsentativen Bürgerbefragungen sind nur ein Element in unserer Planung. Für mich ist das ein Element beim Finden guter Entscheidungen. Mit den Leuten finden intensive Debatten statt und man erkennt dabei gut und im Detail, wohin der Bürgerwille tendiert. Es geht ja nicht darum, diese Befragungen als absolut zu setzen.«

Jetzt mischt Gerd sich ein: »Mir kommt hier die repräsentative Demokratie zu kurz. Bürgerbeteiligung kann kein Allheilmittel sein, sie kann die repräsentative Demokratie ergänzen und verbessern, aber nicht ersetzen. Einer meiner Brüder ist seit mehr als 40 Jahren Stadtrat in Konstanz. Er befürchtet, dass Bürgerbeteiligung von der Verwaltung auch instrumentalisiert werden kann – wenn es heißt: ›Die Bürger wollen das so.‹ Aber welche Bürger? Was ist deren Legitimation?«

Das räumt Gisela Erler ein. »Wenn ich Vorträge halte über direkte Demokratie, weise ich jedes Mal darauf hin, dass unsere repräsentative Demokratie weit mehr als nur eine Worthülse ist. Warum? Einmal bietet sie tatsächlich einen viel besseren Minderheitenschutz als jede Form der direkten

---

8   Überregional wurde der Bodensee-Ort als Sitz des Instituts für Demoskopie Allensbach bekannt, dem ältesten Meinungsforschungsinstitut in Deutschland.

Demokratie. Auch Gemeinderäte treiben solche Sorgen um: Da kommen diese nicht legitimierten Bürger und reden uns rein. Sie leisten harte Arbeit im Gemeinderat, investieren viel Zeit, arbeiten ehrenamtlich, verbringen ihre Wochenenden mit dem Lesen von Akten. Das ist ein schwerer Job und sie haben die Befürchtung, man werde sie unterminieren. Meine Antwort aber ist: Wir haben keine Alternative dazu, die Bürger einzubinden. Wir müssen verstehen lernen, wie diese zwei Systemteile, das Repräsentative und die Bürgerbeteiligung, einander ergänzen.«

Gerd hakt nach. »Manche befürchten, dass mehr Bürgerbeteiligung die repräsentative Demokratie aushöhlt.«

Gisela Erler: »An der Schweiz, wo die direkte Demokratie weltweit am besten entwickelt ist, kann man sehen, dass die Parteien dort nicht verschwinden. Sie haben aber tatsächlich weniger Gewicht und sie sind konsensualer – was mir übrigens auch gefällt, weil ich glaube, dass viele Leute sich nicht in der Politik engagieren, solange sie so konfrontativ ist. Ich bin ein altes Schlachtross und selbst ich habe in diesen zwei Jahren hier oft gedacht: ›Warum tust du dir das an?‹ Dabei sind das ja nur die normalen Spielregeln.

Nicht umsonst sind die politischen Ämter heute in einer Krise. Es ist heute viel schwerer, Leute für den Gemeinderat zu finden – angesichts der Erwerbstätigkeit der Leute, des starken Arbeitsdrucks, den sie haben. Ich hatte kürzlich eine Kabinettsdebatte über unsere Bürgerbeteiligung. Und dann sagte ein Kollege: ›Aber wir müssen uns doch alle darüber im Klaren sein, dass es die vornehmste Art der Bürgerbeteiligung bleibt, in eine Partei einzutreten und Mandate zu übernehmen.‹ Ich will dem gar nicht widersprechen. Aber die Realität sieht doch so aus: Wir haben im Moment drei Prozent der Bevölkerung, die in Parteien gehen.«

»Und tendenziell sinkt die Zahl weiter«, sage ich.

»Es wäre ja durchaus zu überlegen, die Bürgerbeteiligung eher an die Parlamente anzudocken als an die Verwaltung«, schlägt Gerd vor. »Das würde die Parlamente stärken und nicht eine Spannung zwischen Bürgern und Parlamenten schaffen.«

Gisela Erler: »Eine Planfeststellung zum Beispiel liegt in den Händen der Verwaltung, ebenso wie die Genehmigung großer Vorhaben in den Kommunen. Die sind nicht abstimmungsfähig. In diese Prozesse sind Gemeinderäte nur indirekt über die Raumordnung und Bauleitplanung eingebunden.«

»Das leuchtet schon ein«, sage ich. »Wenn aber eine falsche Entscheidung getroffen wurde, aufgrund falscher Informationen und Voraussetzungen, dann sage ich als Bürger: Ein erkannter Fehler muss auch korrigiert werden können!«

Gisela Erler: »Die Frage ist nur: von wem? Und wann, wie? Bei rechtsfesten Verfahren!«

»Es müsste einen Volksentscheid darüber geben, der das stoppen kann«, sage ich.

Gisela Erler: »Nehmen Sie einen aktuellen Konflikt hier bei uns, ich nenne es ›unsere grünen Paradoxe‹. Bei der Entsorgung von Atommüll sollen auch baden-württembergische Zwischenlager entstehen. Jetzt stehen wir, die Atomkraftgegner, also in der Pflicht, die Entsorgung dieser hochgefährlichen Stoffe zu gewährleisten. Für ein Atommüll-Lager wird man niemals 70 Prozent der Bevölkerung hinter sich kriegen! Und es muss trotzdem irgendwo entstehen.«

Meine Ansicht ist klar: »Nicht ohne Abstimmung der Bevölkerung!«

»Und was machst du mit dem Atommüll«, fragt Gerd, »wenn die Mehrheit der Bevölkerung in jeder Region gegen ein Zwischenlager ist? Wer verhindert dann den bequemen Kompromiss, den Müll einfach in ein williges Land mit niedrigen Umweltauflagen zu verschieben? Wir zitieren ständig die Schweiz und deren wunderbare Infrastruktur, insbesondere das Bahnnetz. Was wenige Leute aber wissen ist, dass die Schweiz vor 100, 150 Jahren ein sehr rabiates Planordnungsverfahren gehabt hat. Überall wurden einfach Bahntrassen gelegt, mit wenig Einspruchsrecht. Davon profitiert die Schweiz heute. Gerade in der Schweiz, das finde ich sehr spannend, werden trotz aller Dezentralität, trotz aller Volksabstimmungen per Gesetz so manche übergeordneten Interessen einfach formuliert und durchgesetzt.«

»Das ist in der Schweiz bis heute so«, bestätigt Gisela Erler.

»Aber wenn du das so zitierst«, sage ich, »dann musst du auch erwähnen, dass die Schweiz über die jüngste Vertaktung[9] der Schienenwege und Verkehrsstrassen landesweit abstimmen ließ. Es wurde gesagt, wie viel es kosten wird. Und die Bürger konnten sagen: Ja, das wollen wir. Und das ist ein Unterschied!«

Gerd Leipold: »Das ist wunderbar. Aber ohne die Trassen, ohne Elektrifizierung und ohne die Erfahrung, was ein funktionierendes Bahnnetz leisten kann, hätte man den nächsten Schritt nicht planen können.«

»Du bist der Meinung«, frage ich, »man könne Demokratie nur auf den Grundlagen von tüchtigen, diktatorischen Strukturen aufbauen?«

»Selbstverständlich nicht«, wehrt Gerd ab. »Die Methoden des letzten Jahrhunderts sind kein Rezept für unsere Wissensgesellschaft. Aber der Frage, wie bei großen Projekten nicht nur die Interessen der gegenwärtigen Generation, sondern auch die der zukünftigen berücksichtigt werden, der müssen wir uns schon stellen. Und da enttäuschen mich oft die Parteien, weil den meisten der Mut fehlt, sich zum Anwalt unserer Kinder zu machen. Das finde ich enttäuschend – das führt dazu, die Zukunft aufzugeben, sie nicht mal zu imaginieren …«

Gisela Erler: »Da widerspreche ich Ihnen. Viele Projekte, die gesellschaftlich notwendig sind, werden auch von der Politik umgesetzt! Man kann nicht immer davon ausgehen, dass alle diese großen Themen – auch nach unserer Gemeinwohl-Definition, also Nachhaltigkeit, Energiewende und so

---

9   Wird ein Fahrplan des öffentlichen Personenverkehrs »vertaktet«, verkehren die Linien in regelmäßigen, sich periodisch wiederholenden Abständen (»Taktfahrplan«).

weiter – lokal akzeptiert werden. Ein Beispiel ist die Windenergie. Es läuft damit ja besser als gedacht, es gibt weniger Widerstand als befürchtet, aber es gibt ihn. Wenn wir jetzt hier am Bodensee an einem windgünstigen Standort leben würden und man wollte mir vor meine Nase einen Windpark hinsetzen, weiß ich auch nicht, ob ich sagen würde: Das gefällt mir.

Bei manchen Projekten, die gesellschaftlich notwendig sind, übergeht man leider die Wünsche einer doch manifesten Minderheit, die eine lokale Mehrheit sein kann – und das ist das demokratische Problem dabei. Aber diesem Problem stellt sich die Politik durchaus!«

»Erfordert diese neue Zeit mit ihren neuen Ideen von direkter Demokratie einen neuen Typus des Politikers?«, frage ich.

»Eine spannende Frage. Wir machen mit der Bertelsmann-Stiftung gerade eine Studie, die sich mit der Wechselwirkung von Bürgerbeteiligung und repräsentativer Demokratie befasst – die erste überhaupt dieser Art. Die Debatte über die Formen und Inhalte der Bürgerbeteiligung ist eine grundsatzpolitische, vieles wird sich dadurch verändern. Aber ich bin davon überzeugt, dass wir diese neuen Wege gehen müssen und dafür neue Strukturen entwickeln – das wird die Politik verändern und die Politiker werden lernen müssen, damit umzugehen.«

»Meine Frage haben Sie noch nicht beantwortet«, beharre ich. »Nehmen Sie die SPD, eine verdiente Altpartei. Sie hat eine hohe Affinität nicht nur zur repräsentativen Demokratie, sondern zu einer politischen Struktur aus Gewerkschaften, Verbänden und Organisationen. Sie glaubt nicht so stark an die individuelle Vertretung des Bürgers. Da verläuft doch die Linie in der Auseinandersetzung. Ihr Amt wird von der SPD ja zum Teil massiv boykottiert. Heute wollen sich die Bürger aber auch anders äußern, konkreter und direkter, nicht mehr nur über hierarchisch strukturierte Verbände und Organisationen … «

Gisela Erler: »Es wird Sie vielleicht erstaunen, aber ich breche immer noch eine Lanze für unsere Politiker, allesamt, wie sie da sitzen. Sicher, viele vertreten Dinge, die ich für völlig falsch und abstrus halte, etwa in der Bildungspolitik. Im Landtag wird zum Teil polemisiert, übertrieben, unfair attackiert, das ist alles wahr. Aber die politischen Akteure bei uns in Deutschland sind im Wesentlichen integer. Sie sind nicht korrupt! In unserem Landtag arbeiten Leute, die sich gemäß ihren Überzeugungen redlich und fleißig engagieren.

Und viele haben durchaus eine Affinität zur Bürgerbeteiligung, sie wollen wissen, wie man den politischen Prozess neu ausrichtet. Mir kommt es nicht so vor, als seien alle komplett blockiert. Im Gegenteil. Die CDU schießt sich einerseits auf mich ein, andererseits merkt man einigen an, dass sie gar nicht per se gegen Bürgerbeteiligung sind. Es geht jetzt wirklich darum, dass wir auch gemeinsam an neuen Prozeduren basteln, Gesetze ändern und umlernen.«

Mir bleiben Zweifel: »Schließen Parteiendemokratien, wie wir sie heute haben, und neue Formen von Bürgerdemokratie einander nicht einfach aus?«

»Also ich sehe das mit Sorge. Ich weiß nicht, wie weit es den Parteien – von denen ich schon glaube, dass wir sie brauchen, vor allem auf Bundesebene – gelingt, genügend Verbindungen aufzubauen zu diesen neuen gesellschaftlichen Tendenzen. Es ist auch nicht so einfach, von heut auf morgen eine neue Parteienwelt zu kreieren.«

Mir sind Europas Krisenländer vor Augen, und Papandreous Worte über die Bürgerbewegungen dort. »In Europa entstehen gerade allerorts Alternativen zu den etablierten Politikstrukturen. George Papandreou ist der Ansicht, die traditionellen Parteien sollten sich von diesen jungen Ideen inspirieren lassen. In Island, in Reykjavík, wo wir nächste Woche hinfahren, probiert man jetzt viele unkonventionelle Modelle aus.«

Gisela Erler: »Interessanterweise haben sie ja in Island nach dem Banken-Crash Bürgerversammlungen abgehalten – auch mit Zufallsbürgern. Die Runden Tische hatten nagelneue Verfassungselemente kreiert, die aber leider vom Parlament abgelehnt wurden. Auch daran lässt sich die Spannung zwischen den neuen und alten Formen ablesen. Ich bin da nicht so pessimistisch. Wir haben in Deutschland eine relativ stabile Ordnung, die auch lernfähig ist. Ich glaube, dass wir mit den Versuchen, wie wir sie unternehmen, einen Resonanzboden aufbauen, dass die Bürger gehört werden, dass es mehr direktdemokratische Elemente gibt. Und dass die Parteien sich dennoch behaupten.

Die Leute sind ja, laut der neuen Bertelsmann-Studie, gar nicht so unzufrieden mit der Demokratie. Das Problem ist eher das eine Drittel, das sich aus den politischen Prozessen zurückzieht und völlig gleichgütig wird. Das ist ja auch ein Thema. Die meisten in Deutschland halten unsere Demokratie nicht für dysfunktional. Also ich glaube schon, dass das System lernfähig ist. Die Frage ist: Wie schaffen wir es, dass die Besten in die Politik gehen? Dass der Politiker ein wertgeschätzter Beruf ist. Das ist leider schon lange nicht mehr so. Wir müssten es ähnlich machen wie Finnland mit seinen Lehrern – starke Auslese, gute Ausbildung, solide Arbeitskonditionen. So wurde erreicht, dass die Besten in den Schuldienst gehen und das Schulsystem erstklassig ist.

Natürlich gibt es anrüchige Tendenzen in der Politik, etwa wenn Politiker vom Amt heraus sofort in die Wirtschaft wechseln. Mir erscheint das als eine Art ›nachholender Korruption‹. Das ist ein Problem! Es wäre auch gut, wenn das Offenlegen der Nebeneinkünfte noch klarer und deutlicher geschähe.«

»Viele Bürger zweifeln daran«, ergänze ich, »dass bei Politikern zuerst die Interessen des Landes kommen, dann die der Partei und zum Schluss die des Politikers. Es scheint oft um puren Machterhalt zu gehen.«

Gisela Erler: »Dieses Gefühl: ›Die tun eh, was sie wollen‹, dieser fatale Eindruck muss beendet werden. Möglich wird das nur durch Transparenz und Accountability, also Rechenschaftspflicht. Immerhin gibt es auch einen leichten Stimmungsumschwung, der daraus resultiert, was in der Wirtschaft los ist. Im Vergleich zum Ansehen von Bankmanagern ist da eine relative Steigerung des Ansehens von Staat und Öffentlichkeit festzustellen.«

»Genau das«, erkläre ich, »war der Ausgangspunkt unserer Reise nach Schweden, zu dem Museum mit dem Schiff *Vasa,* das vor 300 Jahren unterging, weil es zu schwer und pompös geworden war. Damals hatte die Elite das Rückgrat, die Fehler einzusehen und ohne Bauernopfer zuzugeben. Man hat daraus gelernt und das transparent kommuniziert – ein Sonderfall der damaligen Geschichte. Die Leute möchten gern Politiker mit Rückgrat erleben, mit Prinzipien und Geradlinigkeit.«

Gisela Erler: »Ja – das Rückgrat. Schauen Sie sich unsere aktuelle Situation an: Wie lässt sich die verordnete Sparpolitik vereinbaren mit dem, was wir eigentlich an staatlich expansiver Politik erwarten? Das ist ja ein großes Demokratiemodell, das wir über Wahl- und Parteiprogramme entwickelt haben – Expansion von Universitäten, Ganztagsschulausbau, Krippenausbau, Verbesserungen im Gesundheitswesen, Verbesserung der Polizeistruktur.

All dieses wollen wir tun. Das muss man auch tun, wenn man zukunftsfähig sein will. Denn nach unserer Meinung ist es schon so, dass Zukunftsfähigkeit mit bestimmten sozialstaatlichen Leistungen verbunden ist und nicht mit einem ›kleinen Staat‹ zu machen ist. Das ist die große Herausforderung, vor der diese Landesregierung steht: die notwendigen Investitionen in Einklang zu bringen mit der Aufgabe, den Haushalt zu konsolidieren.

Ich halte das für eine demokratietheoretisch entscheidende Frage. Und das betrifft ja auch Griechenland und die anderen

Krisenländer. Wie geht der Aufbau einer funktionierenden Bürokratie und sozialstaatlicher Strukturen mit der strengen Sparpolitik zusammen? Was sind das für Demokratien, die mit so harten Sparauflagen leben müssen? Geht das überhaupt? Das ist für mich die große unbeantwortete Frage. Gerade wenn wir über die Zukunft reden, wie geht es mit Europa weiter? Und welche Demokratiekonzepte sind es, die sich dann so viel von dem Gleichheitselement des Sozialstaates wegnehmen lassen müssen?«

»In unserem Gespräch mit George Papandreou«, sagt Gerd Leipold, »traten diese Widersprüche deutlich ans Licht. Er klagt darüber, dass der Blick aus Brüssel nur den Zahlen in der Eurokrise gilt und nicht der ihr zugrunde liegenden Krise der Zivilgesellschaft. Fixiert auf die Magie der Märkte wird das Denken gelähmt, der Sinn fehlt für die zivilisatorischen, humanistischen Werte unseres Kontinents. Papandreou geht so weit zu sagen: Nur wenn sich Europa auch für die gesellschaftlichen Strukturen der Mitgliedsländer interessiert, gelingen gute Verwaltungen, durch die sich dann prosperierende Märkte etablieren können.«

Gisela Erler: »Die ungelöste Europafrage ist für mich bestürzend – und auch die Tatsache, dass wir im Land so selten darüber sprechen. Es findet kein Diskurs statt. Ich würde mir wünschen, dass man auch in Wahlkämpfen über Europa sprechen kann. Welche Rolle spielt die Betonung des Nationalen? Wie weit darf die Transferunion gehen? Wie viel Solidarität kann und muss es geben?

Ich sage das gar nicht kritisch: Wir sind alle sehr beschäftigt. Wir schauen aufs Geld, wir wollen, dass wir hier unsere Sparziele einhalten. Und vor allem wollen wir halt, dass die Griechen ihre Sparziele einhalten. Koste es, was es wolle.

Ich finde das aber sehr kurzsichtig. Ich glaube nach wie vor, dass es stärker in Richtung Föderalismus und Integration gehen sollte, sehe aber im Moment nicht die Kräfte, die sich das wirklich trauen.

Auf der anderen Seite sehe ich in Europa den zukunfts-
fähigsten Kontinent, nach allem, was wir von der Welt der
Gegenwart wissen. Europas Mischung aus hoher industrieller
und wirtschaftlicher Entwicklung bei relativer ökonomischer
Gleichheit ist ein kostbares Gut, nach langen historischen
Konflikten entstanden. Wir können es uns nicht leisten, das
Wegbrechen der Südeuropäer zu ignorieren! Ich hoffe nicht,
dass es in einen Abgrund führt. Europa zu erhalten ist eine der
wichtigsten Aufgaben der Politik.«

»Da wäre auch die Wirtschaft gefragt«, gebe ich zu bedenken.

Gisela Erler: »Ich war jahrelang Unternehmerin mit einer
sehr großen Firma, die Familienpolitik für große deutsche
und für multinationale Firmen in Deutschland macht. Ich
bin es jetzt nicht mehr operativ. Ich bin immer noch entsetzt,
wie in der Bankenkrise bei manchen Banken diese – wirklich
ja schon fast an Kriminalität grenzende – Leitplankenlosigkeit
zum Maßstab der Unternehmenspolitik werden konnte. Davon sind wir in der Politik doch weit entfernt!«

»Tatsächlich?«, frage ich. »Viele Leute fürchten, längst
nicht mehr von den gewählten Politikern regiert zu werden,
sondern sehen sie als Marionetten der Wirtschaft – zu
schwach, sich gegen den Einfluss von Lobbyisten zu behaupten. Das ist, glaube ich, einer der zentralen Vorwürfe der
Bürger an die Politik.«

Gisela Erler: »Ja, dieser Vorwurf ist auch angekommen.
Ministerpräsident Kretschmann hat deshalb gesagt, sein Ziel
ist, dass die Bürger eine so gewichtige Stimme bekommen wie
sie die Lobbygruppen der Wirtschaft und der Verbände heute
schon haben. Ansonsten gilt: Auch in der Wirtschaft sind
Leitplanken notwendig. Was sind akzeptable Renditeziele?
Das ist ja der Kern dieses Grün-Roten-Experiments hier, dass
man sagt: Das ist ein reiches Land, man will es zukunftsfähig
halten. Also geht es darum, die industrielle Basis auf neue,
fortschrittliche Füße zu stellen. Beides geschieht nur mit

den Bürgern. Mich hat das Buch *Warum Nationen scheitern* [10] beeindruckt. Die These ist: Wenn Systeme Bürger nicht am Wohlstand beteiligen, wenn sie es nicht schaffen, Initiativen und Wünsche von Bürgern aufzugreifen, scheitern sie – nicht nur im Hinblick auf den Erhalt von Reichtum und Eigentum. Wir sind uns völlig einig, dass ein guter Staat nur in demokratischen Systemen funktioniert. Ein Land wie Baden-Württemberg, das ökonomisch so weit vorne liegt, kann da eine Vorreiterrolle einnehmen. Wir sind qualitativ eine der hochwertigsten Regionen der Welt, auch in Bezug auf den Lebensstandard. Und so eine Position auch nur relativ zu behaupten, verlangt eine gute Mischung aus Verteidigung des Erreichten und Offenheit für richtige Innovationen.

Dabei bleibt immer die Frage: Was sind die richtigen Innovationen? Aber auch sinnvolle Innovationen rufen manchmal zunächst Widerstand hervor. Industriearbeit konnte sich zum Beispiel erst mit dem Niedergang der Baumwollspinnereien entwickeln. In dem genannten Buch nennen die Autoren das: ›schöpferische Zerstörung‹. Das ist ein Paradigma jeder großen Veränderung – etwas Altes wird abgeschafft. Dabei können ganze Branchen niedergehen. Das führt notgedrungen zu Spannungen. Die Skandinavier haben das mit dem breit angelegten Verteilungsstaat gelöst. Geht eine Branche nieder, sind die Menschen gesichert, sie stürzen nicht in existenzielle Not. Man bietet ihnen Übergangsgelder, Umschulungen, Hilfen, rasch und unbürokratisch. Und das ist in dieser Politik der Technologieorientierung wichtig. Darum glaube ich auch sehr an Europa. Wir dürfen es nicht zulassen, dass diese sozialen Unterschiede so groß werden, dass sie ganze Nationen ruinieren. Das zu verhindern, ist entscheidend für die glückende Zukunftsfähigkeit von Europa.«

»Wie könnte diese fast religiöse Verehrung von Großprojekten aufhören?«, frage ich. »Wie ist es möglich, dass ein Bahnchef wie Herr Grube erklären kann: Ich möchte der

10   Daron Acemoglu und James A. Robinson: Warum Nationen scheitern.
      Die Ursprünge von Macht, Wohlstand und Armut. Frankfurt am Main, 2013

größte Arbeitgeber der Welt werden – und keiner entgegnet ihm: Sehen Sie zu, dass die Züge pünktlich nach Mainz und Wolfsburg kommen. Das ist erst mal Ihre Aufgabe!«

Gisela Erler: »Ja, Bürgerbeteiligung bei der Bundesbahn, das müsste ein Gesetz sein. Wenn wir im Bund die Möglichkeiten von Volksabstimmungen hätten, wäre das ein spannendes Thema: Lassen sich Gesetze machen, die die Bundesbahn verpflichten, dass sie bürgerfreundlich wird?«

Gerd Leipold und ich, zwei ausgewiesene Bahn-Vielfahrer, müssen grinsen. Der Abschied von Gisela Erler ist herzlich. Jetzt wendet sie sich wohl wieder ihrer Ferienlektüre zu – und wir machen uns auf den Heimweg.

Wie hochpolitisch vermeintlich trockene, bürokratische Fragen sein können! Nach diesem für mich beeindruckenden Einblick in die komplexen Verästelungen von Verwaltungsfragen bin ich noch mehr irritiert über die Haltung der europäischen Politiker gegenüber den Krisenländern im Süden und Osten. Es bräuchte eine Art Marshallplan in Sachen Staatsbildung. Stattdessen setzt man auf die Kraft der Märkte. Und zu wenige begreifen, dass das eine ohne das andere mittelfristig nicht funktioniert.

Gisela Erler hat uns für die Rückfahrt den schnellen Weg über die Schweiz empfohlen, der Kanton Thurgau grenzt hier direkt an den Bodensee. Wegen dieser Nähe hatte es während des Nationalsozialismus viele bekannte Künstler hierher gezogen, von hier ließ es sich leichter in die Schweiz fliehen. So lebten zeitweise Max Ackermann, Erich Heckel, Otto Dix, Hermann Hesse hier, wo es so lieblich und friedlich aussieht, als hätte es nie Krieg und Not gegeben.

Mir fällt bei dem Gedanken ein Zitat von Friedrich Schiller ein: »Wie viele Kriege mussten geführt, wie viele Bündnisse geknüpft, zerrissen und aufs Neue geknüpft werden, um endlich Europa zu dem Friedensgrundsatz zu bringen, welcher den Staaten wie den Bürgern vergönnt, ihre Kräfte zu einem verständigen Zwecke zu versammeln!« Es sollten danach nochmals 200 Jahre vergehen und neue schreckliche Kriege kommen, ehe wir heute eine Ahnung davon haben, wie Schillers frühe Europavision Wirklichkeit werden kann. Was hätte Schiller wohl zu unserer modernen Sprache der Bürokratie gesagt? Zu einem Wort wie »Planfeststellungsverfahren«? Das Wort »Bürgerbeteiligung«, da bin ich mir so gut wie sicher, hätte ihm gefallen.

Was Schiller in seinem Idealismus wohl nicht vorausgesehen hatte, war die Zähigkeit menschlicher Veränderungsängste und das Beharrungsvermögen der Mächtigen. Neue Technologie hat sich wohl immer schneller entwickelt als die neue Gesellschaft. Bis sich soziale Strukturen verändert haben, bis Bevölkerungen so weit waren, Umbrüche zu riskieren, ihre eigene demokratische Verantwortung durchzusetzen, den Kampf gegen die Mächtigen aufzunehmen, vergingen ganze Epochen. Macht bestimmt die Spielregeln, so lange sie kann.

»Wie geht es dir denn damit«, frage ich Gerd auf der Fahrt, »wenn Politiker der ›nachholenden Korruption‹ bezichtigt werden? Sorgst du dich nicht, dass Leute das Vertrauen auch zu Umweltschützern wie bei Greenpeace verlieren könnten, wenn deren Protagonisten das Lager wechseln? Monika Griefahn, ehemalige Chefin von Greenpeace Deutschland, berät heute eine Kreuzfahrt-Schiffslinie, du als Ex-Chef von Greenpeace International bist Berater bei McDonald's – hast du da keine Berührungsängste?«

Gerd schüttelt den Kopf: »Die Wirtschaft ist keine ansteckende Krankheit. Seit 2010 mache ich das jetzt und berate Unternehmen wie McDonald's Deutschland in Sachen Umwelt und Nachhaltigkeit. Die meisten großen Firmen beschäftigen sich heute mit diesen Themen und sie haben inzwischen gelernt, dass naives ›Greenwashing‹, also großsprecherisch in Anspruch zu nehmen, ein ›grünes Unternehmen‹ zu sein ohne viel zu tun, nach hinten losgeht. Ich bin zutiefst davon überzeugt, dass die Unternehmen, die einen

Massenmarkt bedienen, nachhaltig werden müssen. Und diese großen Unternehmen werden das nur tun, wenn es sich auch lohnt. Die globalen Umweltprobleme verursachen zunehmend existenzielle Geschäftsrisiken – durch die Landverknappung, Verlust von Ackerland, Wetterkatastrophen, steigende Lebensmittelpreise. Also müssen sich große Unternehmen schon aus Eigeninteresse mit diesen globalen Fragen beschäftigen. Ich empfinde es als Verantwortung, von dem vielen, was ich gelernt habe, etwas weiterzugeben. Und bei dieser strategischen Beratung lerne ich auch selber eine ganze Menge darüber, wie Unternehmen funktionieren. Den langjährigen CEO[11] von McDonald's in Deutschland zum Beispiel habe ich als einen begeisterten Ideensammler kennengelernt.«

»Was ein Manager in einem Weltkonzern über unser Thema denkt«, sage ich, »das würde mich interessieren.«

Gerd Leipold: »Ich frage ihn gern, ob wir uns treffen können. Ich könnte mir vorstellen, dass ihn das interessiert.«

---

11   Chief Executive Officer, Geschäftsführer

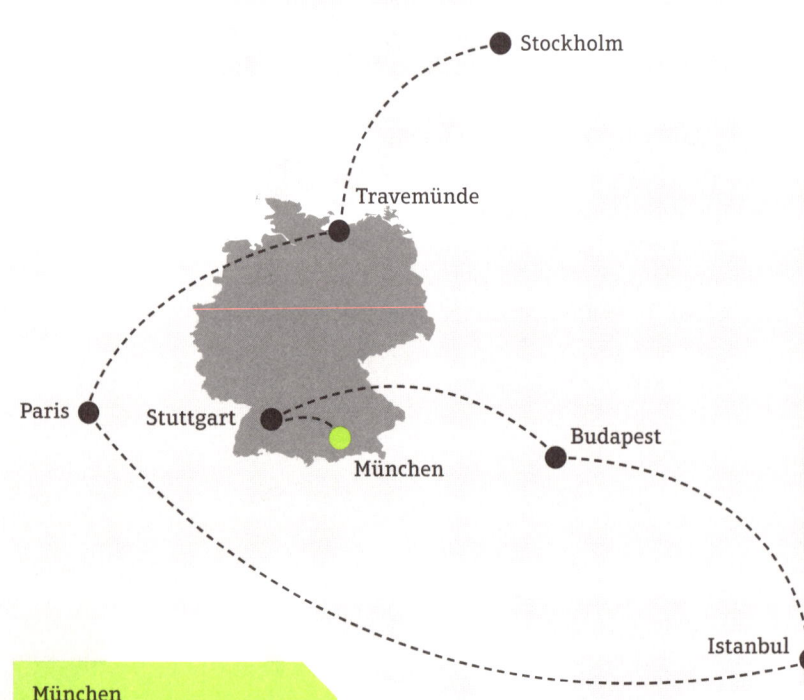

Stockholm

Travemünde

Paris

Stuttgart

München

Budapest

Istanbul

München
August 2013

Im deutschen Headquarter
eines Weltkonzerns begegnen
Gerd Leipold und Walter Sittler
einem der Big Player. Ein Besuch in der Parallelgesellschaft.
Von der Macht der Konzerne –
und der Notwendigkeit, sie
in gesellschaftliche Prozesse
einzubinden

Gerd Leipold
München

Die Frage nach dem Verhältnis zur Macht, die mir Walter Sittler auf dem Rückweg vom Bodensee gestellt hat, beschäftigt mich seit vielen Jahren. Greenpeace nimmt grundsätzlich keine Spenden von Firmen und Regierungsstellen an. Die Arbeit der Organisation wird von über drei Millionen Einzelspendern gestützt. Das ist ein ehernes Prinzip. Denn nur die finanzielle Unabhängigkeit und die parteipolitische Neutralität schaffen das Vertrauen in die Ergebnisse von Recherchen und erhalten die Glaubwürdigkeit der Organisation.

Auch der persönliche Kontakt zu Politikern und Wirtschaftsführern ist für Mitarbeiter von Greenpeace immer eine Gratwanderung. Gegen jedwede politische Umarmung haben wir uns mit Erfolg gewehrt. Doch um unsere Ziele zu erreichen, brauchten wir auch die Begegnungen mit den Mächtigen. Denn es geht auch darum, in deren Köpfen etwas zu verändern. Solche Treffen können inspirierend wirken – wie die Begegnungen mit George Papandreou bei den »Symi Symposien«. Und sie können strategisch wertvoll sein. Aber auch nervenaufreibend – wie meine Begegnung mit Steve Jobs, dem legendären Gründer und Übervater von Apple.

Mein Treffen mit ihm, einem der damals weltweit mächtigsten Männer in der Computerbranche, bleibt ein unvergessliches Erlebnis für mich – in mehrfacher Hinsicht. Greenpeace hatte 2006 zu einer Kampagne gegen Apple aufgerufen, weil der Konzern, wie auch die anderen Elektronikriesen, hochgiftige Stoffe in ihren Produkten verbauten – und sich viel zu wenig um deren Rücknahme kümmerten. Es war zwar auch schon damals verboten, gefährlichen Giftmüll aus Industriestaaten auszuführen. Die Basler Konvention, für deren

Zustandekommen Greenpeace eine erfolgreiche Kampagne geführt hatte, regelte das. Da die Elektronikindustrie sich aber nicht um einen seriösen Recyclingkreislauf ihrer Produkte kümmerte, wurden diese oft nicht als Müll deklariert, sondern auf dubiosen und meist kriminellen Wegen als »Gebrauchsgüter« verschoben. Auf diese Weise hatten sich mittlerweile Berge von Elektronikmüll aufgetürmt, vor allem in China und Indien. Die wertvollen Metallabfälle wurden damals durch Verbrennen am offenen Feuer von den Ärmsten der Armen vom umgebenden Plastik freigelegt, um sie zu verkaufen. Man kann sich leicht vorstellen, wie vergiftet Luft und Wasser in diesen »Müllstädten« waren.

Unsere Kampagne erklärte: Ein großer Konzern wie Apple müsste es besser wissen. Und besser können. Es müsste möglich sein, Computer ohne Giftstoffe zu bauen. Und es müsste möglich sein, gebrauchte Computer statt auf Abfallhalden zurück zum Hersteller zu schicken – und die Einzelteile umweltunschädlich zu recyceln.

Die Kampagne war ein voller Erfolg. Vor allem auch deshalb, weil viele Apple-Fans begonnen hatten, sich daran zu beteiligen: Auf originelle Weise verfremdeten sie das Logo von Apple und Reden von Steve Jobs und stellten ihren Protest ins Netz. Das war der eigentliche Stachel im Apple-Fleisch: Wir hatten erreicht, dass die eigene Community den Konzern kritisierte. Der Launch des iPhone, das 2007 auf den Markt kam, war von unserer Kampagne empfindlich belastet. Nach außen hin erklärte der Konzern zwar, dass ihn das alles nicht beeinflussen könne – aber die Kampagne zeigte Wirkung.

Im Sommer 2007 besuchte mich der Umweltbeauftragte von Apple im Büro der Amsterdamer Zentrale von Greenpeace. Ob wir nicht konstruktiv über unsere Differenzen reden könnten, fragte er. »Okay«, sagte ich. »Reden ist immer gut!« Da ich im Oktober 2007 in San Francisco eine Konferenz besuchen würde, bot ich an, nach Cupertino, dem Sitz von Apple, zu kommen. Und zu meiner Überraschung kam bald die Antwort: Steve Jobs persönlich lud mich ein zu einem vertraulichen Gespräch, ohne Kameras und Reporter. Ich willigte ein.

Es war ein warmer, sonniger Tag. Jobs erschien in Begleitung seines damaligen Umweltbeauftragten und des heutigen Apple CEO Tim Cook. In einem großen, lichten Konferenzraum setzten wir uns an einen breiten Konferenztisch. Umgeben von den eleganten Apple-Produkten, die dort ausgestellt waren, saßen mir die drei gegenüber.

Freundlich und höflich drückte ich unsere Bereitschaft zum Dialog aus. Steve Jobs aber explodierte – spontan und unvermittelt brach eine wüste Schimpftirade über mich herein. Wir wüssten überhaupt nicht, wovon wir redeten, wir hätten keine Ahnung: »Ihr verbreitet Lügen, ihr wollt Apple schaden, mit solchen Leuten will ich gar nicht reden!« Reden wollte er wohl nicht, aber schimpfen wollte er durchaus.

Jobs hatte sich in den Standpunkt verbissen, Greenpeace hätte Apple nur angegriffen, weil es die Firma mit dem größten Namen war. Und zu seiner Überraschung sagte ich: »Ja, klar! Im Vergleich zur Elektronikindustrie ist Greenpeace ein kleiner Fisch. Also suchen wir den symbolträchtigen Konflikt mit dem schillerndsten Unternehmen – nur so kann es gelingen, die Öffentlichkeit aufzurütteln. Ihr habt den Anspruch, die besten Produkte herzustellen, ihr werbt damit – und wir nehmen euch beim Wort. Denn das ist Fakt: In puncto Ökologie werdet ihr eurem Anspruch nicht gerecht!«

Und wieder explodierte er. Das alles passte ihm überhaupt nicht. Jobs, ganz in Schwarz gekleidet, saß gerade, hager und fast unbewegt da. Aber wie ein Vulkan stieß er seine Hasstiraden aus, die so gar nicht zu seinem beherrschten Äußeren passten. Nach etwa zehn Minuten waren alle Argumente ausgetauscht – und das Gespräch begann wieder von vorn. Mit leichten Variationen. So wiederholten wir unsere Argumente, im Ton allmählich etwas freundlicher, rund fünfmal. Mir schien, als wollte er mich mundtot reden. Aber er kannte meine Sturheit nicht. Manches, was er sagte, hörte sich beinahe nach Verfolgungsangst an – er vermutete, wir seien bestochen worden, Konkurrenten wie Nokia oder Dell, über die er mit Verachtung sprach, hätten uns angestiftet. Das gab mir die Chance, nun ebenfalls laut zu werden – ich machte ihm klar, was unsere Prinzipien zum Thema Geld und Spenden sind und sagte ihm, was Greenpeacer verdienen, wie mein Gehalt aussah, und ob er wohl annahm, Leute wie wir handelten aus finanziellem Interesse! Das machte offensichtlich Eindruck auf ihn, er wurde einen Moment lang ruhiger.

Obwohl er so aggressiv war, dachte ich keinen Moment daran, das »Gespräch« zu verlassen – es gefiel mir sogar, wie er jede Höflichkeit und Diplomatie beiseiteschob und dermaßen direkt und emotional war. Er identifizierte sich mit seinen Produkten, ich mich mit unserer Kritik. Zwei klare Positionen prallten aufeinander. Dabei war ich mir nie sicher, ob er wirklich zornig oder ob sein Schreien wohlkalkulierte Einschüchterung war. Als ich später seine Biografie las, wurde mir klar, dass ich keineswegs besonders schlecht behandelt worden war. So wie mit mir war er wohl mit allen umgegangen, die anderer Ansicht waren als er. Während des gesamten Gesprächs saß Tim Cook nur ruhig und ausdruckslos da und sagte kein einziges Wort. Er wirkte auf mich fast wie ein Assistent – und ich war sehr überrascht, als ich nach dem Gespräch gewahr wurde, dass er damals die Nummer 2 im Apple-Imperium war. Nach einer guten Stunde gingen wir ohne greifbares Ergebnis auseinander, ich musste zurück nach San Francisco, am Abend musste ich dort noch einen Vortrag halten. Wer weiß, wie lange wir uns sonst noch »duelliert« hätten.

Eingewilligt in das Gespräch hatte Jobs wohl überhaupt nur, weil die Kampagne seinen Anspruch beleidigt hatte, unter allen Aspekten die besten Produkte herzustellen. Unsere Vorwürfe kollidierten mit den Ansprüchen seiner kalifornischen Prägung, irgendwie »grün« und umweltfreundlich zu sein. Steve Jobs hatte sich zwar selten speziell zur Umwelt geäußert, aber Umweltbewusstsein gehört einfach zur Techno-Hippie-Culture von Silicon Valley.

Im Laufe der folgenden Jahre machte Apple erhebliche Fortschritte. Das lag sicher mehr an unserer brillanten Kampagne als an meinem Gespräch mit Steve Jobs – aber vielleicht hatte er dadurch doch begriffen, wie strategisch Greenpeace an die Kampagne heranging, dass wir nicht einzuschüchtern waren und dass wir – in guter Judomanier – jeden Angriff von Apple auf uns begrüßen und für unsere Zwecke nutzen würden.

In San Francisco auf der Jahrestagung von BSR[1], der größten amerikanischen Organisation, die sich der Unternehmensverantwortung verschrieben hat, hielt ich danach eine Rede über den Umgang mit großen Konzernen – und die Konfrontation, die es braucht, um solche Riesentanker zu Schwenks zu bewegen. Mein Schlüsselbeispiel war hier nicht Apple, sondern der Burger-Konzern McDonald's.

Ich sprach über Massentierhaltung, Fleischkonsum und die Abholzung der Regenwälder. Im Amazonasgebiet wurden damals riesige Flächen für den Sojaanbau umgewandelt – zur Fütterung von Geflügel, Federvieh, das den Appetit der Industrienationen befriedigen sollte.

Wie aber sollte eine Greenpeace-Kampagne gegen diese Missstände aussehen? Was wäre ein guter Plan? Wer der Adressat? Saatgut- und Getreidehändler konnten wir kaum aufs Korn nehmen. Cargill, Bunge, ADM – riesige Multis. Aber keiner kannte sie, trotz ihrer Größe. Sie zu attackieren würde wenig Öffentlichkeit herstellen. Wir begannen die Nahrungskette von der Soja aufwärts zu recherchieren und schnell wurde uns klar, wer das Erfolg versprechendste Ziel unserer Kampagne werden musste: einer der Abnehmer des Sojafutters – McDonald's!

Wir veröffentlichten einen Report mit dem Titel: *Eating up the Amazon,* der scharf auf McDonald's schoss. Green-

1   The Business of a Better World, früher Business for Social Responsibility

peacer, als Riesenhähnchen verkleidet, demonstrierten tanzend vor McDonald's-Restaurants und outeten den Konzern als Amazonas-Killer.

Bei McDonald's waren sie »not amused«. Sie hätten keinen Anteil an der Abholzung des Amazonasbeckens, sagten die Konzernsprecher, sie seien unschuldig, wir seien im Unrecht. Aber etwas Verblüffendes geschah: Die Konzernleitung studierte unseren Report genau – und räumte nach einiger Zeit ein, dass wir in vielen Punkten doch recht hatten! »Wir haben uns getäuscht«, sagten sie, und sie wollten sich die Sache näher ansehen. Auch wenn es anfangs auf beiden Seiten Misstrauen gab, wir kamen uns näher, haben nach einer Agenda gesucht und merkten, dass wir beide konstruktiv sein wollten. Und mit McDonald's und einigen anderen Unternehmen wie Carrefour, Marks and Spencer und Ritter Sport an unserer Seite konnten wir so viel Druck aufbauen, dass auch Cargill, die größte involvierte Firma, bereit war, mit uns zu verhandeln. Es waren lange, zähe, teils erbitterte Verhandlungen – aber es gab Erfolge. Die großen Saatgutkonzerne willigten ein, zunächst zwei Jahre lang keine Soja mehr von gerodeten Urwaldflächen zu kaufen und sich in dieser Zeit um bessere, langfristige Lösungen zu bemühen. Das Moratorium war eine Sensation für uns: Es war uns gelungen, einen Weltkonzern ins Boot für eine Kampagne zu bekommen! Und es war ein Lernprozess: Wir begriffen, dass man manchmal auch so ans Ziel kommt. Nur durch unsere Beharrlichkeit, Kompromisslosigkeit und Unbeirrbarkeit war es dazu gekommen – und durch respektvollen, offenen Umgang miteinander.

Später wurde in die Verhandlungen auch die Regierung von Brasilien einbezogen. Dauerhafte Veränderungen kann es nur geben, wenn freiwillige Vereinbarungen mit Unternehmen auf der administrativen Ebene verbindlich abgesichert werden. Bis heute ist das Moratorium gültig. Bis heute dürfen am Amazonas keine neuen Flächen für den Sojaanbau gerodet werden.

Das alles hatte ich den Unternehmensvertretern in San Francisco erzählt. Aber ich hatte auch dazugesagt, dass uns bewusst war, dass es nicht immer so geht, nicht in allen Fällen, und dass dieses Kampagnen-Modell nicht universalisiert werden kann. Ein Konzern wie McDonald's hätte es sich auch leicht machen können. Nur ein kleiner Teil seiner Soja stammte schließlich aus dem Amazonasgebiet. McDonald's hätte sich unserer Vorwürfe leicht entledigen können, indem der Konzern einfach darauf verzichtet hätte. Aber er hat das Problem ernst genommen. So konnten wir gemeinsam die großen Saatguthersteller und Sojaproduzenten angehen. Im Englischen nennt man das »Corporate Social Responsibility« – die soziale Verantwortung des Unternehmens.

Seither gestehe ich diesem Begriff eine Wertigkeit zu. Er kann mehr sein als idealistisches Gerede von Leuten, die nicht meinen, was sie sagen. Er kann etwas bedeuten, kann das Gewissen wachrütteln – und es gibt innerhalb vieler Unternehmen durchaus Leute, die sich an den selbstgegebenen Kodex halten. Nicht nur, weil es immer wichtiger wird, mit reiner Weste vor den Konsumenten dazustehen. Sondern aus innerer Überzeugung. Weil Prinzipien zählen.

Bane Knezevic traf ich das erste Mal Anfang 2009 in München, als ich noch internationaler Geschäftsführer von Greenpeace war. Rasch waren wir dabei in ein Gespräch über die Verantwortung von Unternehmen, und insbesondere über den Klimawandel, geraten. Nach meinem Ausscheiden bei Greenpeace fragte McDonald's Deutschland bei mir an, ob ich mir vorstellen könnte, das Unternehmen zu Nachhaltigkeitsfragen zu beraten. Ich überlegte lange, aber die Herausforderung reizte mich und schließlich sagte ich zu. Seit Dezember 2010, ein Jahr, nachdem ich als Geschäftsführer bei Greenpeace International ausgeschieden war, stelle ich mich dieser Aufgabe.

Bane Knezevic habe ich als einen hochintelligenten, engagierten Manager kennengelernt. Seit 1988 ist er im Unternehmen – für heutige Verhältnisse fast dinosauriermäßig lange. Viele Jahre war er Präsident der Western Division McDonald's Europe, gleichzeitig Vorstandsvorsitzender von McDonald's Deutschland. Er vertritt die Interessen von McDonald's im Vorstand der amerikanischen Handelskammer. Kurz: Er ist einer der Führungsspieler im Konzern, ein großes Tier. Ihn wollen Walter Sittler und ich besuchen.

Als ich in München an unserem Treffpunkt ankomme, wartet Walter schon im »etwas anderen Restaurant«. Mein Bild von einem Schauspieler musste ich mittlerweile komplett recyceln – es ist fast unmöglich, Walter Sittler in Sachen Pünktlichkeit und Zuverlässigkeit zu toppen. Er sitzt an einem der kahlen Tische, etwas abseits von jungen Müttern, die mit ihren Kindern Hamburger futtern und immer wieder einen Blick zu dem graumelierten, gut aussehenden Herrn werfen, den sie vermutlich aus dem Fernsehen kennen.

Inzwischen ist es ein freudiges Ritual für mich, Walter auf unserer Reise an allen möglichen Orten zu begrüßen, auch hier, im Burger-Restaurant. Wir trinken Kaffee, berichten einander von den Aktivitäten der vergangenen Tage und machen uns dann auf den Weg zu dem unscheinbaren Verwaltungsgebäude gleich nebenan. Hier ist das West-Europe-Headquarter des Weltkonzerns versteckt. Das goldgelbe »M« leuchtet hinter der Rezeption in der kleinen Empfangshalle, von dort wird unser Eintreffen telefonisch an die Chefetage übermittelt. Die Assistentin der Geschäftsführung holt uns ab, eine sportliche, freundliche Bayerin. »Bane wartet schon auf Sie«, sagt sie mit rollendem »R« – amerikanische Lockerheit trifft hier auf bayerische Jovialität.

»Hi Gerd!« Bane Knezevic begrüßt mich in seinem typischen Englisch mit dem starken serbischen Akzent. Ich stelle ihm Walter Sittler vor. »Ich habe gehört, Sie waren in Istanbul«, sagt er. »Eine sehr schöne Stadt. Eine wahre Metropole.« Wir nehmen Platz an einem ovalen Konferenztisch im von

Glas eingerahmtem Besprechungsraum. »Aus unserer Geschäftsperspektive ist Istanbul sehr wichtig. Nach London hat Istanbul wahrscheinlich den größten Lebensmittelverbrauch in Europa.«

»Bezogen auf McDonald's?«, frage ich.

»Nein, im Vergleich mit anderen großen Städten. Die Anzahl unserer Filialen dort liegt weit unterhalb der anderen Metropolen. Istanbul hat noch einen Weg vor sich: Unsere Präsenz dort ist nicht zu vergleichen mit der in London oder Paris. Sieht man sich allerdings den Lebensmittelverbrauch an, steht Istanbul hinter London an zweiter Stelle – in ganz Europa. Der ›Außer-Haus-Sektor des Konsums für Lebensmittel‹, wie wir das nennen, ist in Istanbul sogar am weitesten entwickelt. Ich bin mir sicher, Sie haben in Istanbul viele Restaurants gesehen.«

»Ja, das stimmt!«, sagt Walter Sittler. »Ich war im vergangenen Jahr in Bangkok, dort war es ähnlich. Da gehen die Leute auch viel mehr auswärts essen als hier. Sie essen fast nie daheim – das ist interessant.«

»Es liegt an der Kombination ihrer Kultur und ihres Lebensstils«, sagt Bane Knezevic. »Wohnungen in Asien sind viel kleiner als hier. Wenn Sie nach Japan gehen, werden sie dieselbe Esskultur vorfinden. Wir haben in unseren Wohnungen einen Abstellraum, eine Küche, ein Wohnzimmer, ein Esszimmer. Wir können uns bewegen. Das ist dort anders. In Bangkok lebt eine Durchschnittsfamilie auf etwa 60 Quadratmetern, viel mehr Menschen leben auf viel weniger Raum. Das prägt ihre Lebensweise. Asiaten arbeiten auch eindeutig mehr als Europäer. Sie haben insgesamt weniger Zeit, zu Hause zu essen.«

»Ist es für McDonald's deshalb leichter, sich dort zu etablieren?«, fragt Walter Sittler. »Oder ist es schwerer – gerade in einer islamisch geprägten Stadt wie Istanbul?«

»Es ist nicht schwerer – aber den Ramadan spüren wir. Auch hier in Deutschland.«

»Sie merken die Auswirkungen des Ramadan am Umsatz, auch in Deutschland?« Wir sind überrascht.

»Selbstverständlich. Etwa vier Millionen Muslime leben in Deutschland. Das sind rund fünf Prozent der Bevölkerung. Vor Kurzem habe ich eine Studie gelesen, wonach der Ramadan mittlerweile häufiger streng religiös eingehalten wird als noch vor drei, vier Jahren. Er ist in Deutschland bedeutsamer geworden. Das hat vermutlich mit dem Einfluss Erdoğans auf die im Ausland lebenden Türken zu tun, derselbe Trend wird auch in Frankreich und Großbritannien deutlich. Und dieses Phänomen können wir ganz klar an den Umsatzdaten ablesen.«

»Es gibt in Deutschland also viele Menschen islamischen Glaubens, die bei McDonald's essen?«, fragt Walter Sittler.

»Die exakte Statistik kenne ich nicht, aber wenn auch nur die Hälfte von ihnen unsere Konsumenten wären, wären das zwei Millionen Menschen. Das ist viel, und von dieser Menge gehen wir aus. Wir sind auch im Nahen Osten präsent. Wir passen uns mittlerweile den lokalen Märkten wesentlich stärker an als noch vor zehn Jahren. Es gibt in der Arabischen Welt zum Beispiel ein Sandwich, das mit seinen Gewürzen und Zutaten mehr dem Geschmack der Produkte entspricht, die die Leute in der Region konsumieren. Hier in Europa verwenden wir auch Schweinefleisch. Dort nur Rind- und Hühnerfleisch. Und in Indien bieten wir sogar Lammfleisch an, den Maharajah Mac. Dort können wir kein Rindfleisch verkaufen.«

»Aber den Big Mac gibt es überall?«, frage ich.

Bane Knezevic lacht. »Überall, ja. Selbst in Indien. Wir haben dort aber auch ein rein vegetarisches Restaurant.«

»Einen vegetarischen McDonald's?«, fragt Walter Sittler verblüfft.

»Rein vegetarisch, in Indien. Ja.«

»Wenn es für einen Konzern wie McDonald's offensichtlich keine kulturellen Grenzen gibt, gibt es denn politische?«, erkundigt sich Walter Sittler. »Ist es für Sie leichter, in einem Land mit hochentwickelten demokratischen Strukturen zu arbeiten – oder in einem Land, das von einem Diktator regiert wird?«

»Das lässt sich nicht vergleichen. Wenn man in ein Land kommt, in dem es keine Demokratie gibt und statt klarer Regeln eine Menge Korruption, dann ist es für uns sehr schwierig, Fuß zu fassen und zu arbeiten. Kommt man aber in ein gut organisiertes Land, funktioniert alles. Wir haben es als Konzern weitaus einfacher in einem Land, das nach demokratischen Regeln funktioniert.«

Ich bin skeptisch. »Manche Manager erklären, die Entscheidungsprozesse in Demokratien seien für ihre Firmen zu schwerfällig. Sie schwärmen geradezu von Ländern mit autoritären Strukturen wie in China oder Dubai. Dort sind die Wege kürzer, die Entscheidungspfade leichter zu beeinflussen.«

»Wissen Sie, ich war mal als McDonald's-Geschäftsführer in einem osteuropäischen Land, das zu dem Zeitpunkt weit weg von der Demokratie war. Bestechung war an der Tagesordnung. Ein Herr verlangte dort von mir Geld für eine bestimmte Genehmigung. Ich sagte ihm, dass wir gern auch noch drei Jahre warten können – bis er die Macht in seiner Stadt verloren hat. Wir würden viel länger da sein als er. Und das hat sich bewahrheitet.«

»Trotzdem ist McDonald's nicht nur in demokratischen Ländern vertreten«, wendet Walter ein. »Man findet McDonald's Restaurants in Städten wie Moskau oder Kairo. Da sind Sie ja nicht wählerisch. Und es gibt, das kann man im Internet nachschauen, auch einen McDonald's auf Guantanamo Bay.«

»Wirklich?«, fragt Bane Knezevic.

»Allerdings nicht für die Inhaftierten dort«, sagt Walter Sittler. »Nur für die Soldaten und das zivile Personal. Ich bin mir darüber im Klaren, dass Konzerne keine Moral haben –

und sie nicht haben können. Aber ich meine, dass es wenigstens ethische Standards geben sollte. Was meinen Sie?«

»Selbstverständlich braucht man ethische Standards auch in der Wirtschaft. Allerdings ist ein Unternehmen keine NGO oder eine Non-Profit-Organisation. Wenn ein Unternehmen zu viele Sensorien hat, wenn es zu sensibel wird, bleibt es auf dem Markt nicht am Leben.«

Ich hake nach: »Können Sie die Ängste der Leute verstehen, die befürchten, dass der Einfluss von Großunternehmen kontraproduktiv für die Demokratie ist? Die Leute haben den Eindruck gewonnen: Wir wählen zwar unsere Politiker – aber die Unternehmen haben die Macht.«

Bane Knezevic wirkt nachdenklich. »Ich kann verstehen, dass bei den Menschen dieser Eindruck teilweise entsteht. Die Frage ist: Wo liegen die Grenzen der Demokratie und was ist wirklich demokratisch? Leben wir heute in einer echten Demokratie? Wir glauben daran, dass wir in einer Demokratie leben – gleichzeitig ist nicht alles, was wir tun, was in der Gesellschaft geschieht, bis ins Mark demokratisch. Auch die alten Griechen hatten keine reine Demokratie, bei denen gab es die Sklaverei. Aber die Art und Weise, wie sie ihre frühe Form der Demokratie reguliert haben, wie Wahlen möglich waren und wie sich ihre Regierungen bildeten, war meiner Meinung nach demokratisch weit fortgeschritten, in Einzelaspekten vielleicht sogar weiter als heute. Und das war vor ungefähr 3000 Jahren. Existiert Demokratie in der Realität – oder in unserer Vorstellung?«

»Sind denn die Strukturen innerhalb eines Unternehmens demokratisch? Verglichen mit denen eines Staates?«, fragt Walter Sittler.

»Auch hier gilt: Es kommt darauf an, was Sie von dem Unternehmen an Demokratie erwarten. In unserem System zum Beispiel, mit über 1400 Restaurants in Deutschland, kann ich Entscheidungen über Werbung, Marketing oder Ausgaben nicht ohne Absprachen mit anderen Abteilungen treffen.

Ist das Demokratie? Wohl kaum, denn am Ende ist jemand verantwortlich, jemand muss die Entscheidungen treffen. Und die Verantwortung dafür tragen. Das steht außer Frage. Ich stimme Ihnen zu, in einem Großunternehmen gibt es keine reine Demokratie. Es liegt bei den Entwicklern und Entscheidern, in welche Richtung man sich bewegt und wofür man sich entscheidet.«

»Es gibt heute aber Politiker«, sagt Walter Sittler, »die behaupten, der Staat sollte wie ein erfolgreiches Unternehmen geführt werden. Das ganze neoliberale Politikverständnis baut auf solche Auffassungen. Stimmen Sie dem zu?«

»Dem stimme ich überhaupt nicht zu. Ein Staat kann nicht wie ein Unternehmen geführt werden – es sind zwei Paar Schuhe. Es gibt Präsidenten und Premierminister, die ihre Länder wie Unternehmen führen oder führen wollen. Aber das ist absolut falsch.«

»Warum?«, fragt Walter Sittler.

»Das liegt doch auf der Hand: Ein Unternehmen hat andere Ziele. Und andere Aufgaben, als ein Staat sie wahrnehmen muss! Wenn man einen Staat wie ein Unternehmen führt, ist man zum Misserfolg verdammt. Das ist der falsche Weg.«

»Warum haben Unternehmenschefs bei den meisten Leuten eine bessere Reputation als Politiker?«, frage ich.

»Die Leute vertrauen heute doch überhaupt niemandem mehr. Wir erleben ja nicht nur eine Finanz- und eine Staatenkrise, wir stecken vor allem in einer Vertrauenskrise. Die Menschen vertrauen der Politik nicht mehr. Sie vertrauen allerdings auch nicht den Großunternehmen, das wäre eine Illusion. Und den Banken schon gar nicht. Selbst die Glaubensgemeinschaften haben ihre Probleme mit dem Vertrauen. Ich sehe nicht, dass es in den letzten 20 Jahren irgendeinen einzelnen sozialen Effekt gegeben hat, an dem das liegt. Da kamen viele Faktoren zusammen. Was ist heute anrüchiger an der Politik und den Eliten als noch vor 30 oder 100 Jahren?

Ob das Misstrauen am Zugang zu mehr Informationen liegt, an der technologischen Revolution? Oder einfach an der Zeit, in der wir heute leben – ich weiß es nicht genau. Was ich aber ganz klar erkennen kann, ist, dass es einen Mangel an Vertrauen seitens der Menschen gegenüber Unternehmen und Regierungen gibt.«

»Mir scheint nicht, dass die Leute grundsätzlich die Bereitschaft zum Vertrauen verloren haben«, widerspricht Walter Sittler. »Sie haben aber einen feineren Sinn dafür entwickelt, wer ihre Interessen wahrnimmt und wer nur nach seinen eigenen Interessen schaut – in der Politik wie in der Wirtschaft. Geht es jemandem sichtlich nur um Macht, Einfluss und möglichst hohen Profit, egal ob im Staat, bei den Banken, in der Wirtschaft oder der Kirche, dann entziehen sie ihr Vertrauen.«

»Sehen Sie, in der Wirtschaft und in der Politik gibt es zwei Regulationsmechanismen. Unternehmen orientieren sich an den Aktienwerten. Regierungen sind abhängig von Wahlen. Würde man das nachhaltige Wachstum eines Unternehmens höher einstufen als dessen Wert im Dax oder an der Wall Street, und würde man die Inhalte der Regierungspolitik wichtiger finden als Wahlen und Meinungsumfragen, dann könnte die Arbeit vermutlich nachhaltiger funktionieren. Ob es aber möglich wäre? Das ist eine andere Frage. Viele Dinge, die zwischen den Jahren 2000 und 2008 an der Börse passiert sind, sind aus meiner Sicht unter anderem den Prinzipien der Börsen, der Aktien, der Käufergunst geschuldet. Das müssen wir als Fakt annehmen. Waren die Leute, die mit Hedgefonds arbeiten, schuld daran? Nein, denn es gab keine Regeln!

Es ist andererseits auch nicht einfach für die Politiker – der Grat zwischen Regulierung und dem freien Lauf der Wirtschaft ist schmal. Man kann und darf nicht alles regulieren, sonst bewegt sich am Markt nichts mehr, sonst bekämen wir es mit Megastaaten zu tun, mit Superstaaten. Das kann nicht das Ziel sein: ein Führer, ein Befehl. Dann kommen ganz andere Probleme auf – wie wir sie eben besprochen haben.«

»Ich rede nicht von einem Superstaat«, sagt Walter Sittler. »Aber ich bin der Meinung, dass wir einen stärkeren Staat brauchen, der auch der Finanzwelt klarere Regeln setzt – die nicht von Lobbyisten verwässert werden. Wenn man zum Arzt ausgebildet wird, braucht es bestimmte Einrichtungen mit Kenntnissen darüber, wie man Ärzte ausbildet. In der Ausbildung zum Manager müsste eine Basis an ethischen Werten zum Standard gehören. Erfolg darf sich nicht nur an der Rendite bemessen, sondern auch an der Art und Weise, wie er erzielt wird.«

»Da stimme ich Ihnen zu«, sagt Bane Knezevic. »McDonald's ist ein amerikanisches Unternehmen aus dem Mittleren Westen und dementsprechend eher konservativ ausgerichtet in seiner Handlungsweise. Wir gehen Risiken mit Bedacht ein und achten auf Langfristigkeit. Wir müssen bestimmte Prozesse einhalten und Vorgaben erfüllen. Nahezu jeden Monat muss ich Vereinbarungen unterschreiben, Erklärungen, dass ich weder dies noch jenes getan habe. Diese Papiere erinnern mich stets daran, was ich tun darf und was nicht, wo die Grenzen sind.«

Walter Sittler: »Würden Sie sagen, dass Unternehmen, die zu groß sind, wie beispielsweise Großbanken, gefährlich für die Demokratie sind? Einige scheinen von so enormer Größe, dass Bevölkerung und Politiker keinerlei Kontrolle mehr darüber haben.«

»Führen Sie sich die vergangenen fünf Jahre der Wirtschaftskrise vor Augen – da finden Sie die Antwort auf Ihre Frage. Ich kann nachvollziehen, dass in der öffentlichen Wahrnehmung ein solcher Eindruck entstanden ist.«

»Also sollten Ihrer Ansicht nach Regierungen das Bankenwachstum begrenzen?«, hakt Walter Sittler nach.

»Sie sollten darauf achten«, sagt Bane Knezevic, »dass einige der wichtigsten Fragen Regulierungen unterliegen.

Absolut. In der Krisenzeit von 2008 bis 2010 wurde den Finanzinstitutionen von staatlicher Seite geholfen. Danach weitete sich die Krise jedoch auf die Wirtschaft aus, später auf die Währungen, jetzt schon auf ganze Gesellschaften und Länder. Mir kommt es so vor, als hätten die Regierungen geglaubt, dass man durch das Beheben der primären Finanzkrise eben jene Folgekrisen verhindern würde.«

»Dieses Thema haben wir auch mit George Papandreou besprochen«, sage ich. »Der reduzierte Fokus auf die finanziellen Fragen lässt eine nachhaltige Lösung der Probleme in Griechenland nicht zu. Was hätten Sie gegen die Krise unternommen, wenn Sie an verantwortlicher Stelle gewesen wären?«

»Für die ersten drei Jahre stimme ich den Ansichten von Angela Merkel zu, dass man Finanzen steuern und Geldpolitik diszipliniert anwenden muss. Wir müssen aber immer wieder sehr genau prüfen, ob es reicht, den Fokus nur auf Entschuldung zu legen. Es gibt mehr Arbeitslosigkeit, insbesondere unter jungen Menschen in den südlichen Ländern. Wir werden das in den kommenden zwei oder drei Jahren zu spüren bekommen. Ein Staat muss sich auch über die Probleme der Kosten im Klaren sein, die dieses Ausmaß an Arbeitslosigkeit bedeutet.«

Walter Sittler: »Könnten Unternehmen in solchen Situationen selber eine kreative, verantwortungsvolle Rolle übernehmen? Einer der weltweit bedeutendsten Architekten[2] wird mit dem Satz zitiert: ›Die Kirchen sind tot, der Staat zieht sich zurück, die Ideologien haben ihre Macht verloren. Was bleibt, sind die Unternehmen. Sie werden die Sinnstifter der Zukunft sein.‹ Sind es tatsächlich die Konzerne, die heute Orientierung und Sinn vermitteln?«

Bane Knezevic denkt eine Weile nach. »Das ist eine gute Frage. Vielleicht ist da was dran. Die Orientierungspunkte der Menschen haben sich im Lauf der Geschichte jedenfalls

---

2   Gemeint ist der Architekt und Bauingenieur Gunter Henn, der unter anderem die Autostadt für Volkswagen erbaute.

immer verändert. Heutzutage existiert mehr Individualismus als je zuvor und ich fürchte, es wird erst irgendetwas Heftiges passieren müssen, bis die Leute wieder mehr auf die Gesellschaft und auf ihr Umfeld achten, mehr auf das Wir als auf das Ego. Wir sind im ›Ich, Ich, Ich‹-Paradigma gefangen. Viele Unternehmen greifen diesen Drang nach Individualisierung mit ihren Produkten auf.«

»Am direktesten macht das Apple«, sagt Walter Sittler, »dort heißen die Produkte ja nicht ›Apple Phone‹. Nicht ohne Hintergedanken heißen sie iPod, iPhone und iPad – ich, ich, ich. Sie würden stattdessen eher für ›Mac, Mac, Mac‹ plädieren?«

»Ja natürlich, am besten Big Mac!« Bane Knezevic muss lachen. »Wir alle sind egoistischer als früher. Solidarität, das soziale Moment, die Fürsorge für den anderen schwindet nach und nach. Geiz ist geil. Das ist bedenklich – und auf Lebensmittel sollte dieses Motto schon gar nicht übertragen werden. Gerade die deutsche Gesellschaft muss sich ernsthaft mit dieser Geiz-ist-geil-Mentalität in Bezug auf das Essen befassen. Deutsche sind dazu bereit, 1,60 Euro für den Liter Benzin zu zahlen, aber keine sechs Euro für ein richtig gutes, gesundes Olivenöl. Man spart an den Kosten für Lebensmittel, um das Geld auszugeben für technischen Schnickschnack und andere Statussymbole, die in der deutschen Gesellschaft von größerem Wert sind.

Wenn man in einen Supermarkt geht, bekommt man ein Brötchen aus der Massenproduktion zu einem Drittel des Preises, den man in einer guten Bäckerei für ein frisch gebackenes aus gutem Mehl bezahlen würde. Viele Bäcker in Deutschland beschweren sich darüber, dass sie durch den Preiskrieg Geschäftseinbußen in der Höhe von etwa einer Milliarde Euro hinnehmen müssen. Und warum ist das so? Weil Verbraucher 30 bis 40 Prozent weniger zahlen wollen. Die Qualität zählt für sie nicht! Es ist das demokratische Recht der Leute, zu kaufen, was sie wollen. Geiz ist geil –

auch das ist eine Art Bürgerbewegung. Die Bürger könnten stattdessen sagen: Qualität ist geil! Aber wer macht das schon?

Die deutsche Lebensmittelhistorie war immer eng mit zwei Produkten verbunden: Würstchen und Bier. In Frankreich und Italien gehört zum Essen der Wein. Den Leuten ist das etwas wert. Ein Menü mit zwei bis drei Gängen und Wein ist logischerweise teurer als Würstchen mit Bier. ›Geiz ist geil‹ ist nicht nur Resultat einer Werbekampagne, die es hier vor zehn Jahren gab. Alles hat auch mit der Geschichte und der Kultur des Landes zu tun, in der man lebt.«

Walter Sittler: »Aber wie lässt sich großflächig das Verhalten vieler Leute ändern? Sie hätten es da zum Beispiel in der Hand, gezielt auf Qualität zu setzen – weniger Zucker, weniger Fett, weniger Salz in McDonald's-Restaurants!«

»In der gesamten Lebensmittelindustrie gäbe es viel zu tun. Zuallererst kann aber durch die Regierungen das meiste bewegt werden. In Europa wird oft über Lebensmittelproduktion diskutiert. Ich kann allerdings nicht erkennen, dass sich hier kurzfristig etwas ändern wird. Auf der anderen Seite gibt es NGOs, die der Industrie Druck machen. Ich habe kein Problem mit solchen Organisationen, und wenn sie kommen und uns erklären, wir machen etwas falsch, so wie Greenpeace das in Bezug auf die Amazonasregion getan hat, dann müssen wir uns verbessern. Das steht für mich außer Frage.«

Walter Sittler: »Mir ging es um die Eigenverantwortung der Unternehmen.«

Bane Knezevic: »Natürlich gibt es auch noch die Verantwortung des Unternehmens selbst. Wir haben zum Beispiel den Verkauf von gentechnisch modifizierten Lebensmitteln von Anfang an abgelehnt. Aber wir haben in Europa im Moment damit zu kämpfen, dass nun gentechnisch modifiziertes Futter an Hühner verfüttert wird. Wenn man sieht, dass immer weniger nicht gentechnisch modifizierte Soja produziert wird, kann man sich schon fragen, wie das in einigen Jahren sein wird. Es ist ein schwieriger Balanceakt. Gehen Sie einmal in Supermärkte in Großbritannien oder Deutschland: Manche verwenden gentechnisch modifizierte Soja und deklarieren sie nicht einmal. Wir glauben, dass es nicht gut ist, diese Produkte zu verwenden, da es noch keine wissenschaftlichen Nachweise für den Nutzen oder die Risiken gibt. Aber was passiert, wenn sie der Trend in Europa werden? Was passiert, wenn in den nächsten Jahren natürliches Getreide als Futtermittel immer knapper wird? Erst neulich war in der deutschen Presse zu lesen, dass eine amerikanische Firma nach Deutschland expandiert und hier modifizierte Lebensmittel anbaut. Man kann nicht erwarten, dass McDonald's, Lidl oder Aldi diesen Trend aufhalten können – sie sind dem Druck des Wettbewerbs ausgesetzt, an ihnen hängen Tausende Arbeitsplätze. Aber es gibt Regierungen, die am Hebel der Macht sitzen, und die reagieren können! Sie müssen festlegen, was verboten werden muss und was erlaubt ist. Und die Verbraucher müssen sich zu Wort melden!«

Walter Sittler: »Konzerne basieren nicht auf Moral, das haben wir festgestellt. Wie beurteilen Sie in diesem Zusammenhang die Gehälter und Boni, die Manager von Großunternehmen erhalten? Untergräbt das nicht das Vertrauen der Leute in das demokratische System?«

»Ich stimme Ihnen zu: Die Verhältnisse sind aus der Balance geraten. Aber es fing nicht bei den Managern an. Sondern im Sport. Dort werden mittlerweile Summen für einzelne Spieler aufgerufen, die das Maß des Verständlichen deutlich überschreiten. Nach den Sportlern waren die Manager dran. Das ist die interne Dynamik solcher Prozesse.«

Walter Sittler: »Was sieht das ungefähre Verhältnis Ihres Einkommens zum niedrigsten Einkommen bei McDonald's aus, wissen Sie das?«

Er weiß es, natürlich. »Ja, da gibt es einen deutlichen Unterschied. Aber mein Job ist es unter anderem, dafür zu sorgen, dass die Leute bei McDonald's angemessen bezahlt werden. Letztlich bin ich mir sicher, dass die Menschen, die hier mit mir arbeiten, für das entlohnt werden, was sie leisten. Trotzdem ist auch in der Wirtschaft das Maß verloren gegangen. Vor 20 oder 30 Jahren lag das Einkommensverhältnis eines normalen Mitarbeiters zum Manager wahrscheinlich bei 1:10, es wuchs auf 1:20, 1:100 und mehr. Heute liegt es in den Banken manchmal bei 1:1000 oder 1:2000. Da ist das angemessene Verhältnis verloren gegangen.«

Walter Sittler: »Vor 100 Jahren war das Militär für viele Menschen die sogenannte ›Schule der Nation‹. Anderen Menschen gaben humanistische Werte, politische Ideologien oder die Religion Orientierung. Jedes dieser Systeme enthielt ethische Vorstellungen, die immerhin das Gemeinwesen im Blick hatten. Die ›Ich, Ich, Ich‹-Gesellschaft entspricht eher der Ideologie der Konzerne.«

»Ich möchte Ihnen da widersprechen – die Egozentrik in der Gesellschaft hat nichts mit Unternehmen wie Apple oder McDonald's zu tun. Die Demokratie ist eine Vision für Staaten und Länder, eine Vision, die sich aus der Zivilgesellschaft heraus entwickelt hat. Auch die Elite, die Künstler und Philosophen sind Teil der Zivilgesellschaft. Es gehört zu unserem System, dass sich unsere Politiker alle vier Jahre ablösen – das ist Demokratie.

Als Henry Kissinger Deng Xiaoping[3] einmal fragte, was die Chinesen über Amerika dächten, antwortete Deng: ›Das weiß ich heute noch nicht. Das können wir euch in 300 Jahren sagen.‹ Das ist eine ganz andere Philosophie, eine andere Denkweise. Sie ist längerfristig angelegt, es geht ihr nicht nur um den nächsten Wahltag. China ist ein staunenswertes Beispiel für 6000 Jahre Zivilisation.«

»Sind nicht auch Unternehmen Teil des Gemeinwesens? Haben nicht auch sie Pflichten und Verantwortung für die Gemeinschaft, in der sie tätig sind? Was können Unternehmen leisten, um Demokratie und Politik zu stärken? Ihr Unternehmen erreicht täglich Millionen von Menschen über Ihre Restaurants. Sie verfügen über ein größeres soziales Netz-

---

3   Chinesischer Staatschef von 1979 bis 1997

werk als jede politische Partei«, gebe ich zu bedenken, denn wie viele große Firmen sucht auch McDonald's den Kundenkontakt über das Internet. Traditionelle Kommunikationswege über die Werbung haben heute weniger Wirkung als früher. Soziale Netzwerke sind so attraktiv, weil sie als persönlicher empfunden werden. Wenn ein Kunde einem anderen etwas empfiehlt, als privater Mensch, dann generiert das mehr Vertrauen in die Botschaft als die meiste Werbung. Zudem ist diese Art der Kommunikation sehr zielgerichtet und deshalb kostengünstig – vor allem, wenn sich die Zahl der Partner im Netzwerk vervielfacht.

Hinzu kommt, dass die Konzerne über die Netzwerke besser auf individuelle Nutzer eingehen können. Deren spezielle Interessen lassen sich besser befriedigen. Über Netzwerke kann man überdies Information, die man ausgibt, besser kontrollieren als über unabhängige Fremdmedien. Auch ist der Umfang an Themen, der über diese Instrumente transportiert werden kann, viel größer, und damit auch die Menge an Informationen. Kommen unangenehme Geschichten auf, lassen sie sich »spiken«, das heißt, man bringt sie in die öffentliche Sphäre, begräbt sie dort jedoch in einer Menge von anderen Informationen. Allerdings funktioniert das Ganze nur, solange man das Feedback der Nutzer nicht zensiert – und deren Input kann zum Teil sehr kritisch sein. Also müssen Firmen begreifen: Genau das dient der Glaubwürdigkeit des ganzen Systems.

All das wissen die Firmen inzwischen sehr gut – sie haben es rascher und besser begriffen als die Politik.

Aber der Erfolg der neuen Kommunikationswege steht und fällt mit der Anzahl und Intensität der Nutzer – und die muss man erst mal gewinnen, halten und unterhalten. Ob wir das als kritisch Denkende perfide finden oder sensationell gut, spielt für die Unternehmen keine Rolle – ihre Marketingleute orientieren sich an den Kommunikationsmodellen, die die Gegenwart bietet und die in der Gesellschaft Verbreitung haben. McDonald's zum Beispiel gibt Kunden die Möglichkeit, über einzelne Plattformen Informationen über die Produkte abzurufen – und lernt dabei viel über die Wünsche und Sorgen der Verbraucher. Es ist verblüffend, wie viele Interaktionen dabei zwischen dem Unternehmen und der Öffentlichkeit zustande kommen. Die Fragen kommen von Konsumenten wie von Kritikern, und auch kritische Fragen und Themen werden umstandslos akzeptiert. Über einzelne Aktionen kann jeder im Netz zudem eigene Burger-Rezepte vorschlagen, und jeder andere kann über die Vorschläge abstimmen. Daneben urteilt auch eine Fachjury. Die Gewinner erhalten einen kleinen Preis, die fünf besten Vorschläge werden von McDonald's aufgegriffen und umgesetzt – diese Burger sind dann für einige Zeit im Restaurant zu erhalten. Jedes Jahr werden Hunderttausende von Vorschlägen eingereicht. Und McDonald's erhält auf diese Weise neue Ideen sowie bessere Informationen über Kundenwünsche. Und all das kostet wenig, während es die Bindung an die Produkte und das Label festigt. Allein die deutsche Facebook-Seite von McDonald's hat 2,2 Millionen »Likes« erhalten, also Klicks von Leuten, die ihre Sympathie für McDonald's ausgedrückt haben.

Diese direkte Art der Kommunikation ist auch für Parteien und Politiker interessant und wichtig, wie die Gespräche mit George Papandreou und Gisela Erler belegen. Und sie unternehmen mehr und mehr Versuche, das zu nutzen. Ich frage Bane Knezevic, ob die Politik aus den Erfahrungen im sozialen Netzwerk einer Firma wie McDonald's lernen kann. »Lässt sich das überhaupt vergleichen, ist da etwas anwendbar?«

Er zögert. »Auch bei den sozialen Netzwerken ist das Ziel eines Unternehmens, das überdauern will, längerfristiger angelegt als die Ziele der Politiker, die eine Legislaturperiode im Blick haben. Wenn man in der Politik ist, braucht man ein Netzwerk, das in den Monaten vor den Wahlen funktioniert.

Das setzt man dann vor der nächsten Wahl wieder ein. In den Phasen dazwischen liegt es womöglich brach.«

»Die meisten heutigen Parteien«, setze ich hinzu, »beklagen sich darüber, dass sie keine neuen Mitglieder rekrutieren können und dass die aktuellen Mitglieder sich weniger als früher engagieren. Also müssten Parteien doch unabhängig von den Wahlen Interesse daran haben, auch langfristig vernetzt zu sein.«

»Richtig«, pflichtet Bane Knezevic bei. »Um mit ihren Parteimitgliedern und Wählern in Verbindung zu bleiben, müssten sie sich, wie wir, kontinuierlich engagieren. Oftmals scheint es jedoch so, als ob ihr Engagement sich hauptsächlich auf den nächsten Wahltag bezieht. Danach fehlen Ausdauer und vielleicht auch das Interesse, mit den Leuten auf dem gleichen Level in Verbindung zu bleiben. Das ist das Problem.«

Walter Sittler interessiert, ob das Internet mittelfristig auch das Verhalten der Konzerne gegenüber den Parteien verändert. »Wird die Unterstützung der Unternehmen für Parteien möglicherweise abnehmen, weil sich politische Akteure im Zuge von Direct Democracy unmittelbar an Wähler wenden können – und die Parteien für ihre Lobby-Arbeit gar nicht mehr brauchen?«

»Wir sind als Unternehmen nicht politisch aktiv. Wir spenden beispielsweise keiner Partei etwas, das ist gegen unser Firmenethos. Das habe ich unterschrieben und ich stehe dazu.«

Walter Sittler lacht auf. »Soll ich Ihnen glauben, dass Sie keinen politischen Lobbyismus betreiben?«

»Es gibt bei uns keinen direkten Parteien-Lobbyismus. Wir gehören selbstverständlich Verbänden und Vereinigungen an, die unter allen Restaurants, in denen wir Essen anbieten, Arbeitskonditionen verhandeln.«

Walter Sittler setzt nach. »Sie haben niemanden, der auf politischer Ebene zu verhindern sucht, dass es gesetzliche

Vorgaben für Zucker-, Fett und Salzgehalt im Essen gibt? Sie haben keinen Lobbysitz in Berlin?«

»Wir informieren über das Unternehmen McDonald's. Wir zeigen auch auf, wenn politische Entscheidungen Auswirkungen auf unser Geschäft haben und welche Änderungen sich daraufhin auch für den Verbraucher ergeben. Aber Lobbyismus im Sinne einer direkten Einflussnahme auf Politiker betreiben wir nicht!«

»Aber viele Menschen in Deutschland irritiert«, beharrt Walter Sittler, »wenn Politiker nach ihrer Zeit im Amt einen nahtlosen Übergang in die Wirtschaft vollziehen. Es bleibt der Eindruck: Da müssen doch schon vorher gute Kontakte bestanden haben. Und jetzt kaufen die Konzerne auch noch Leute aus NGOs wie Greenpeace ein – das kritisieren viele. Ich habe großen Respekt vor Gerd Leipold und halte ihn für integer. Doch über dieses Thema haben wir diskutiert. Der nahtlose Wechsel von einer auf die andere Seite ist meiner Meinung nach ein Problem für das Vertrauen in die Demokratie.«

»Sie wissen nicht genug darüber, wie Konzerne funktionieren«, sagt Bane Knezevic. »Es ist leichter, Unternehmen von innen heraus zu verändern als das von außen zu versuchen. Es ist also nicht falsch gedacht von Umweltaktivisten, wenn sie in die Konzerne hineingehen. Und wir brauchen auch den Input von außen. Wir müssen neue Methoden kreieren, uns weiterentwickeln. Massentierhaltung, CO_2-Ausstoß, erneuerbare grüne Energien – diesen Themen müssen wir uns stellen, bevor wir vor sie gestellt werden. Das Rennen um soziale Verantwortung hat keine Ziellinie. Es wird immer weitergehen. Das ist wie ein Perpetuum Mobile.«

Wirtschaft, Bürger, Staat – wo ist da jemals die richtige Balance entstanden? Nach einem langen Gespräch begleitet uns Bane Knezevic schließlich hinunter. Wir verabschieden uns.

Auf dem Weg zum Münchener Hauptbahnhof kommen Walter Sittler und ich auf ein kleines Land zu sprechen, das

München **221**

hoch oben im eisigen Norden liegt, mitten im Atlantischen Ozean und an der Grenze zwischen den Kontinenten Amerika und Europa. Es gilt als die Wiege der europäischen Literatur, hat ein außerordentlich hohes Bildungsniveau und ist ein Vorbild an zivilgesellschaftlicher Entwicklung. Aber nur drei Banken brauchte es, um das Land in der Finanzkrise in den Staatsbankrott zu führen: Island.

Schon seit Wochen taucht es immer wieder in unseren Gesprächen auf. Denn es ist faszinierend: In Island funktionieren, anders als in Griechenland, die Bürgergesellschaft und die Bürokratie sehr gut. Auf der Insel beteiligt sich die Bevölkerung, anders als in Ungarn, engagiert an gesellschaftlichen Prozessen. In Island gibt es, anders als in der Türkei, die weltweit freiesten Mediengesetze, auch eins, das sich als erstes weltweit für Rechte von Whistleblowern einsetzt – und trotz alledem gelang es nicht, die Machenschaften einiger weniger Banker zu kontrollieren. Wie konnte es dazu kommen? Wie gehen die Isländer damit um? Zu welchen Erkenntnissen sind sie in der Aufarbeitung der Krise gekommen? Dieses kleine Land könnte dem Rest Europas möglicherweise als eine Art Labor für demokratische Entwicklungen dienen.

»Walter«, sage ich, »wir müssten eigentlich nach Island reisen!« – »Gute Idee!«, sagt er. »Ich kenne da eine Kollegin, mit der ich einige Jahre lang die ›Kommissar‹-Reihe auf Gotland gedreht habe. Sólveig Arnarsdóttir. Eine wunderbare Schauspielerin und eine engagierte Frau! Ich habe ihr schon lange einen Besuch versprochen.«

Reykjavík

Stockholm

Travemünde

Paris

Stuttgart

München

Budapest

Istanbul

Reykjavík
August 2013

Auf einer Insel am Rande des
ewigen Eises erleben Gerd
Leipold und Walter Sittler bei
gut gelaunten Menschen eine
Ahnung von Zukunft. Die Zivilgesellschaft als Elite. Bildung
als Fundament der Demokratie.
Von der Geschwindigkeit und
vom Finanzkapitalismus als
gesellschaftszerstörender
Verführung

Walter Sittler
Reykjavík

Der Touchdown ist butterweich. Vor ungefähr einer halben Stunde hatte der Landeanflug begonnen – seitdem waren wir durch eine Wolkendecke geflogen, so grau und dicht wie aus einer anderen Welt. Vor drei Minuten dachte ich noch, wir hätten uns in ein U-Boot verwandelt und schwebten wie Jules Vernes im Irgendwo zwischen Raum und Zeit. Oder wir würden demnächst an einem Vulkan zerschellen. Dann setzte die Maschine unvermittelt auf. Und seitdem sieht man auch die Landschaft. Die Wolken, so mein Eindruck, liegen in Baumhöhe über dem Land, eine Höhenangabe allerdings, die hier sinnlos ist. Denn Bäume gibt es hier nicht. Wir sind auf dem Mond gelandet.

»Der isländische Sommer ist wie ein Kühlschrank, den man sechs Wochen offen lässt. Das Licht ist die ganze Zeit an und das Gefrierfach taut, aber richtig warm wird es nie«, schreibt der isländische Autor Halgrímur Helgasson in seinem umwerfend komisch-berührenden Thriller *Zehn Tipps, das Morden zu beenden und mit dem Abwasch zu beginnen.* Heute muss eine Glühbirne im Kühlschrank ausgefallen sein. Die Wolkendecke ist so dicht, dass sich die Sonne selbst im Hochsommer schwertut durchzudringen. Es ist düster, es nieselt und es hat acht Grad Celsius. An einem Dienstagnachmittag im August.

»Liebe Sólveig«, sage ich eine Stunde später, nachdem ich meine langjährige Kollegin Sólveig Arnarsdóttir umarmt und freudig begrüßt habe. »Sei mir nicht böse – aber wenn man so aus Mitteleuropa hier landet, dann fragt man sich doch: Warum kommt man hierher zurück?«

»Walter«, lacht Sólveig, »ich finde, das ist eine sehr gute Frage.« Ihre gute Laune ist ansteckend. Mit ihrem schönen breiten Mund, ihren großen Augen, ihren halblangen rotblonden Haaren erinnert sie mich immer an die junge Hildegard Knef. Sie hat für uns im *Snaps,* einem gemütlichen Bistro mitten in Reykjavíks Altstadt, einen Tisch reserviert. Das war vorausschauend, denn es ist rappelvoll. Sólveig Arnarsdóttir habe ich auf Gotland kennengelernt, bei den Dreharbeiten zu der Fernsehserie *Der Kommissar und das Meer.* Sie spielte in den ersten Folgen die Assistentin des Kommissars. In Berlin hat sie die Schauspielschule besucht, am Maxim-Gorki hat sie Theater gespielt; sie hat auf Deutsch Filme gedreht und ausgerechnet in Deutschland ihren Mann kennengelernt. Einen Isländer, Architekt und Bühnenbildner. Zwei typisch isländische Karrieren. Ich bewundere die beiden – in einem fremden Land eine Schauspielschule zu besuchen, fremde Texte zu den eigenen zu machen, in der fremden Sprache in einem renommierten Theater zu spielen. Chapeau!

»Sehr viele Isländer ziehen weg zum Studieren und bleiben eine längere Zeit fort«, erzählt uns Sólveig. »Aber fast alle kommen zurück. Ich glaube, dass die Natur eine große Rolle spielt. Diese Natur ist so einzigartig, die findet man an keinem anderen Ort der Welt. Und irgendwann beginnt man, sie zu vermissen.«

»Wir sind nach Island gekommen«, sagt Gerd Leipold, »weil wir uns fragen, wie es geschehen konnte, dass ausgerechnet dieses Land, das zivilgesellschaftlich so hoch entwickelt, politisch so stabil und wirtschaftlich so gefestigt ist, das erste Opfer der Finanzkrise werden konnte. Was ist da schiefgelaufen?«

»Mein Mann und ich sind 2003 wieder zurückgezogen aus Berlin«, erzählt Sólveig Arnarsdóttir. »Und als wir zurückkamen, waren wir vollkommen geschockt: Wir kannten unsere Gesellschaft nicht mehr. Es herrschte eine Goldrauschstimmung. Jeder hatte Geld. Oder konnte zumindest schnell an Geld kommen. Man hatte fast Angst, eine Bank zu betreten, weil man aus Versehen irgendein Darlehen aufnehmen könnte. Das Geld wurde einem sozusagen hinterhergeschmissen. Die Regierungspartei, die Liberalen, hatten das Versprechen gemacht, dass man hundertprozentige Darlehen kriegt für den Hauskauf.«

»Völliger Irrsinn!«, sage ich.

»Ja, eben. Da hat man nicht gefragt: Wie viel verdienst du denn? Alle hatten einen riesigen Flachbildschirm. Die Bankwirtschaft in Island 2007 war in der schlimmsten Phase zehnmal größer als das Nationalprodukt. Und die meisten Isländer haben mitgemacht. Die großen Spieler vor der Krise, die Banker, diese neuen Wikinger, die hat man hier in Island angehimmelt. Kein Schauspieler oder Rockstar oder Sportler konnte da mithalten. Das waren die wirklichen Helden.

Es gab sehr wenig Toleranz für Kritik. Es hieß immer, diejenigen, die alles kritisieren, sind nur eifersüchtig. Und neidisch. Es war, als hättest du eine supergute Party, alle trinken Champagner und sehen wahnsinnig toll aus – und dann kommt einer und sagt: ›Na ja, ihr wisst aber, dass ihr morgen einen Kater habt!‹ Wer möchte das hören?«

»Jeder hat sich als kleiner Kapitalist gefühlt«, vermutet Gerd.

»Es gab schon einige, die keine Mitläufer waren. Die irgendwie dasaßen, im Abseits, und bei sich dachten: Etwas stimmt da nicht. Andererseits kann man ja auch sagen: warum nicht? Die Leute hatten ja Vertrauen zu ihren Banken. Jeder hat doch seinen Ansprechpartner, man geht hin und dieser Ansprechpartner, den man ja schon seit zehn Jahren kennt, dem man vertraut, der sagt: ›Du solltest mal da und dort und dort investieren‹.

Dann kam die Krise. Das war wirklich ein unglaublicher Schock. Weil sie so unglaublich schnell kam. Es gab nicht jahrelang irgendwelche Vorzeichen. Lehman Brothers ist zusammengebrochen und der Ofen war aus.«

»Als die Griechen von ihren Problemen noch gar nichts wussten, da wart ihr schon pleite«, erinnere ich mich.

»Ja. Eben. Jeder Isländer kann sich an die Rede unseres damaligen Premierministers erinnern: ›Gott schütze Island‹, hat er gesagt. Ob wir gläubig sind oder nicht – so was sagt hier keiner. ›Gott schütze Island‹. Und die Nation saß vor dem Fernseher und hat sich gefragt: ›Was bitte schön hat er da gesagt?‹ Ich meine, die Amerikaner sagen so was ja andauernd … Aber wir?«

»God bless America«, bestätige ich. »Ja, das sagen sie täglich.«

»Aber wir in Island sagen das nie!«

»Ihr habt aber eine überschaubare Gesellschaft«, sagt Gerd. »Jeder kennt jeden. Da müsste doch die Kontrolle effektiver funktionieren.«

»Das ist richtig: Man hat hier wirklich ein sehr dichtes soziales Netz. Wir sind ein kleines Land. Ein karges Land, und wir haben ein raues Klima. Über die Jahrhunderte war man einfach sehr angewiesen aufeinander, man musste mindestens zu zweit sein, um zu überleben. Ich glaube zum Beispiel, dass die isländischen Frauen deshalb so stark sind. Nirgends auf der Welt gibt es eine so ausgeprägte Gleichberechtigung wie auf Island. Für Frauen sind wir das beste Land der Welt. Gleichzeitig ist man hier sehr eingebunden, in Familie und Freundeskreis. Man ist hier geboren, man ist hier aufgewachsen. Man kennt sich das ganze Leben lang. Man verliert sich vielleicht eine Zeit lang aus den Augen, weil man ins Ausland geht und studiert. Aber irgendwie findet man sich wieder.«

»Und die Kulturbranche ist noch kleiner«, sage ich. »Ein Dorf im Dorf.«

»Das stimmt. Die wenigen, die nicht miteinander verwandt sind, haben miteinander geschlafen.« Wir lachen. Und Gerd Leipold sagt: »Vielleicht auch ein Grund dafür, warum es in Island mehr Kinder gibt als im Rest Europas.«

»Ich glaube, wir belegen nach den Iren den zweiten Platz. Und wir sind nicht mal katholisch!«

Diese Isländer haben einen guten Humor, es scheint, als würden sie mit ihm die fehlende Sonne ersetzen. Der Abend im *Snaps* war ein faszinierender Spaziergang durch isländische Befindlichkeiten. Eine anregende, familiäre Stimmung lag über dem Gastraum mit den vielen Tischen. Leute kamen und gingen, lachten und diskutierten. Zwischendurch tauchte ein schwergewichtiger isländischer Opernsänger auf, begrüßte Sólveig und uns in akzentfreiem Deutsch. Und kaum war er gegangen, stieß Kristinn Hrafnsson zu uns, der bekannte Enthüllungsjournalist, Sprecher von WikiLeaks und »zweiter Mann« hinter Julian Assange. Er umarmte Sólveig, sprach von wichtigen Terminen und verschwand. Beim einen oder anderen Glas Gay Pride Beer erzählte uns Sólveig von ihren drei Söhnen. Ihr Ältester ist 16 und kommt nach dem Sommer ins Gymnasium. In Island besuchen die Schüler bis zu ihrem fünfzehnten Lebensjahr eine einheitliche Grundschule. »Von seinem Jahrgang wechseln jetzt 98 Prozent der Absolventen ins Gymnasium oder auf andere weiterbildende Schulen«, sagte sie nicht ohne Stolz. »Wir haben ein hohes Bildungsniveau hier. Deshalb haben die Leute auch das Selbstbewusstsein und trauen sich, das Land zum Studieren oder für ihre Ausbildung zu verlassen.«

Es hat sich gut angefühlt unter diesen eigenwillig-selbstbewussten, gutgelaunten Leuten. Und irgendwie kam es mir gar nicht mehr so ungewöhnlich vor, dass der laue Sommerabend beim Blick aus dem Fenster aussah wie ein Nachmittag im November.

Am nächsten Tag sitzen wir im Wohnzimmer der ehemaligen Präsidentin, Vigdís Finnbogadóttir, in einem gutbürgerlichen Bungalow im Universitätsviertel der Stadt. Und erst jetzt fällt mir auf, dass ich noch keinen Polizisten gesehen habe, seit wir angekommen sind. Auch hier ist weit und breit kein Sicherheitspersonal zu sehen. Die Haustür steht offen, als wir ankommen. Ein kleines Foto im Eingangsbereich zeigt unsere Gastgeberin zusammen mit Papst Johannes Paul II. Die Wände im Wohnzimmer hängen voll mit moderner Kunst. Großflächige Fenster geben den Blick frei zum Garten. Und Wolfgang Edelstein ist zu Besuch, der Mitbegründer und langjährige Direktor des Max-Planck-Instituts für Bildungsforschung. Ihr Schulfreund. Als Sohn jüdischer Eltern konnte er 1937 nach Island emigrieren.

»Ich habe nur ein paar Häuser weiter gewohnt«, erzählt der kleine, drahtige Mann mit der Nickelbrille, »daher kennen wir uns schon so lange, seit über 70 Jahren.«

»Wie kam es, dass es Ihre Eltern auf der Flucht vor Nazi-Deutschland ausgerechnet nach Island verschlug?«, erkundigt sich Gerd Leipold.

»Es war purer Zufall, wir hätten sonst nicht überlebt. Ein isländischer Unternehmer, der Margarine produzierte, hatte damals die Idee, ein Konservatorium in Island zu gründen, um das Gedeihen des kurz zuvor gegründeten Symphonie-orchesters zu fördern. Damals, 1936, hat ein berühmtes, aus Deutschland stammendes Exil-Streichquartett ein Konzert in Island gegeben, das Busch-Quartett. Adolf Busch war der Geiger. Und dieser Unternehmer fragte Busch, ob er ihm einen Cellisten empfehlen könnte. Busch antwortete, dass er einen Cellisten kennt, der im Untergrundorchester einer jüdischen Selbsthilfeorganisation spielte, dem Kulturbund Deutscher Juden. Meine Eltern hatten schon seit einiger Zeit versucht, auszuwandern. Für Musiker war es besonders schwierig, aus Deutschland rauszukommen, weil die Musikgewerkschaften im Ausland Einwanderer aus Deutschland abgelehnt haben. Mein Vater hat also diesen Unternehmer getroffen, ein sehr interessanter Mann, der in vielerlei Hinsicht innovativ für die Kultur Islands war. Sie haben lange geredet, über Literatur und die Bibel und am Ende des Gesprächs, um drei Uhr in der Nacht, sagte er: ›Ich werde Sie einstellen.‹ Und mein Vater erwiderte: ›Sie haben noch nicht einmal gehört, wie ich spiele!‹ Aber der Unternehmer sagte: ›Jemand, der so über Bücher spricht wie Sie, der kann auch Cello spielen.‹ So kamen wir nach Island. Ich war acht Jahre alt, als ich 1937 hierher kam.«

»Und Ihr Vater wurde hier Cellist im Orchester?«, frage ich.

»Er hat auch die Musikschule für Kinder gegründet«, fügt Vigdís Finnbogadóttir hinzu. Die beiden wirken ungemein präsent, viel jünger, als sie in Wirklichkeit sind. Die elegante, schlanke Dame hat Kaffee aus der Küche gebracht und schenkt in Porzellantassen ein. »Wolfgangs Vater und zwei, drei andere Musiker, die nach Island kamen, haben uns ein sehr wertvolles Erbe hinterlassen. Die Freundschaft von Wolfgang und mir begann, als er an meine Schule kam. Er war Ausländer, er war braun gebrannt, es war Sommer. Deshalb nannten ihn am Anfang alle: der ›gelbe Junge‹. Und er trug Lederhosen.«

Wolfgang Edelstein lacht. »Das war etwas Einzigartiges in Island, niemand hatte zuvor jemanden gesehen, der so eine Hautfarbe hatte und Lederhosen trug. Für mich war dieses Island ein immenses Glück. In Deutschland war ich an einer Nazi-Schule. Ich wurde von Mitschülern verprügelt und auch die Lehrer haben mich fast jeden Tag geschlagen. Keine schöne Zeit. Und hier ins Island habe ich eine vollkommen egalitäre, hilfsbereite Gesellschaft kennengelernt. Ich fühlte mich nicht als Sonderling. Der Egalitarismus ist ja nicht gerade eine traditionelle, gesellschaftliche Grundform, denn es gibt immer Unterschiede zwischen den Personen. Aber Island ist in dieser Hinsicht anders als andere Länder. Jeder Isländer, oder zumindest fast jeder Isländer, war damals auf einem Bauernhof geboren worden und hat dort gelebt. Das Leben auf einem Bauernhof ist in Island sehr egalitär, weil es keine Städte gibt, die die Bauern beherrschen. Deshalb gab es keine Basis für das Entstehen von gesellschaftlichen Unterschieden. Es gibt eine Tradition des Individualismus. Und gleichzeitig sehen diese Individuen andere Individuen als ihresgleichen an. So haben sich lange Zeit keine Klassen entwickelt; stattdessen war eine Perspektive der Gleichheit vorhanden.«

»Wie kam es dazu, dass ein ganzes Land so früh lesen und schreiben konnte?«, fragt Gerd Leipold.

»Es begann schon sehr früh mit der mündlichen Überlieferung von Prosa, den *Sagas*«, erklärt uns Wolfgang Edelstein.

»Ich glaube, dass die Tradition der Erhaltung und Überlieferung der *Sagas* sehr grundlegend war. In Island gab es, vergleicht man es mit anderen Ländern, schon sehr früh Lesegesellschaften. Die erste Volkszählung der Neuzeit wurde hier gemacht, 1703. Und zu dieser Zeit konnten quasi alle Isländer schon lesen und schreiben. Die Aufklärung kam bereits im 18. Jahrhundert auf die Insel. In Bezug auf andere politische Traditionen war sie sehr wichtig und ich denke, dass dieser ganze kulturelle Hintergrund mit der individuellen Entwicklung, der Bildung und der Alphabetisierung zu dieser gelebten Gleichheit zwischen den Bürgern führte.«

»Ich habe da eine Theorie«, sagt Vigdís Finnbogadóttir. »In einem Land aus Lavagestein gibt es kein Material für Skulpturen, keine Farben, mit denen man malen kann. Und es ist bezeugt, dass die zuvor erwähnten *Sagas* im 12. und 13. Jahrhundert geschrieben worden sind, bevor es diese Tradition in Norwegen oder anderen skandinavischen Ländern gab. Meiner Meinung nach ist es so, dass die Isländer ein sehr kreatives und künstlerisches Volk waren und außer Wörtern nichts hatten. Also hat sich ihre Kreativität in Geschichten ausgedrückt. Und es gab nicht nur *Sagas*, es gab Legenden und Poesie und Dichtung. Sie haben gern das Naturgeschehen dramatisiert. Sie haben einander endlos Geschichten erzählt. Und das Erzählen und Niederschreiben der Geschichten hat natürlich die Belesenheit und Bildung im Land gefördert. Dieser Belesenheit haben wir das Privileg zu verdanken, dass wir das erste skandinavische Land waren, das die Bibel in die Landessprache übersetzt hat. Das war 1586, und heute wissen wir, dass dieser Vorgang die isländische Sprache erhalten hat, denn die Bibel wurde auf jedem Bauernhof gelesen. Das hat die Lesefähigkeit der Bevölkerung natürlich auch gefördert.«

»Ist die Kommunikation also die Basis Ihrer Demokratie?«, frage ich.

»Ich glaube schon«, antwortet die ehemalige Präsidentin. »Die Leute mussten sich zusammenfinden. Wie Wolfgang schon gesagt hat, haben die Menschen zu Beginn der Besiedlung Islands auf einzeln stehenden Bauernhöfen gelebt. Es haben sich keine Siedlungen gebildet wie in Deutschland und anderen Ländern. Dörfer, in denen die Leute ihre Höfe haben, ihre Werkstätten. Stattdessen haben sie isoliert auf Bauernhöfen gelebt. Die ersten, die ankamen, haben sich am Meer niedergelassen, die später Gekommenen im Inland. Aber alle haben isoliert auf ihren Bauernhöfen gelebt.

Jeder Bauernhof war also eine kulturelle Einheit: Es gab eine Bibel, es wurde gelesen und es wurden Geschichten erzählt in den langen, kalten Wintern. Die Menschen waren durch die Sprache verbunden und auch heute noch denke ich, dass die Sprache das Bindeglied ist. Wenn ich die Dänen frage: ›Was verbindet euch in Dänemark?‹, dann ist es die Königin, denn sie ist sehr beliebt. Oder es ist der Fußball. Das würde ein Isländer nie antworten, so etwas verbindet uns nicht. Die Isländer würden sagen, dass es die Sprache ist. Eine interessante Frage ist auch, wieso sich die späteren Siedler im Landesinneren niedergelassen haben – wieso haben sie nicht auch die Küste besiedelt? An der Küste ist die Nahrung durch den Fischfang gesichert. Wenn sie sich damals an der Küste niedergelassen hätten und es hätten sich Dörfer gebildet, wären wir heute ein ganz anderes Land. Wir wären nicht so individualistisch und hätten stattdessen gelernt zu diskutieren. Das können wir nämlich noch nicht. Aber wir haben die großartigsten Individualisten der Welt.«

»Aber dieser Individualismus hat eine egalitäre Komponente«, ergänzt ihr Schulfreund. »Nicht alle sind wirtschaftlich gleich und natürlich gibt es soziale Konflikte durch die Entwicklung der modernen Gesellschaft. Aber es gibt dieses grundlegende Gefühl, dass jeder so gut ist wie alle anderen. Das führt zu einer grundlegenden Rechtsgleichheit. Und zu einer Haltung, die den Wert des Individuums anerkennt.«

»Wenn die Isländer jetzt noch lernen würden«, sage ich, »wie man anständig debattiert und diskutiert – was sie, wie

Sie sagten, noch nicht können –, dann wäre das, auf der Grundlage dieses Individualismus, eigentlich perfekt für eine moderne Demokratie.«

Vigdís Finnbogadóttir lehnt sich zurück in ihrem Sessel. Nachdenklich sagt sie: »Das ist ein Problem in Island – in all der Literatur, die wir haben, findet sich keine Philosophie. Unter all diesen Intellektuellen der Vergangenheit gibt es keinen Philosophen. Nur Dichter. Das ist wirklich seltsam …«

»Dieses Land, das eine so große literarische Tradition hat, soll keine Tradition des Diskutierens haben?«, fragt Gerd ungläubig. »Hier hatten sie bereits vor mehr als 1000 Jahren das Alþingi. Eine gesetzgeberische Versammlung, eine Art Parlament. Es gibt in Island also eine lange parlamentarische Tradition.«

»Das war kein Parlament!«, widerspricht Professor Edelstein heftig. »Diese Ansicht wäre eine romantische Verklärung dessen, was wirklich passiert ist. Es war vielmehr eine Zusammenkunft der Machtinhaber, um über Entscheidungen zu verhandeln.«

»Um Krieg und Kämpfe zwischen den Stämmen zu vermeiden«, bestätigt Vigdís Finnbogadóttir. »Und das haben sie auch geschafft.«

»Heute wird es als Geschichte des Parlamentarismus glorifiziert, aber das ist eine sehr unkritische Betrachtung. Natürlich haben die Clanchefs Verhandlungen geführt, aber es war keine Agora wie in der griechischen Politik.

Und das ist bis heute das Problem: Die Isländer sind als Individuen sehr sensibel und intelligent, aber es fehlt der politische Diskurs.

Ein offensichtliches Problem ist beispielsweise, dass es keine qualifizierten Zeitungen gibt. Es gibt keine niveauvollen politischen Diskussionen, die von verantwortlichen oder aufgeklärten Meinungsträgern geführt werden.«

»Und wir haben nie gelernt, gemeinsam in Städten zu leben und frei zu diskutieren«, fügt Vigdís Finnbogadóttir hinzu. »Wir haben nicht gelernt, eine bürgerliche Gesellschaft zu sein. In Island ist es schon seit Jahrhunderten üblich, dass man Stillschweigen bewahrt und alles unter den Teppich kehrt.«

»Die Isländer erheben nicht ihre Stimme zum Protest?«, frage ich ungläubig.

»Nein, man erhebt nicht seine Stimme«, sagt Vigdís Finnbogadóttir. »Deshalb konnte es zu der Krise kommen, weil wir uns nicht dazu geäußert haben. Gerade deshalb möchte ich das Fach ›Philosophie und Diskussion‹ in den isländischen Schulen einführen. Dafür kämpfe ich – und das schaffe ich auch. Ich schaffe alles, was ich will.« Die alte Dame lacht fröhlich über sich selber. Und wir können nicht anders, als mitzulachen.

»Das ist die isländische Einstellung«, sagt ihr alter Freund.

»Die Demokratie muss an die Schulen«, stellt Vigdís Finnbogadóttir fest. »So wie man das in Großbritannien macht. Wir haben das vor ein paar Jahren versucht. Eine Schulstunde pro Woche für Diskussionen.«

»Ich glaube auch, dass man es nur durch Bildung erreicht«, stimmt ihr Professor Edelstein zu. »Ich glaube, dass der politische Diskurs und die Fähigkeit, politische Lösungen auszuhandeln und gesellschaftliche Prozesse zu verstehen, grundlegend schon den Kindern und Jugendlichen vermittelt werden müssen.«

Auf dem Weg von der Universität zur Innenstadt liegt das moderne Rathaus Reykjavíks, an einem kleinen See, der Tjörnin heißt, was bezeichnenderweise schlicht »Teich« bedeutet. Da es nur einen See in der Stadt gibt, musste man sich nicht damit aufhalten, einen Namen für ihn zu suchen. Und im Vergleich zu dem die Insel umschließenden Ozean ist dieser See tatsächlich ein Teich. Wir hätten noch stundenlang diesen beiden anregenden, klugen Menschen zuhören können, bei isländischem Gebäck und Kaffee, umgeben von moderner Kunst und mit dem Blick in den Garten.

Jetzt aber sind wir im Rathaus von Reykjavík verabredet, einem beeindruckenden Gebäude, moderne Architektur aus Sichtbeton und Glas – und dennoch vermittelt es dem Besucher weder Nüchternheit noch Kälte. Die Treppen sind aus Holz, die Wege sind verschachtelt und öffnen sich zu den Treppenhäusern oder den kleinen Patios, wo Sessel stehen, Kopierer. Es sind Begegnungsräume. Die Türen zu den Büros stehen offen. Die Atmosphäre erinnert eher an ein modernes Designerbüro als an Bürokratie.

Eine junge Verwaltungsangestellte begrüßt uns freundlich: »Jón kommt gleich«, sagt sie. Wir nehmen Platz, kurz darauf biegen zwei Männer um die Ecke, die nicht aussehen wie Politiker, sondern eher wie ein Rockmusiker und ein Kabarettist. Bjarni Brynjólfsson ist der Upplýsingastjóri, was so viel heißt wie Pressesprecher. Und Jón Gnarr, Reykjavíks Bürgermeister, ist tatsächlich im bürgerlichen Leben Aktionskünstler, Comedian und Schauspieler, ein Star in Island, jeder kennt ihn. Als eine seiner ersten Amtshandlungen hat er einen »Guten Tag«-Tag eingeführt, einen Tag, an dem alle Reykjavíker aufgefordert sind, sich gegenseitig freundlich zu grüßen.

»Wir legen viel Wert auf Kommunikation – und auf die Art, wie wir miteinander kommunizieren«, sagt er. »Deshalb haben wir versucht, mit anderen Politikern eine gewaltfreie Kommunikation zu praktizieren – ohne mit dem Finger zu zeigen, ohne auf Fehlern der Vergangenheit herumzureiten, sondern indem wir in der Gegenwart gewaltfrei und höflich miteinander umgehen. Selbst wenn die anderen Politiker sehr unhöflich zu uns sind, versuchen wir, ruhig zu bleiben und höflich zu antworten. Ich denke, das war eins der Hauptprobleme, die uns in die Krise von 2008 geführt haben: Sie hatte viel mit Arroganz zu tun.«

Mit einem Seitenhieb auf die Anmaßungen der etablierten Politiker nennt er seine Partei schlicht die »Beste Partei«. Auf dem Höhepunkt der isländischen Krise im Jahr 2010 ist es ihm gelungen, mit einem skurrilen Wahlprogramm, das eher an das Manuskript einer Dada-Vorstellung als an eine politische Agenda erinnert, das Rathaus zu stürmen. Die Menschen waren entrüstet über die Machenschaften ihrer Parteien und wählten mit Jón Gnarr das Kontrastprogramm. Wir sitzen an dem modernen Besprechungstisch in seinem Büro. An der Wand hinter seinem Schreibtisch hängt eine große Collage aus Malerei und Fotografie, die einen Straßenkämpfer zeigt, der anstatt eines Pflastersteins Blumen wirft. Eine ganzflächig verglaste Wand gibt den Blick frei auf den Tjörnin. Freundlich sitzt uns der Bürgermeister gegenüber, kurioserweise steckt eine Sonnenbrille in der Brusttasche seines Sakkos.

»Haben die Leute deshalb für Sie gestimmt, weil sie eine neue Art der Kommunikation wollten?«, beginne ich das Gespräch.

»Ich glaube schon. Denn Kommunikation und Politik können sehr brutal sein. Die Menschen sind oft unhöflich zueinander! Wie soll man aber eine intelligente Unterhaltung mit jemandem führen, der keinen Respekt für dich hat? Dieser brutale Stil der Kommunikation ist meiner Meinung nach ein globales Problem. Egal, wohin ich reise – wenn ich im Hotelzimmer den Fernseher anmache, sehe ich irgendeine deutsche, italienische, amerikanische, englische, französische Nachrichtensendung, und selbst wenn man die Sprache nicht versteht, spürt man die Aggressivität in den Diskussionen. Und die Medien versuchen, diese aggressive, konfrontierende Einstellung zu übernehmen. Und wenn ein Politiker nicht von einem anderen Politiker konfrontiert wird, wird er von den Medien scharf angegangen. Es ist alles auf Schnelligkeit und Gerissenheit ausgelegt.«

»Sieg oder Niederlage«, sage ich. »Mehr Facetten kennt das System nicht. Das ist irgendwie schizophren. Ich war in einigen Talkshows mit Politikern, und das Gespräch vor der Kamera war sehr frustrierend. Aber wenn man dann nach der Sendung gemeinsam ein Bier trinkt, ist es ganz leicht. Das ist so komisch: Warum gehen sie mit ihren sympathischen Seiten nicht an die Öffentlichkeit, sondern zeigen sie erst beim privaten Bier?«

»Darüber haben wir hier viel geredet«, sagt Jón Gnarr. »Wir waren im Stadtrat und die Leute haben uns niedergemacht. Sie sagten: ›Du bist ein Clown, du bist unfähig, deinen Job zu machen, du bist naiv.‹ Und dann ist die Sitzung vorbei, jeder geht raus und sie fragen dich: ›Und, wo warst du im Urlaub?‹ Und man denkt sich: Was soll jetzt das?! Wir haben sie gefragt, wieso wir diese Art der humanen Kommunikation nicht im Stadtrat haben können. Es wäre viel angenehmer und jeder hätte einen Nutzen davon. Und sie haben geantwortet: ›Weißt du, so ist die Politik.‹«

»Die Protagonisten wollen unter sich bleiben«, sage ich. »Sie haben ihre eigenen Rituale. Entweder man wird einer von ihnen, oder man verliert.«

»Das führt aber dazu, dass sich keiner mehr für Politik interessiert. Die Jugendlichen heutzutage wissen vielleicht, wer Obama ist, mehr nicht. Ich glaube, das hat viel damit zu tun, wie sich die Politik entwickelt hat. Denn wenn man den Fernseher einschaltet und Politiker diskutieren sieht, dann ist es meist nicht interessant, sondern in der Regel abstoßend. Junge Leute fragen mich oft: ›Wie kannst du den ganzen Tag mit diesen Leuten zusammensein?‹ Ich versuche, Politik interessant zu machen. Ich sage ihnen: ›Es ist Demokratie und wir alle müssen uns daran beteiligen.‹«

Gerd fragt: »Sie sprechen von Beteiligung – aber habe ich das richtig gelesen: In Ihre Partei kann man gar nicht eintreten?«

»Das stimmt. Wir sind etwa zehn bis zwölf Leute. Wir wollten bewusst einen anderen Weg gehen. Üblicherweise kommen diese neuen Initiativen in das etablierte, politische, demokratische System und versuchen, politisch und demokratisch zu sein. Und es funktioniert einfach nicht, weil es ein wahnsinniger Aufwand ist, einen solchen Apparat aufzubauen. Und ist er einmal aufgebaut, gibt es keinen Unterschied mehr zu den bestehenden Parteien.

Die Piraten haben diese Erfahrung gemacht. Sie haben zwar ihre Liquid Democracy, eine Art internetbasierter, direkter Demokratie – aber sie haben ihre Parteimitglieder, ihre Parteitage, es ist dasselbe System. Unser Prinzip hat den Vorteil, dass wir uns heute keinen Blödsinn von Leuten unserer eigenen Partei anhören müssen. Wir sind weniger eine Partei, eher ein Ensemble, wie eine Band.«

Das kommt mir vertraut vor. »Mich erinnert das an ein Theaterensemble«, sage ich. »Die Intendanz wird für einen bestimmten Zeitraum gewählt. Und der Intendant bringt sein Team mit – den Dramaturgen, den künstlerischen Betriebsdirektor, den kaufmännischen Direktor, das Ensemble. Und das Team bekommt einen Vertrag für vier Spielzeiten.«

»Genau. Viele Menschen nehmen an, dass wir alle schon vorher gute Freunde waren, aber das ist nicht der Fall. Wir kannten uns kaum. Ich dachte: Wie wäre es, wenn ich diese guten Leute alle kriegen würde? Und so haben wir die ›Beste Partei‹ organisiert. Ich sehe es als ein laufendes Experiment. Wir sind mitten in diesem Experiment. Deshalb ist es schwierig, jetzt Schlüsse daraus zu ziehen.«

»Wie organisieren Sie in Ihrem System die Bürgerbeteiligung?«, interessiert mich. »Können die Menschen auch außerhalb der Wahlen am politischen Leben teilhaben? Können sie auch Nein sagen, wenn ihnen die Inszenierung nicht gefällt?«

»Wir haben eine Software eingeführt, eine Webseite, die ›Besseres Reykjavík‹ heißt und ein Instrument für die Bürger zur direkten Demokratie ist. Das ganze Jahr über kann man Ideen posten und über Ideen abstimmen, die dort virulent sind. Wir haben beschlossen, die Ideen mit den meisten Stimmen umzusetzen. Eine sehr beliebte Idee war, unsere Haupteinkaufsmeile zu einer Fußgängerzone zu machen. Wir haben das zuerst zwei Monate lang im Sommer ausprobiert, dann drei Monate, dann vier Monate. Dieser Vorschlag kam direkt von den Bürgern.

Wir haben auch ein gewisses Budget für die Erhaltung von Wohngebieten – und die Bewohner einer Wohngegend können im Internet darüber abstimmen, was sie gerne hätten. Das ist absolut brillant. Die Software hat den Democracy Award der EU gewonnen. Das ist ein sehr angesehener Preis. Aber das Hauptproblem mit dieser Software ist die geringe Beteiligungsrate – und sie sinkt noch weiter.

Wir müssen die Demokratie verbessern. Und wir müssen die Bürger ermutigen, denn es hängt alles von ihrer Beteiligung ab. Ich denke, dass es hier in Island von immenser Wichtigkeit ist, Demokratie und Politik für junge Leute cool zu machen. Dass es cool ist, sich in der Politik zu engagieren, dass es cool ist, eine Meinung zu haben und dafür einzustehen.

Es gibt ein anderes System, das die Demokratie in vieler Hinsicht herausfordert und die Kontrolle übernimmt – der Kapitalismus. Der Kapitalismus ist ein sehr gut funktionierendes System, selbst wenn es ausflippt, ist es immer noch effektiv. Vielleicht können wir vom Kapitalismus etwas lernen und ein paar Elemente auf die Demokratie übertragen. Ich war kürzlich in einem Flugzeug und da bekam man einen Lotterieschein von der Fluglinie. ›Füll ihn aus und du kannst etwas gewinnen!‹ Das Hauptproblem an der Politik ist meiner Meinung nach, dass sie für junge Menschen nicht interessant ist. Deshalb haben sie kein Interesse daran.«

»Warum sind Sie in die Politik gegangen? War es eine Art Kunstprojekt für Sie oder sind Sie ein Politiker?«, fragt Gerd.

»Ich schätze, es war vorübergehende Unzurechnungsfähigkeit.« Der Bürgermeister lacht.

»Das habe ich mir gedacht! Sie hatten einen so schönen Job und gehen in die Politik!«, stimme ich ihm zu.

»Im Ernst: Ich fand, es war meine Bürgerpflicht, etwas zu tun. Ausgelöst wurde der Entschluss durch die Krise. Ich war frustriert wie so viele Menschen, denn als freischaffender, kreativer Mensch ist man immer abhängig von den Politikern. Das hat mich sehr oft irritiert und ich denke, das war der Auslöser für die Idee: Die haben uns hochgehen lassen, jetzt lasse ich sie hochgehen.

Wir sind ein einzigartiges Land, in dem nur etwa 300 000 Menschen leben. Um hier zu überleben, muss man sehr anpassungsfähig und einfallsreich sein. Anpassung kann aber opportunistisch sein. Man ergreift jede Gelegenheit, die sich bietet, um zu überleben.

Wir sind stolz auf unsere Unabhängigkeit, darauf, dass wir ein souveräner Staat sind, eine unabhängige Nation mit unserer eigenen Sprache. Aber es ist ein schmaler Grat zwischen Stolz und Hybris. Und ich denke, diese Linie haben wir überschritten, 2006 oder schon 2005. Wir haben die Linie überschritten – und waren nicht mehr nur stolz, sondern einfach nur noch arrogant. Die Leute hatten das Ziel, ein Finanzzentrum zu schaffen, das Katar des Nordens. Es war lächerlich, verrückt!«

»Sehen Sie sich inzwischen als einen Politiker?«, fragt Gerd Leipold.

»Ich bin sehr politisch. Aber ich sehe mich selbst nicht als Politiker. Manche sagen, du arbeitest als Politiker, du bist eine gewählte Amtsperson, also bist du ein Politiker. Und ich sage: ›Wenn ich nach Belgien reise, bin ich dann Belgier?‹ Berufspolitiker ist kein Beruf! Es gibt keine Berufsbezeichnung ›Politiker‹. Es ist eher eine Charaktereigenschaft. Wenn man ein Alpha-Typ ist, dann kann man leicht Berufspolitiker werden, wenn man entscheidungsfreudig ist, direkt, schnell redend, schnell denkend. Aber nicht alle Menschen sind so. Manche Leute sind ziemlich introvertiert, aber trotzdem intelligent und könnten viel beitragen, aber es gibt für sie immer weniger Plattformen, um sich zu beteiligen.«

»Wer hat sich mehr verändert: Sie oder die anderen?«, fragt Gerd.

»Ich denke nicht, dass ich mich verändert habe. Einige Oppositionspolitiker haben verstanden, wofür wir stehen. Sie haben begonnen, mit uns zu arbeiten und wir kooperieren sehr gut mit Einzelnen von ihnen. Andere können uns überhaupt nicht leiden. Es hängt von den Personen ab.«

»Sie haben einen Eisbären für den isländischen Zoo versprochen«, fragt Gerd Leipold. »Gibt es denn den mittlerweile?«

»Nein, aber das war eins meiner Wahlversprechen, das mir vielleicht am ernstesten war. Es war meine Intention, ein Bewusstsein für den Klimawandel zu entwickeln, für das Schmelzen der Polkappen und das häufigere Auftauchen von Eisbären in Island. Ich finde es sehr unmenschlich, wie wir mit diesen Tieren umgehen, denn sie werden üblicherweise einfach von der örtlichen Polizei erschossen. Mein Vorschlag ist, dass wir versuchen sollten, in andere Methoden zu investieren. Man könnte ein Gehege haben, wo sie sich frei bewegen können.«

Und es folgt die unvermeidliche Frage meines Partners: »Und wie halten Sie es mit den Walen?«

»Genauso! Für mich ist es unsere Pflicht, die Natur Islands zu bewahren. Wir sollten es wie ein natürliches Museum ansehen und die Tier- und Pflanzenwelt schützen – und besonderen Wert auf die Aufklärung über Wale und das Walbeobachtungs-Geschäft legen. Whale Watching ist viel profitabler als die Walfangindustrie. Ich bin komplett gegen den Walfang, es ist eine sehr schlechte Werbung für Island. Wir haben unsere natürlichen Ressourcen, die Wasserfälle und eine herrliche Natur. Viele Menschen wollen die Gelegenheit nutzen und die Natur mit Staudämmen und Ähnlichem ausschöpfen. Ich bin dagegen. Es beschämt mich wirklich, wie wenig Wert wir hier in Island auf die Natur legen. Es gibt kein naturhistorisches Museum. Wir sind ein Land, das weltweit für seine Natur bekannt ist – und wir haben kein naturhistorisches Museum!«

Seine Gegner werfen Jón Gnarr vor, er würde der Politik ihre Ernsthaftigkeit nehmen. Seine Partei sei eine Spaßpartei. Und er schüttet regelmäßig kräftig Wasser auf ihre Mühlen.

Wenige Tage vor unserem Besuch war der Bürgermeister bei den World Outgames 2013 in Antwerpen zu Gast, weltweit das größte Kultur- und Sportfestival für Schwule, Lesben, Trans- und Bisexuelle. Ähnlich wie die Olympischen Spiele gehen sie alle vier Jahre in einer anderen Stadt der Welt über die Bühne. Reykjavík hatte sich um die Ausrichtung der Spiele im Jahr 2017 beworben – und gegen Miami Beach verloren. »Miami hat mit Cocktails und Sonnenstränden geworben«, sagte Gnarr nach Bekanntgabe des Abstimmungsergebnisses in Antwerpen. »Ich meine – wer kann das toppen?« In seiner Grußadresse gratulierte er dem US-Konkurrenten und kündigte an, bis zur nächsten Vergabe »Reykjavíks Strände zu beheizen und das Mixen von Cocktails« zu üben.

Es sind solche munter-beschwingten Auftritte, die seine politischen Gegner für ihre Zwecke nutzen. Dabei verkennen sie, dass hinter der Maske des Clowns durchaus so etwas wie ein ernsthaftes politisches Programm steckt.

»Vor wenigen Tagen«, frage ich ihn, »haben Sie sich in Ihrer Rede in Antwerpen für Toleranz und die Rechte von Minderheiten, insbesondere der Homosexuellen, eingesetzt. Wir waren vor einigen Tagen in Budapest. Dort ist der Rassismus gegen die Roma ein großes Problem. Auch im Europaparlament sitzen ungarische Rechtsradikale – und nicht nur ungarische –, die als gewählte Abgeordnete mit öffentlichen Geldern bezahlt werden.«

»Das finde ich nicht richtig«, sagt Jón Gnarr. »Es sollte strenge, ethische Regeln geben und ich denke, es ist der beste Weg, um Hassprediger und Hassgruppen zu bekämpfen, wenn man den Geldhahn für alles zudreht, das als hasserfüllt oder respektlos betrachtet werden kann.«

»Aber diese Politiker wurden gewählt«, entgegne ich. Deshalb kann das Europäische Parlament nicht sagen: ›Wir akzeptieren euch nicht‹. Wie soll man damit umgehen?«

»Ich habe dem Stadtrat erst kürzlich vorgeschlagen, dass wir die Partnerschaft mit unserer Partnerstadt Moskau so lange ruhen lassen«, sagt der Bürgermeister, »bis Russland seine diskriminierende Politik gegen Homosexuelle beendet. Ich weiß, dass die Leute im Außenministerium deswegen in Panik sind. Sie sind sehr nervös. Gestern hat mir ein russischer Journalist gesagt, dass ich eine Persona non grata in Russland wäre. Dabei habe ich überhaupt nichts gegen Russland, ich lese gerade *Der Meister und Margarita* von Michail Bulgakow. Ich schätze die russische Kultur, die Literatur, die Musik. Ich bin nur mit der aktuellen Politik nicht einverstanden. Da muss man unterscheiden.

Manche Menschen meiden lieber solche Konflikte, anstatt für ihre Prinzipien einzustehen. Ich bin der Meinung, dass keine Hassgruppe es verdient, öffentliche Gelder in die Taschen gesteckt zu bekommen. Es gibt so viele schöne Dinge, denen öffentliche Gelder zustehen sollten und die sie dringend benötigen, zum Beispiel Kunst und Literatur. Kreativität. Bildung. Ich stimme Ihnen zu: Es ist ein ernstes Problem, denn in vielen europäischen Ländern werden rechtsextreme Parteien gewählt.«

»Es ist nicht immer leicht, sich in der Politik ethisch zu verhalten«, sagt Gerd Leipold. »Island kann seine Beziehung zu Russland nicht wegen einer ethischen Position aufs Spiel setzen. Aber es ist wichtig, eine solche Debatte voranzutreiben.«

»Die Demokratie ist bei Weitem nicht perfekt, sie ist voller Improvisationen und Gedanken. Aber wir können einen Weg finden, dieses System zu verbessern – und ich denke, das ist unsere Pflicht. Es hängt alles von der Beteiligung der Bürger ab. Man muss neue Wege finden, mittels derer sich die Leute an der Demokratie beteiligen können. Denn ohne Beteiligung ist sie nur ein Begriff. Dann sind wir nur eine Gruppe von Leuten, die die Kontrolle übernommen haben.«

Während des ganzen Gesprächs saß Bjarni Brynjólfsson an seiner Seite und hat die Unterhaltung aufmerksam verfolgt. Jetzt deutet er auf seine Armbanduhr. »Time is over«, sagt er. Und nicht nur darum haben wir den Eindruck, dass diese

Leute sehr diszipliniert und gewissenhaft ihren Job erledigen. Und wenn sie dabei Spaß haben und – noch besser – Spaß an der Politik vermitteln, dann können sich die Isländer nur glücklich schätzen. Eine Regierung wie eine Theaterintendanz, eine originelle Idee. Und ein neues Konzept für die dazu passende Zusammensetzung des Parlaments sollten wir schon kurze Zeit später vorgestellt bekommen.

Nur wenige Schritte vom modernen Rathaus entfernt liegt das altehrwürdige Parlamentsgebäude des Landes. Hier haben wir uns mit einer bekannten WikiLeaks-Aktivistin verabredet. Sie ist die Vorsitzende der isländischen Piratenpartei, für die sie seit der letzten Wahl im Parlament sitzt. Im Abspann des WikiLeaks-Videos *Collateral Murder* wird sie als Koautorin aufgeführt. Dieses Video hatte weltweit für Entrüstung gesorgt. Es zeigt einen Angriff der US-Luftwaffe vom 12. Juli 2007 in Bagdad aus der Sicht des Schützen. Mehrere Zivilisten waren bei diesem Angriff ums Leben gekommen. Birgitta Jónsdóttir war deshalb von einem Auskunftsersuchen betroffen, mit dem das Justizministerium der USA Zugriff auf ihre bei Twitter gespeicherten persönlichen Daten erlangen wollte. Die Aktivistin schaltete einen Anwalt und den Justizminister ihres Landes ein und nannte das Vorgehen der Amerikaner »völlig inakzeptabel«. Mittlerweile wurde der amerikanische Botschafter in Island von der isländischen Regierung ins Außenministerium zitiert.

»Ich kenne Jón, seit ich fünfzehn bin«, erzählt sie uns. In schwarzen Stiefeln, hellblauen Leggings und einem bunten Kleid sitzt die rothaarige, agile Frau hinter ihrem Schreibtisch. »Jón war mein erster Freund. Wir haben gemeinsam die Philosophie des Anarchismus gelesen. Er ist der beste Inszenierungskünstler der Welt. Das muss man wissen. Ich finde ihn genial. Er zeigt den Menschen, wie bereitwillig sie ihre demokratischen Rechte an eine Partei abgeben.«

»Sie sagen also, dass er kein ernsthafter Bürgermeister ist?«, fragt Gerd. Das bringt die 46-Jährige auf die Palme.

»Was zum Teufel ist denn ein ernsthafter Bürgermeister? Er ist sehr ernsthaft, er benutzt seinen kreativen Humor für ernsthafte Veränderungen. Und vor allem ist er ehrlich! Jóns Einmischung erinnert an die sozialpolitischen Experimente von Antanas Mockus, dem Ex-Bürgermeister von Bogotá. Ich weiß, dass er davon inspiriert wurde. Es ist höchste Zeit, den gewohnten Rahmen zu sprengen. Wir brauchen neue Alternativen in der Politik.«

»Ohne Parteien?«, frage ich.

»Warum wählen wir für das Parlament nicht einfach zufällig Leute aus dem Telefonbuch aus? Als Parlamentarier. Keine Berufspolitiker. Wie Schöffen bei Gericht. Bäcker, Professoren, Bauern, Künstler. Um für vier Jahre Repräsentanten zu sein? Ich denke, wir müssen die Menschen dazu bringen, sich mehr für die Entwicklung ihrer Gesellschaft zu interessieren. Wir müssen in kleineren Einheiten denken und ein profundes Verständnis für Nachhaltigkeit entwickeln.«

»Das stimmt«, pflichte ich ihr bei. »Aber letzten Endes braucht man eine Person oder eine Gruppe, die Entscheidungen trifft und die Verantwortung dafür übernimmt.«

»Genau deshalb brauchen wir die klügsten Köpfe, die vorausdenken, die in die Zukunft denken. Und keine Politiker, die den ganzen Tag damit beschäftigt sind, ihre Position innerhalb der eigenen Partei abzusichern. Ich rede von Denkern und Visionären. Sie müssen zusammenkommen und einen Gesellschaftsentwurf für die Zukunft erstellen. Als Jón Bürgermeister wurde, war die Stadt in einem ziemlich schlechten Zustand, aber er hat sich selbst nie zu ernst genommen. Das ist sehr wichtig, wenn man sich in diesem Labyrinth aus ungeschriebenen Regeln bewegen will – denn dann nimmt man sich die Freiheit, manche Dinge einfach zu machen.«

»Was zeichnet Ihrer Meinung nach einen Politiker aus?«, frage ich.

»Unsere Demokratien haben sich so entwickelt, dass die meisten Politiker Berufspolitiker geworden sind. Aber wen sollen die denn bitte schön repräsentieren? So war die Demokratie ursprünglich nicht vorgesehen! Die Politiker sollten Repräsentanten sein. Aber da sich die Menschheit vergrößert hat, steht jeder Repräsentant für so viele Menschen und kann nicht mehr wirklich repräsentativ sein. Früher gab es Landwirte, Ärzte und alle möglichen unterschiedlichen Berufe, die ihre Leute repräsentierten.«

»Sind Sie gegen Berufspolitiker?«, fragt Gerd.

»Ja, absolut. Ich versuche herauszufinden, wie wir unsere Demokratien wieder zurückgewinnen können. Wieso protestieren denn die Menschen weltweit? Sie protestieren, weil sie am eigenen Leib erfahren haben, dass das System für sie nicht mehr funktioniert. Unsere Gesetze sind so kompliziert! Ich meine: Haben Sie mal versucht, das Europäische Gesetzbuch zu lesen?«

»Das ist unmöglich«, bestätigt Gerd.

»Niemand versteht es! Selbst unsere lokalen Gesetze sind so komplex geworden, dass wir sie nicht mehr verstehen. Und wenn wir sie nicht verstehen, können sie auch nicht für uns funktionieren. Das war einer der Gründe, wieso ich in die Politik gegangen bin: um das System zu verstehen. Es wird gar nicht erst versucht, in der Öffentlichkeit ein Interesse für den Gesetzgebungsprozess zu wecken.«

»Man soll einfach die Klappe halten«, stimme ich ihr zu.

»Ja, genau: Halt die Klappe und vertraue den Juristen! Der Trend im Parlament geht dahin, dass wir Berufspolitiker haben, die Juristen sind. Sehen Sie sich den Verfassungsprofessor an, der die Vereinigten Staaten regiert. Bevor die Verhandlung gegen Bradley Manning überhaupt begonnen hat, hat er ihn für schuldig erklärt. Er steht über dem Gericht! Das ist verrückt. Es scheint überall dasselbe Problem zu sein.«

»Also denken Sie, wir brauchen neue politische Strukturen?«, fragt Gerd.

»Selbstverständlich. Wir leben in einer völlig anderen Welt als zu der Zeit, in der unsere Demokratien gegründet wurden.

Es gibt beispielsweise viel zu wenige Parlamentsmitglieder, die die Problematik mit der Privatsphäre, die von Snowden enthüllt wurde, verstehen. Sie verstehen auch nicht, wie wichtig es ist, weltweite Gesetze dafür zu schaffen, dass eine Verletzung der Privatsphäre nicht in Ordnung ist – auch wenn sie auf dem digitalen Weg passiert! Sie kommen aus einer anderen Zeit.«

»Ist es Teil Ihres Programms, sich auch mit dem Schutz der Privatsphäre zu beschäftigen – und nicht nur mit der Bedrohung der Pressefreiheit?«, fragt Gerd.

»Das ist doch das große Missverständnis: Die Bedrohung des Privaten ist auch eine Bedrohung der Freiheitsrechte! Viele verstehen das nicht. Sehen Sie: Journalisten fällt es durch diese Massenüberwachung zunehmend schwerer, ihre Quellen zu schützen. Gehen Sie in die Türkei und sehen Sie sich das an!«

»Da waren wir gerade«, sage ich.

»Anwälte können keine Gewähr mehr für das Vertrauensverhältnis gegenüber ihren Klienten geben, Ärzte nicht gegenüber ihren Patienten. Und für mich ist das die Grundlage unserer Demokratien. Die Organisation ›Reporter ohne Grenzen‹ versteht das.

Die Regulierungen gegenüber Whistleblowing innerhalb des Staates sind sehr kompliziert. Die Angestellten im öffentlichen Dienst müssen wissen, wann es ihre Pflicht ist, etwas zu melden und wann nicht. Das muss besser geregelt werden!

Kein Land der Welt hat einen adäquaten Schutz für Journalisten, die unter Strafandrohung genötigt werden, ihre anonymen Quellen preiszugeben. Deshalb haben wir die ›Icelandic Modern Media Initiative‹ IMMI[1] ins Leben gerufen. In den ersten Monaten, als ich versuchte, das Konzept von IMMI zu erklären, war ich wie vor den Kopf gestoßen: Es gab dafür, was IMMI bedeutet und wie es funktioniert, keine passenden Metaphern in der Offline-Welt. Und so entschloss ich mich, einen Workshop mit Parlamentariern der verschiedenen Frak-

---

1   Isländische Initiative zu modernen Medien. Ein Gesetzespaket in Island, das optimale juristische Voraussetzungen für investigativen Journalismus und Pressefreiheit im digitalen Zeitalter zum Ziel hat.

tionen abzuhalten, zu dem ich Leute von WikiLeaks einlud – um Island zu einem friedvollen Freihafen der Meinungsfreiheit zu machen. Nicht alle Reformen konnten bislang umgesetzt werden, es geht zum Teil schleichend voran – aber wir reden hier auch über ein wirklich großes Thema. Es geht nämlich darum, sämtliche Gesetze, die öffentliche Mitarbeiter betreffen, mit Blick auf Geheimhaltung und Transparenz zu analysieren. Ich habe mit vielen Experten darüber gesprochen, wie wir gewährleisten können, dass andere Regierungen sich nicht in die Privatsphäre von uns Isländern einmischen können. Dank IMMI haben wir heute die besten Gesetze für Quellenschutz in der Welt!

Ich hatte ein Treffen mit dem Außenausschuss mit Ban Ki-moon[2]. Bis zu diesem Treffen hatte ich Vertrauen in die Vereinten Nationen, die Menschenrechtserklärung ist eine gute Idee und ich habe mich auf das Treffen gefreut. Denn ich hatte schon überlegt, wie ich an eine hochrangige Persönlichkeit komme, damit sie verstehen lernen, dass wir Artikel 12[3] in Bezug auf die Privatsphäre verbessern müssen. Es war zu der Zeit, als der NSA-Abhörskandal öffentlich diskutiert wurde, also erst kürzlich. Jede Partei durfte Ban Ki-moon ein paar Fragen stellen und ich habe gefragt, ob er nicht besorgt ist über die Enthüllungen zur Massenüberwachung von normalen Bürgern. Denn ich war sehr besorgt darüber. Und ich habe gefragt, ob es nicht toll wäre, wenn die Vereinten Nationen eine Führungsposition einnehmen würden, um sicherzustellen, dass unsere Online-Privatsphäre genauso heilig ist wie unsere Offline-Privatsphäre.

Und er hat geantwortet, dass Snowden und Assange das Problem wären. ›Ich bin der Meinung, dass diese Infrastrukturen nicht dafür geschaffen wurden, dass jemand wie Snowden sie derart missbraucht‹, hat er gesagt.

---

2 Generalsekretär der Vereinten Nationen in New York

3 Artikel 12 der UN-Charta: Informationspflicht des Generalsekretärs der UN gegenüber der Generalversammlung, sobald im Sicherheitsrat international relevante Fragen von Frieden und Sicherheit erörtert werden

Hast du noch Worte! Er hat überhaupt nichts kapiert! Ich habe mich sehr aufgeregt, weil es völlig verrückt ist! Dieser Organisation kann ich einfach nicht vertrauen, da vertraue ich doch lieber auf das Internet. Wir müssen neue Strukturen schaffen. Nicht darauf warten, bis die Regierungen etwas tun, denn die sehen so etwas nicht gern. Sie wollen nicht, dass das Volk bestimmt, wer die natürlichen Ressourcen kontrolliert.«

Ihr Redeschwall lässt uns verstummen. »Es ist schwierig …«, sage ich.

»Nein, es ist gar nicht schwierig. Sobald wir glauben, dass etwas schwierig ist, können wir es nicht mehr machen. Mein Lebensmotto war immer: Alles ist möglich. Wenn ich was will, dann schaffe ich das!«

Gerd Leipold lacht. »Das hat uns in Island vor wenigen Stunden schon einmal eine Frau gesagt«, stellt er fest. »Ich sehe das übrigens auch so. Nach dem Kalten Krieg hatten wir eine Phase, in der alle großen Fragen geklärt schienen. Jedes neue Denken begab sich weit fort von der Durchschnittsgesellschaft. Und jetzt haben wir wieder eine Diskussion, eine Art Suche und viele Ideen, bei denen man zunächst denkt ›Oh mein Gott, das ist verrückt!‹ Aber genau das brauchen wir! Dass wir eine solche Debatte haben, finde ich ausgezeichnet. In dieser Hinsicht bietet uns das Internet die enorme Möglichkeit, dass wir schneller lernen und unseren Blickwinkel erweitern.«

»Benötigt man aber«, wende ich ein, »nicht nur neue politische Strukturen, sondern auch neue Strukturen für das Internet? Wenn man eine neue demokratische Zukunft darauf aufbauen will? Ist eins der Probleme des Internets nicht seine zentralistische Struktur – das ganze System wird von wenigen großen Servern dominiert, und alle stehen im selben Land. Es gibt keine Transparenz und nichts ist rechtlich geregelt.«

»Das ändert sich bereits«, sagt Birgitta Jónsdóttir und lacht.

»Das ändert sich?«

»Es gibt zwei isländische Piraten, die an einem neuen E-Mail-System arbeiten, das verschlüsselt ist. Es kann eine

Alternative zu Google werden. Viele Leute schielen nach Island, um hier ihre Seiten zu betreiben – weil Skandinavien einen ungewöhnlich starken Schutz der Informationsfreiheit hat und weil sie denken, dass wir IMMI bereits durchgesetzt haben. Wir haben hier eine Menge an gesetzlicher und steuerlicher Infrastruktur geschaffen, um Unternehmen einen Anreiz zu geben, ihre Seiten hier zu betreiben. Und viele Unternehmen wollen nicht nur wegen der rechtlichen Rahmenbedingungen nach Island, sondern weil es ein guter Niederlassungsort ist. Wir sind im Zentrum – und wir haben ein stabiles Klima, es wird nie richtig kalt. Das Klima ist bestens geeignet, um …«

»… zu denken?«, frage ich.

»… um Datenserver zu betreiben! Denn die benötigen viel Kühlung.«

»Stimmt«, sagt Gerd. »Heiß ist es hier nicht.« Wir lachen. Aber unserer Gesprächspartnerin ist die Sache ernst.

»Die Temperaturen hier sind vor allem stabil. In manchen Ländern wird es im Winter sehr kalt und im Sommer sehr heiß. Wir haben immer dieses Kühlschrank-Klima. Und wir arbeiten daran, die besten Gesetze für Meinungsfreiheit zu haben. Die NSA hat uns einen der Vorzüge des Internets und der digitalen Daten gezeigt: dass alles auffindbar ist und nachverfolgt werden kann. Das ist das Gute daran. Durch die NSA haben wir gesehen, was möglich ist. Da jetzt alles nachverfolgt werden kann, müssen wir als Gesellschaft ein Verständnis dafür entwickeln, wie viel Zugriff auf unsere Rückverfolgung wir den Unternehmen und Regierungen einräumen wollen.

Deshalb brauchen wir ein System, bei dem die Öffentlichkeit sich einbringen kann, wie es die ›Beste Partei‹ mit ›Besseres Reykjavík‹ getan hat. Die Piratenpartei nutzt ›Besseres Island‹, um die Leute dazu zu bringen, dass sie Einfluss darauf nehmen, wie wir unser Land gestalten. Denn eine der größten Enttäuschungen als Abgeordnete war für mich, dass die Leute sich nicht dafür interessieren, was wir machen. Es ist ihnen egal. Ich könnte alles tun, ich könnte korrupt sein – es wäre ihnen scheißegal. Sie verstehen nicht, dass man, wenn man in einer Demokratie lebt, Verantwortung trägt. Ich will ein Treffen mit Jón Gnarr, dem Bürgermeister, organisieren, denn ich will sie dazu bringen, das System von ›Besseres Reykjavík‹ für das Bildungssystem zu nutzen.

Es wäre toll, wenn ›Besseres Reykjavík‹ und ›Besseres Island‹ als Teil des Lehrplans Kinder animieren könnten einzubringen, was sie in der Gesellschaft verbessern würden. Das ist meiner Meinung nach ein guter Weg, um die Leute dazu zu bringen, dass sie engagierte Bürger werden – wenn man von klein auf sieht, dass selbst ein geringer Beitrag das tägliche Leben verändern kann.

Wenn wir es schaffen, dass die Leute darüber diskutieren, in welcher Gesellschaft wir leben wollen und wie sich das im Gesellschaftsvertrag, also der Verfassung, widerspiegeln soll, dann können wir alle gemeinsam an einem Strang ziehen. Das könnte uns ermöglichen, tiefergehende Diskussionen über diese Themen zu führen. Ich glaube, wenn wir genügend Menschen zusammenbekommen, die bereit sind, darüber zu diskutieren, dann finden wir eine Lösung, die meinem Traum sehr nahekommt. Es wäre sehr wichtig, tatsächlich in die Schulen zu gehen und solche Diskussionen zu haben, denn die Jugendlichen sind diejenigen, die mit den Folgen dieser Übereinkunft leben müssen.«

Als wir das Abgeordnetenbüro verlassen und auf die Straße treten, tut der frische Wind gut. Beide atmen wir tief durch. Birgitta Jónsdóttir hat uns mit einem zweistündigen klaren, wilden Gedanken- und Redeschwall ordentlich eingeheizt. Wenn ich ein Bild einer Piratin im Kopf habe, dann ist das ab sofort das von Birgitta Jónsdóttir. »Dóttir«, übrigens, ist die Namensendung für Tochter, so wie das »son« für den Sohn steht. Von allen skandinavischen Sprachen kennen nur die Isländer eine weibliche Endung für weibliche Namen. Sólveig Arnarsdóttir hat recht: Starke Frauen hat dieses Land!

Wenn Jack Sparrow[4] eine wie Birgitta Jónsdóttir an seiner Seite hätte, wären sie kaum zu schlagen. Während wir die Uferpromenade entlangschlendern, fällt mir ein Satz der ehemaligen Präsidentin ein: »Wir dürfen nicht vergessen, dass Isländer stürmisch sind. Sie sind sehr ungeduldig. Sie stürmen zum Fisch, bevor er weg ist. Sie stürmen los, um das Heu zu retten, bevor der Regen kommt. So beeindruckend diese Charaktereigenschaft ist – sie hat auch dazu geführt, dass sie vor der Krise bereit waren, zu pokern. Sie analysieren nicht. Und deshalb ist das passiert.«

»Das Zocken ist auch ein historischer Prozess«, hatte Professor Edelstein ihr beigepflichtet. »Die isländische Modernisierung wächst explosionsartig. Diese Gesellschaft wurde innerhalb von 30 Jahren von einem traditionellen Staat zu einer modernen Gesellschaft. Teilweise – in Bezug auf Pressefreiheit, Frauenrechte, Egalität – zur modernsten Gesellschaft der Welt. Es gibt hier absolut einzigartige Dinge.

Auf der anderen Seite verkürzt diese Rastlosigkeit den Atem, den man für eine Langzeitplanung braucht. Hier gibt es eine Menge Ungeduld. Die Entwicklung der Modernisierung einer ultra-modernistischen Gesellschaft hat dann den Nebeneffekt, dass die Zockermentalität wächst. Man setzt darauf, dass wir schon Glück haben werden. Wir investieren in andere Länder. Wenn es andere machen, warum wir nicht auch? Also machen wir das im großen Stil. Der Finanzkapitalismus wirkt sehr hypnotisch auf Spieler.

Es ist eine komplizierte Sozialpsychologie. Island ist auf eine Art beispielhaft. Ein paradigmatischer Fall, nur mit ausgemalten Bildern. Eine Gravur mit sehr dominanten Linien, die wir in größeren, etablierten Gesellschaften nicht mehr sehen. Es lohnt sich wirklich, diesen isländischen Fall zu analysieren.«

»Man sagt mir oft: Sie sind die erste Frau, die einen Staat repräsentierte«, sinnierte Vigdís Finnbogadóttir. »Das stimmt – wir hatten hier die erste Frau in diesem Amt. Und ich bin noch heute stolz auf meine Isländer, dass sie das gewagt haben. Es ist typisch für Isländer. Wenn sie etwas möchten, haben sie den Mut, es zu machen. Sie haben keine Angst. Es sind gute Menschen. Ein bisschen tollpatschig manchmal …«

Wir würden am liebsten noch wochenlang hierbleiben. Und von einem zum andern gehen, Kaffee trinken, reden, essen, nachdenken, lachen, lernen, weitergehen, wiederkommen. Und es würde uns nie langweilig werden. Es würden immer neue Gedanken formuliert werden. Vielleicht stimmt es, was Vigdís Finnbogadóttir sagt, dass die Isländer keine großen Debattierer sind. Aber sie sind hervorragende Erzähler. Und sie haben einen ansteckenden Optimismus – und haben, für alle Fälle, eine Sonnenbrille dabei. Die Menschen, zumindest die, mit denen wir gesprochen haben, sind tief verwurzelt in einer jahrhundertealten Geschichte und betrachten das Leben nicht aus der Perspektive der stolzen Tradition einer Großmacht, sondern im Bewusstsein der Kostbarkeit und Fragilität der eigenen Kultur – neugierig auf neue Perspektiven, sensibel für Veränderungen, voller Respekt vor dem anderen. Sie haben Wurzeln und Flügel.

Aber auch diese Gesellschaft ist gefährdet. Die Schuldenberge, die sich in der Krise aufgetürmt haben, sind gigantisch. Und schon wieder sind die alten Zocker an der Macht. Chinesische Investoren geben sich in diesen Tagen die Klinke in die Hand, haben uns unsere Gesprächspartner erzählt. Es ist von Landkäufen die Rede, von der Übernahme der Schulden. »Die Chinesen haben zwei Prozent unseres Landes gekauft«, erzählte uns Birgitta Jónsdóttir. »Und keiner weiß, was sie vorhaben. Man kann doch in Island keinen Golfplatz bauen!« Das Interesse der Chinesen ist mysteriös. Denn Island hat keine Bodenschätze. Der Schatz dieser Insel sind ihre Bewohner – und ihre strategische Lage im Atlantischen Ozean.

»Diese 18 oder 20 Banker, die unsere absoluten Helden waren«, hatte uns Sólveig Arnarsdóttir, meine Schauspielkollegin, im *Snaps* erzählt, »die auf allen Klatschblättern immer vorne drauf waren; die für eine Geburtstagsfete mal eben Elton John eingeflogen haben oder Duran Duran, weil man das immer gehört hat, als man noch zum Gymnasium ging, die haben noch ihr Geld. Sie sind unheimlich reich geworden. Und sie haben fast nichts verloren. Wir haben ja einen Sonderstaatsanwalt eingesetzt. Er arbeitet schon seit fünf Jahren. Aber die sind schlau, die Jungs. Ihr System ist so wahnsinnig kompliziert. Ich habe eine Dokumentation darüber gesehen, wie man versucht hat, ihre Firmen irgendwie nachzuvollziehen. Es ist wie ein Spinnennetz.«

Inzwischen sind wieder die Parteien an der Regierung, die die Krise verursacht haben. Man kann den Isländern nur wünschen, dass sie es schnell lernen, nachzufragen, sich einzumischen, um ihre einmaligen zivilisatorischen Errungenschaften zu bewahren.

Geld und Macht. Die Energien, die sich hinter diesen Synonymen verbergen, haben eine unglaubliche Kraft – konstruktiv, verführerisch, zerstörend. Wird unsere Kultur lernen, sie zu beherrschen?

»Ihr habt ja dieses Lavafeld gesehen?«, hatte uns Sólveig Arnarsdóttir noch gefragt. »Ihr seid ja daran vorbeigefahren, als ihr vom Flughafen kamt. Ihr habt das Moos gesehen? Wir haben keine Bäume. Unsere Kultur ist wie das Moos. Sehr dünne, fragile Wurzeln.«

Wenn es so ist, wie Professor Edelstein sagte, dass Island ein Modell ist für moderne Gesellschaften, dann wurde in den Tagen, die wir hier verbracht haben, eins deutlich: Es gibt viele kreative, engagierte Bürger und es gibt viele interessante, neue Ideen. Was diese Welt gefährdet, ist die mangelnde Beteiligung. Und die Gier. Ich denke, ich kaufe mir eine Sonnenbrille.

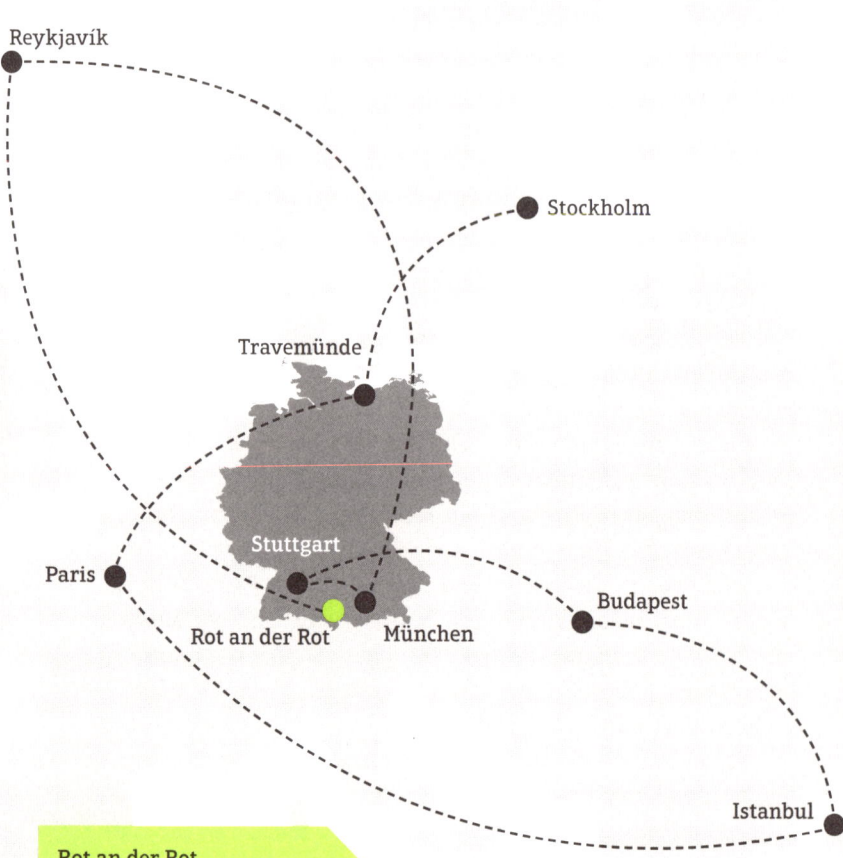

Reykjavík

Stockholm

Travemünde

Stuttgart

Paris

Rot an der Rot

München

Budapest

Istanbul

Rot an der Rot
August 2013

Zum Abschluss ihrer Reise
durch Europa kommen Gerd
Leipold und Walter Sittler in
Oberschwaben zusammen.
Von der Bedeutung gewach-
sener sozialer Strukturen.
Über Heimat und Mobilität

Gerd Leipold
Rot an der Rot

»Mein Vater war hier Lehrer. Und meine Mutter, die eine kaufmännische Ausbildung hatte, hat die Bücher der Dorf-molkerei geführt. Meine Eltern sind beide weit über neunzig geworden. Vor zwei Jahren habe ich unser Elternhaus über-nommen und bin nach mehr als 40 Jahren zurückgekehrt in mein Heimatdorf.«

Zurück aus Island sitzen Walter Sittler und ich in der Alten Klostermühle, einem Gasthaus mitten in Rot an der Rot. Und ich erzähle an diesem späten Vormittag bei Butterbrezeln und Kaffee aus meinem Leben. Wir sind zusammengekommen, um uns am Ende unserer Reise über Mobilität und Heimat zu unterhalten. Welche Rolle spielen gewachsene soziale Strukturen für eine funktionierende Zivilgesellschaft? Am Beispiel unserer eigenen Geschichten wollen wir darüber reden – und bei einem Besuch des Heimatmuseums Wolfegg, das eine Ausstellung zum Schicksal der Schwabenkinder beherbergt.

Rot an der Rot ist eins der schönsten Dörfer Oberschwa-bens – das wage ich zu behaupten, obwohl ich natürlich weiß, dass ich in dieser Frage befangen bin. Die saftigen Wiesen, die gerade zu dieser Jahreszeit in ihrer Reife stehenden Äcker, die gepflegten Wälder – diese vom Menschen gestaltete und ge-prägte Natur bildet einen bizarren Kontrast zur archaischen Kargheit der Vulkaninsel im Nordmeer. Eingebettet in die hügelige Landschaft zwischen Memmingen und Biberach bil-det eine alte Klosteranlage, die im Jahr 1126 von den Prämons-tratensern gegründet worden war, das Zentrum des Dorfes. Durch das Süd- und das Nordtor gelangt man in den von Klostermauern umgebenen Ortskern. Ein großzügiges, helles

Ensemble. Mit der Geschichte des Ortes bin ich großgeworden, weil man Vater hier nicht nur der Dorflehrer war, sondern nebenher auch die Chronik führte. Alle großen Gebäude sind um 1700 entstanden, oberschwäbischer Barock. 1803 wurde das Kloster durch den von Napoleon verursachten Reichsdeputationshauptschluss aufgelöst – als Kind hat mich dieses Wort immer fasziniert. Die Güter wurden an einen linksrheinischen Grafen gegeben. Die Klostermühle, in der Walter Sittler und ich jetzt sitzen, war in meiner Kindheit noch ein Sägewerk. Irgendwann hat es Baron August von Finck gekauft und aufwendig restaurieren lassen. Seitdem wird hier der Gasthof betrieben.

Die Mönche müssen recht progressiv gewesen sein für die damalige Zeit, von der Aufklärung beeinflusst. Für ihre später durch den neuen Besitzer demontierte umfangreiche Bibliothek hatten sie sich regelmäßig die neuesten Bücher und Partituren besorgt, darunter auch die Werke von Mozart. Aber dieses offensichtlich sehr rege kulturelle Leben steht in völligem Kontrast zu der engen, rückständigen Welt, die ich als Kind hier erlebt habe. Das war eine hierarchisch strukturierte Gesellschaft, in der Bildung und Kultur der Geistlichkeit und den höheren Schichten der weltlichen Elite vorbehalten waren. Auch dies, das wird mir jetzt, so kurz nach unserer Rückkehr aus dieser so anderen Welt, bewusst, steht im völligen Kontrast zu Island.

Meine Eltern lebten hier ab 1946. Meine Mutter stammte aus Neuhausen bei Stuttgart, mein Vater aus Schömberg im Kreis Balingen. Heute sind es Katzensprünge von da nach dort, damals waren es Tagesreisen in einander fast fremde Welten. Selbst zwischen benachbarten Orten gab es Dialektunterschiede; man lebte in abgegrenzten Lebensräumen. Unsere Ferien haben wir bei den Großeltern, die beide Teilerwerbslandwirte waren, verbracht – um dort beim Heuen und Ernten mitzuhelfen. Sie hatten damals noch nicht einmal einen Traktor, also haben die Kühe den Wagen gezogen.

Eindrücke und Gerüche aus vielen Dutzend Ländern liegen zwischen meinen frühen Jahren im Dorf und meiner Rückkehr an diesen Ort. In den Jahrzehnten, seit ich zum Studium von hier aufgebrochen bin, habe ich in Kalifornien Meeresforschung betrieben, in China die aufregende Entwicklung von Greenpeace mitverfolgt, in Johannesburg am Umweltgipfel mitgewirkt, in der Südsee gegen Atomtests protestiert – und oft nicht gewusst, wo ich morgen oder in einer Woche aufwache. Ohne die Jahrzehnte da draußen wäre ich nicht der, der ich heute bin.

Was aber, wenn man kein Dorf, keine Heimat hat? Immer mehr Leuten geht es so. Soziologen sprechen von der vertikalen und der horizontalen Mobilität. Die vertikale bezieht sich auf den Auf- oder Abstieg auf der sozialen und ökonomischen Leiter, die horizontale auf die geografische Beweglichkeit, Landflucht oder Stadtflucht. Und die eine Form der Mobilität kann die andere stark beeinflussen. Heute lässt sich der Eindruck gewinnen, dass wir allmählich alle »Gastarbeiter« auf dem globalisierten Planeten werden. Millionen von Menschen in aller Welt sind mobil. Sie ziehen in die Städte, in gigantische Ballungsräume wie in Shanghai, Rio oder Nairobi. Sie flüchten vor ökonomischen oder sozialen Krisen wie die Menschen, die derzeit die ehemalige Autometropole Detroit entvölkern. Oder wie die Männer und Frauen aus afrikanischen oder maghrebinischen Regionen, die zu Tausenden den Weg übers Mittelmeer in die Europäische Union wagen. Leute suchen ein besseres Leben in einem besseren »Woanders«. Anfangs leben viele mit der Vorstellung, sie würden einmal zurückkehren in ihre Heimat, aber bei sehr vielen erweist sich das als Illusion. In der zweiten, dritten Generation leben sie dann weiter als Pakistaner in Manchester, Mexikaner in Texas, Türken in Dortmund oder Inder in Canberra. Die Vereinigten Staaten, der »Schmelztiegel«, den die Migrationsforschung jetzt lieber als »Salatschüssel« bezeichnet, ist das größte und wichtigste Beispiel für die globale Mobilität. Besiedelt mit

Einwohnern aus aller Welt bietet Amerika neue Parameter für Identität an, eine im Kern postnationale Gesellschaft. Wenn eine New Yorkerin sagt: »Meine Mutter ist irisch-sizilianischer Herkunft, mein Vater russisch-deutscher und mein Mann hat marokkanisch-spanische Eltern – was sind dann unsere Kinder?« Keine Frage: Sie sind Amerikaner. Auch die Bestandteile der Europäischen Union werden diesem Modell allmählich ähnlicher. Immer mehr Menschen innerhalb der Europäischen Union sind über die Ländergrenzen hinweg unterwegs.

Nichts an meiner Heimat hier ist so außergewöhnlich, dass es einzigartig wäre. Aber es ist etwas, was in die Kindheit scheint. Für mich gibt es hier gewisse Tage, an denen diese Mischung aus Himmel, Wolken und Landschaft fast mystisch ist. Es gibt Millionen solcher Heimaten, das weiß ich. Man selber hat, wenn man überhaupt eine hat, aber nur eine. Vielleicht habe ich auch deshalb nach so vielen Jahren mein Elternhaus übernommen – weil sonst dieses Stück Heimat nur noch ein abstrakter Begriff gewesen wäre.

Als Kind kannte ich nichts als diesen Ort. Bei meinem Vater ging ich in den Unterricht. Er war eine Respektsperson und ich war mir unsicher, ob ich ihn duzen durfte in der Schule. Mein ganzer Mikrokosmos war das Dorf. In dem Augenblick aber, als ich merkte, dass es auch noch eine andere Welt gibt, wollte ich weg. Als ich anfing zu lesen und als meine älteren Brüder aus dem Haus gingen, wusste ich das, schon mit sieben oder acht Jahren. Ich wollte studieren. Als ich dann die erste Etappe erreicht hatte und auf das Gymnasium nach Memmingen gehen konnte, fuhr ich mit dem Bus zuerst nach Tannheim zur Bahnstation und von dort weiter mit dem Zug.

»Es gab diese kleinen Karten, aus brauner Pappe. Das waren die Monatskarten. Hattest du die auch?«, fragt Walter Sittler.

»Wieso weißt du das?«

»1960, als wir nach Deutschland kamen«, erzählt er, »da fuhren meine Geschwister von Feilnbach nach Rosenheim ins

Gymnasium. Ich war noch in der Grundschule. Die hatten diese Pappkartonkarten, da stand ›Januar‹ drauf, oder ›Februar‹.«

»Das war draufgestempelt, nicht gedruckt. Jetzt erinnere ich mich …«

»Die Fahrkarten waren vielleicht so sechs mal vier Zentimeter groß, aus brauner, dicker Pappe, so dick wie ein Bierdeckel. Mit einem Schieber an einer Maschine hat ein Bahnbeamter in der Stadt die Daten eingestellt: Datum, Gültigkeit, Strecke. Dann knackte es und aus einer großen Edelstahlwanne kamen diese kleinen Karten raus. Die bekamst du dann durch den Schalter geschoben. Das kommt uns heute alles vorsintflutlich vor.«

»Interessant, jetzt, wo du es sagst, kommt mir die Erinnerung auch.«

»Es sind diese kleinen Geschichten, die ich mit meiner Kindheit verbinde«, sagt Walter Sittler. »Ich habe keinen Ort auf der Welt, von dem ich sagen würde, da habe ich als Kind meine Heimat gehabt. Mein Ururgroßvater ist zu Beginn des 19. Jahrhunderts vom Elsass in die USA ausgewandert. Mein Urgroßvater wurde 1851 in den USA geboren, mein Großvater 1872 und mein Vater 1917. Seit drei Generationen waren die Sittlers Amerikaner. Und dennoch haben sie die deutsche Sprache immer gepflegt. Alle waren für eine Weile in Deutschland. Deutschland war ›das Land der Kultur‹. Musik, Literatur, Philosophie – das war alles in Deutschland. Man schickte seine Kinder zum Lernen für ein Jahr hierher.

Bis ich zehn war, das war 1962, sind wir schon siebenmal umgezogen. Ich habe keine Heimat im eigentlichen, räumlichen Sinn. In Chicago, wo ich geboren wurde, hat alles begonnen. Mein Vater hatte dort eine Stelle, die er schnell wieder verlor, wegen seiner nationalsozialistischen Vergangenheit. Er war Anglist und Germanist und wäre gerne an der Uni gewesen. Aber ein Ex-Nazi als Professor war nicht denkbar. Immer drohten die Sponsoren der Uni abzuspringen. Es war nach dem Krieg. Und für seine Handlungen hat er den Preis gezahlt.

Deshalb hat er zum Teil als Holzfäller gearbeitet. Und bei einem Onkel, der ein Bestattungsunternehmen hatte, hat er den Leichenwagen gefahren. Immer wieder hat mein Vater versucht, doch an einer Uni anzukommen, immer wieder mussten wir innerhalb der USA umziehen. Von Chicago zogen wir nach Michigan, dann nach Ohio, insgesamt lebten wir an fünf verschiedenen Orten. Aber an die ersten beiden erinnere ich mich nicht mehr.

Als ich sechs war, 1959, wurden wir Kinder nach Deutschland geschickt. Außer Karl, meinem ältesten Bruder, der war in der amerikanischen Armee. Eine verrückte Situation: Die Familie war als Nazi-Familie stigmatisiert, während der älteste Sohn als US-Sergeant diente. Damals kamen wir Kinder bei einer Freundin der Familie unter, in Bad Feilnbach, bei Rosenheim. Mein Vater kannte die Frau, sie war auch nach dem Krieg noch eine klare Nationalsozialistin – ›hart wie Krupp-Stahl, schnell wie ein Windhund und zäh wie Leder‹. Früh aufstehen, arbeiten und singen. Zack, zack! Sie nahm uns sechs Kinder in ihr Haus auf, obwohl sie selber schon vier hatte, ein bisschen wie im Heim. Sie betrieb damals eine kleine Pension mit einer Hausangestellten und wir Kinder mussten mitarbeiten. Im Mai 1960 sind meine Eltern dann nachgekommen – und wieder sind wir umgezogen, nach Saarburg ins Saarland. Wir lebten von den kargen Honoraren, die mein Vater für Literaturvorträge für das Goethe-Institut bekam; damit tingelte er von Ort zu Ort. Eine Notlösung.

Ende 1960 sind wir wieder nach Bayern zurückgezogen, denn in München hatte er die Aussicht auf eine Stelle. Aber auch diese Hoffnung zerschlug sich. Meine Mutter, die in Amerika Literatur studiert hatte, hielt uns damals mit Übersetzungen über Wasser. Sie schrieb mit einer Schreibmaschine, immer mit drei Durchschlägen. Wir Kinder hatten die Aufgabe, die Papiere vorzubereiten – Kohlepapier, dünnes Papier. Stapelweise! Das musste richtig liegen, ohne einen

Knick zu bekommen. Jetzt hatte ich innerhalb von vier Jahren vier Grundschulen auf zwei Kontinenten hinter mir und war nirgendwo zu Hause. Die Schreibmaschine meiner Mutter besitze ich noch. Sie und die Erinnerungen an die Pappfahrkarten, das sind sozusagen meine heimatlichen Relikte.«

»Kennst du ein Gefühl wie Heimweh? Oder ist das für dich ein völlig fremder Begriff?«

»Für mich war die Familie Heimat. Heimweh hatte ich, als ich ins Internat musste. Das war hart. Die Familie war der Ort, wo ich sicher war. Nicht eine Stadt oder eine Wohnung, sondern die Familie als soziales Gefüge. Das verlor ich mit dreizehn. Mein Vater bekam damals seine erste Stelle an der Uni in Regensburg, als C3-Professor. Meine Mutter musste operiert werden, nichts Schlimmes, aber es war niemand zu Hause. Deshalb mussten mein Bruder Loring und ich ins Internat. Die anderen Geschwister waren weggegangen zum Studieren. Jetzt gab es überhaupt kein Zuhause mehr.

Und auch die Internate habe ich ständig gewechselt. Zuerst war ich in Stuttgart in der Merz-Schule, von 1966 bis 1967. Eine sehr gute Schule. Weil mein Vater aber mit den damaligen Inhabern eine Geschäftsbeziehung eingegangen war, die dramatisch schiefging, musste ich die Schule wechseln. Zu dieser Zeit hielt er gerade einen Vortrag in Berchtesgaden an der Christophorusschule in Obersalzberg. Also bekam ich dort ein Vollstipendium angeboten und musste dorthin, für zwei Jahre. Mein Bruder Loring kam nach Salem, auch durch eine Verbindung meines Vaters. Die Schule hatte ein gutes Renommee – und weil meine Eltern irgendwann meinten, Salem wäre vom Curriculum her die bessere Schule, musste auch ich dorthin wechseln. Ich war damals nicht in der Lage zu sagen: ›Jetzt reicht's. Das mache ich nicht!‹ Ich hatte vor lauter Ortswechseln eigentlich nie die Zeit, die ich gebraucht hätte, um großzuwerden. Um zu mir selbst zu finden. Es ist nicht so, dass mein Leben deshalb verpfuscht wäre, ich habe das schon irgendwie hinbekommen. Ich weiß aber von ein paar Schwachstellen, die davon übrig geblieben sind. Für die bin ich jetzt selbst verantwortlich. Ich beklage mich nicht, das ist einfach meine Geschichte.

Heimat kenne ich nur als romantisches Gefühl. Ich kenne es von Sigrid, meiner Frau, die von ihrem Elternhaus als ›Heimat‹ spricht. Sie ist in Furtwangen im Schwarzwald geboren – und sie ist in dem Haus aufgewachsen, das ihr Vater von seinem Vater übernommen hatte. Jetzt wohnt dort ihr Bruder. Mein Schwiegervater ist ein gutes Beispiel für Heimatverbundenheit. Er ist in Furtwangen geboren, hat sein ganzes Leben dort verbracht. Er ging auch nicht gern weg. Wenn er von Furtwangen zu uns nach Stuttgart kam, war ›einmal übernachten‹ das höchste. Er stand dann in der Wohnung, fand das alles nett, die Wohnung, die Stadt, die Freunde. Aber er war unruhig. Und sobald er wieder zu Hause war, in Furtwangen, wo er alles kannte, war er zufrieden. Da wollte er sein. Das ist eine ganz andere Beziehung, die ich zu keinem Ort der Welt habe. Sigrid hat eine sehr schöne Kindheit dort gehabt. Das ist ihre Heimat und das bleibt sie auch.

Ich bin es gewohnt, mich zu Hause zu fühlen, wo immer ich bin. Ich habe meine Heimat in mir. Das ist manchmal beschwerlich, das gebe ich zu. Aber wenn ich irgendwo wegmuss, verliere ich nicht die Identität.

Darum sollte mir die ununterbrochen wachsende Mobilität großer Bevölkerungsanteile überall auf dem Globus eigentlich keine Probleme bereiten. Leute wie ich müssten dieses Konzept zuallererst verstehen: Ich bin ich, egal wo ich bin. Aber ich habe Bedenken, wenn ich das sehe. Zwangsläufig führt die Mobilität zur Vereinzelung. Ich habe zum Beispiel keine tiefen Freundschaften. Wenn man sehr lange an einem Ort ist, dann gelingt es eher, Freundschaften aufzubauen. Ich habe mich nie darauf eingelassen. Es tut weh, wenn man ständig jemanden verlassen muss. Die Sehnsucht danach habe ich schon. Und ich erlebe auch, dass es Menschen gibt, die das haben. Man sieht das und denkt: Wie machen die das? Ich habe das nicht.

In Stuttgart habe ich jetzt das Gefühl: Da sind Leute, die kann ich mittlerweile als Freunde bezeichnen. Insofern ist Stuttgart schon ein wichtiger Ort für mich geworden. Aber er wird nie das werden, was für Sólveig Island ist oder für dich Rot an der Rot.«

»Die Freundschaften«, sage ich, »die ich heute hier habe, haben sich entwickelt, weil ich mit meinen Kindern immer in den Ferien hier war. Ich war mit einer Engländerin verheiratet. Und schon zwei Jahre nach der Hochzeit haben wir uns getrennt. Sie lebte nach der Scheidung in Kenia, wo sie für ein Umweltprogramm der UN gearbeitet hat. Wir haben zwei Kinder, beide sind in Kenia auf eine internationale Schule gegangen. Wir hatten aber die Vereinbarung, dass die Kinder alle Ferien mit mir verbringen konnten. Nach der Trennung lebte ich erst als Berater in London und ab 2001 als Greenpeace-Chef in Amsterdam. Aber weil ich auch hier im Dorf gut am Telefon und am Computer arbeiten konnte und es Platz und Freiheit für die Kinder zum Spielen gab, waren wir in den Ferien immer im Haus meiner Eltern. Ich weiß nicht, wie ich empfinden würde, wenn ich nicht 20 Jahre lang immer wieder mit meinen Kindern hier gewesen wäre. Meine Kinder sprechen deshalb auch Deutsch. Meine Tochter, die in Kenia aufgewachsen ist, spricht das erstaunlichste Schwäbisch, das man sich vorstellen kann. Heute sind die beiden Briten und Deutsche, sie haben die doppelte Staatsbürgerschaft. In vieler Beziehung sind sie typisch für das Zeitalter der globalen Mobilität – in England geboren, in Afrika, Deutschland und England großgeworden, Praktika und Studium in Großbritannien, in Frankreich, in der Schweiz, in den USA. Ich frage mich manchmal, was sie später als Heimat bezeichnen werden. Bisher scheinen sie mit der polyglotten, kosmopolitischen Welt klarzukommen. Aber ich weiß manchmal nicht, ob wir den Kindern damit mehr nehmen, als wir ihnen geben.«

»Meine Mutter ist ja auch in London geboren«, sagt Walter Sittler. »Sie war Engländerin. Mein Großvater hat damals für die Ostindische Handelsgesellschaft gearbeitet. Deshalb ist sie während des Ersten Weltkriegs 1917 in London geboren worden. Es ist alles sehr lange her, fast 100 Jahre. Wir waren ständig auf der Suche nach einem Ort, der für uns Heimat hätte sein können – und du hast diese Heimat als Enge empfunden und wolltest möglichst schnell raus.«

»Heimat war nach dem Nationalsozialismus erst mal ein anrüchiger Begriff, das klang nach Scholle und Rassismus, nach Ausgrenzung anderer. Davon hatte ich als Kind natürlich keine Ahnung – aber irgendwie muss ich diese Enge gespürt haben. Mit Begeisterung habe ich Fußball gespielt – aber die Fußballkultur damals war furchtbar! Man hat schon die Jugendlichen dazu gebracht, zu saufen. Schon als wir vierzehn oder fünfzehn waren, machte die Liesl, das ist ein Zwei-Liter-Bierkrug, die Runde. Und dazu sang man Soldatenlieder. ›In einem Polenstädtchen, da lebte einst ein Mädchen, die war so schön‹. Das war ein furchtbarer Song, ein altes Landserlied aus dem Ersten Weltkrieg. Wir waren natürlich naiv. Über Politik hat man nicht gesprochen. Man hat getrunken, über das Spiel geredet und dann wieder getrunken. Als ich zwölf wurde, habe ich außerdem begonnen, die Kirchenorgel zu spielen. Dazu kam es, weil mein Vater keine Lust hatte, dreimal am Sonntag in die Kirche zu gehen. Er sagte: ›Das kannst du jetzt machen.‹ Ich war auch begeistert – und bin brav acht Jahre lang jeden Sonntag um sieben Uhr in die Kirche marschiert.«

»Jeden Sonntagmorgen um sieben Uhr?«

»Und habe Orgel gespielt, ja.«

»Magst du Orgelmusik noch heute?«

»Ich mag sie sehr. Ich mag die Klangfülle, die Polyphonie der Register und dass man mit Händen und Füßen spielt, unter Einsatz des ganzen Körpers. Ich hatte hier das große Glück, auf der ganz wunderbaren Holzhey-Orgel spielen zu dürfen, es ist eine der besten historischen Orgeln, die es in Süddeutschland gibt. Ich war kein besonders guter Organist.

Ich hatte erst Klavierspielen gelernt, deswegen war ich mit den Füßen an der Orgel nicht so gut. Aber ich habe besser gespielt als mein Vater – wie mein Nachbar, der schwerhörige Herr Seiler, immer gesagt hat: ›Du spielst besser als dein Vater. Du spielt viel lauter!‹ Künstlerische Ansprüche durfte man natürlich nicht haben. Komm, ich zeige dir die Orgel!«

Wir bezahlen, verabschieden uns im Gasthaus und gehen die wenigen Schritte von der Mühle den kleinen Hügel hoch zur Kirche Sankt Verena, der frühklassizistischen Klosterkirche von Rot. 1786 wurde sie fertiggestellt – der letzte große Klosterkirchenneubau der Prämonstratenser in Oberschwaben. Ein beeindruckendes Bauwerk. 67 Meter lang, 20 Meter breit und 22 Meter hoch. Die beiden Kirchtürme sieht man schon aus der Ferne, woher auch immer man sich Rot nähert. Walter Sittler öffnet die schwere Kirchentür, dann stehen wir im Kirchenschiff und blicken auf den mächtigen Hochaltar hinter dem Chorgestühl, in der Apsis am östlichen Ende des Bauwerks.

»Großes Kino!«, sagt Walter mit einem Lächeln. »Was für eine riesige Kirche für ein so kleines Dorf.« Er spricht leise, obwohl wir allein sind. Seine Stimme hallt wie unsere Schritte, als wir langsam nach vorne gehen und uns das Chorgestühl anschauen. Ein Meisterwerk barocker Schnitzkunst. Zahlreiche symbolische Darstellungen zieren das Laubwerk, das Lamm Gottes, der Drache, die geflügelte Sphinx. Und in den Nischen befinden sich Statuetten von Jesus und Maria und von Heiligen und Ordensstiftern. Aber bei aller Pracht: Der für mich wichtigste Teil der Kirche ist die große, dreimanualige Orgel von Johann Nepomuk Holzhey. Wir drehen uns um und ich deute auf die majestätische Empore im hinteren Teil der Kirche.

»Das ist nicht nur eine sehr große Orgel«, erkläre ich, »sondern vor allem ein wirklich ganz fantastisches Instrument! Hier vorne im Chor ist auch eine kleine Holzhey-Orgel. Hier habe ich immer bei der Frühmesse und bei der

Andacht gespielt. Aber wenn ein großes Fest war und der Kirchenchor gesungen hat, habe ich da oben gespielt. Auf der großen Orgel.«

»Spielst du noch Klavier?«, fragt Walter Sittler.

»Fast nicht mehr. Aber ich höre viel Musik, geistliche Musik. Ich mag Requien. Passionen. Ich empfinde mich als einen ›kulturellen Katholiken‹. Ich bin nicht im strengen Sinne gläubig – aber diese Kirche hat mir schon immer sehr gefallen. An Weihnachten war sie nur mit Kerzen erleuchtet. Das war sensationell. Um den ganzen Hochaltar herum brannten alle Kerzen, und auch um die anderen Altäre. Und der ganze Raum war erfüllt von Weihrauch.«

»Ich war ja bei den Münchner Chorbuben …«, sagt Walter Sitter.

»Du warst bei den Münchner Chorbuben?«

»Von 1963 bis zu meinem unehrenhaften Rauswurf 1969. Was überrascht dich daran?«

»Der Chor hat hier zweimal Konzerte gegeben – und ich habe auf der Orgel gespielt!«

»Du meinst, dass wir als Jugendliche gemeinsam musiziert haben?«, fragt er.

»Bei einem der beiden Konzerte hier, in den 1960er-Jahren, war ein Lehrer dabei, der bei uns übernachtet hat. Gastchöre wurden ja immer in verschiedenen Familien untergebracht. Der Lehrer erzählte, wie furchtbar es zuging unter dem Chorleiter, Fritz Rothschuh.«

»Das war der Gründer«, sagt Walter. »Ja, das stimmt – Rothschuhs pädagogisches Prinzip war, dass er züchtigte. Wenn du falsch sangst, gab es Prügel. Es gab auch Prügel, wenn du ihn im Konzert einmal nicht angeschaut hast. Wenn er das merkte, dann wusstest du: oh verdammt! Das wurde aufgeschrieben. Und dann wurde man bei der nächsten Probe aufgerufen. Er hatte einen Rohrstock in der Hand, man musste sich vornüber beugen und auf den Hintern wurden die Prügel verteilt. Drei Schläge. Oder sechs, je nach Grad und

Stellung. Und wenn du in der Bewährungszeit warst, gab's mehr. Alle haben Prügel bekommen. Wenn eine gesamte Gesangsgruppe falsch sang, bekam die ganze Gruppe Prügel. Auch die Bässe. Und das waren 18-jährige Jugendliche, erwachsene Leute. Aber der Chor war gesanglich toll. Auf einem Niveau wie die Wiener Sängerknaben.«

»Wie kamst du dazu, Chorknabe zu werden?«

»Wir lebten damals in München und wir sollten etwas ›Anständiges‹ machen. Deshalb wurden mein Bruder und ich von unseren Eltern angemeldet. Zwei- bis dreimal in der Woche waren Proben. Und als ich später im Internat war, habe ich die Partituren außerhalb des Chores gelernt und bin in den Ferien zu den Proben gegangen. Wir hatten kurze schwarze Hosen und weiße Socken oder lange schwarze Hosen und schwarze Socken. Und einen roten Nicki. In ganz Europa sind wir während der Ferien auf Tournee gewesen, haben Konzerte gegeben und haben privat gewohnt. Unsere Eltern haben gearbeitet und wir waren unterwegs in Spanien, in Frankreich, in der Schweiz, in Italien, in Jugoslawien. Für Leute, die kein Geld hatten, war das interessant. Und wir haben gute Musik gemacht. Wir haben immer auswendig gesungen. Wenn wir auf Tour waren, hatten wir drei volle Konzertprogramme drauf. Auch im Petersdom haben wir gastiert, das war enorm. In Spanien hat das Publikum sogar in einer Kirche applaudiert, ich war dreizehn und konnte kaum glauben, dass man so was darf.«

Walter lacht in der Erinnerung daran und sein Lachen hallt im großen Kirchenschiff. Wir setzen uns in eine der Reihen, schauen auf den Hochaltar und das Chorgestühl. Eine seltsame Geborgenheit geht von dem Riesenraum aus, den die Sonnenstrahlen durch die langen Fenster in ein warmes, freundliches Licht setzen.

»In München«, fährt er fort, »haben wir im Herkulessaal gesungen, die Matthäus-Passion. Das war beeindruckend, denn das ganze Bach-Orchester war dabei und der Bach-Chor

– und Karl Richter[1], der große Alkoholprobleme hatte, aber irgendwie genial war. Der trank, das war unglaublich. Aber wenn er am Cembalo saß, war alles gut.

Im Chor herrschte eine mittelalterliche Hierarchie. Als ›Chor-Page‹ hatte man zwei silberne Sterne auf der rechten Seite des Käppis. Dann war man schon was. Dahin kam man aber nur durch eine sechsmonatige Bewährungszeit, während der einen für jedes Vergehen die doppelte Strafe erwartete. Zur Bewährung wurde man aber erst aufgenommen – das war wirklich interessant –, nachdem man vom Chordirektor in seine Wohnung gebeten worden war. Man saß da und Roth-schuh eröffnete einem, dass er einen gerne in die Bewährungs-zeit aufnehmen würde. Dazu aber gehörte, dass man bereit war, sechs Schläge auf den Hintern zu ertragen. Das konnte man sich überlegen. Wenn man das wollte, wurde man auf-genommen. Wenn man das nicht wollte, war man ›nicht stark genug‹. Aber natürlich wollte man die Sterne am Käppi ha-ben! ›Scheiße!‹, sagte man sich. ›Da muss ich durch!‹

Als ›Chor-Knappe‹ bekam man einen dritten silbernen Stern. Und als ›Chor-Edler‹ drei goldene. Es gab das ›Unter-haus‹ und das ›Oberhaus‹. Und es gab das ›Volk‹ – das sang ohne Sterne am Käppi. Damit war klar, was das Volk in die-sem hierarchischen System wert war.

Im ›Oberhaus‹ waren auch die ›Chor-Ritter‹, die hatten vier goldene Sterne – und einen Dolch am Gürtel, den man im Konzert tragen durfte. Die höchste Auszeichnung aber war der ›Chor-Graf‹. Das schafften nur ganz wenige. Die bekamen fünf Sterne und einen Siegelring mit Wappen des Chores – in Lapislazuli.«

»Hast du den noch?«

Walter Sittler lacht und schüttelt den Kopf. »Ehe ich ›Chor-Graf‹ hätte werden können, hat man mich rausgewor-fen.«

»Warum wurdest du rausgeworfen?«

---

1   Der Dirigent und Cembalist Karl Richter (1926–1981) war einer der bedeutendsten Bach-Interpreten seiner Zeit.

»Das erste Vierteljahr in Salem war ich bei einem ganz wunderbaren Lehrer und Erzieher. Ab und zu kochte man verbotenerweise auf den Zimmern Spaghetti, mit einer Soße, die ganz schrecklich schmeckte. Aber sie war halt selber gekocht. Damals war ich 16. Es gab dazu den billigsten Rotwein, den man kaufen konnte. Der Liter unter einer Mark. ›Feisten‹ nannten wir das. Und auf einer Ski-Klassenfahrt hatte ich mich aus Liebeskummer mit Stroh-Rum dermaßen betrunken, dass sie mich ins Hotel tragen mussten. Daraufhin wurde ich in die Schule zurückgeschickt und musste dem Hausmeister bis zum Morgen des 24. Dezember bei Aufräumarbeiten helfen. Dieser Lehrer schrieb in seinem Semesterbericht, es wäre vielleicht ganz gut, wenn ich etwas weniger Orgien feiern und mich ein bisschen mehr auf die Schule konzentrieren würde. Es war sehr witzig geschrieben. Er mochte mich, er war ein freundlicher Typ. Und ich war kein schlechter Schüler.

Der Chordirektor bekam diese Berichte immer kopiert – das wollte er und ich habe das auch gemacht. Nach diesem Bericht verlangte er von mir, dass ich mich für mein ›Fehlverhalten‹ vor dem ›Oberhaus‹ des Chores rechtfertigten sollte. Da habe ich ihm geschrieben, dass das gar nicht infrage käme. Er schrieb zurück, ich solle mir überlegen, ob ich auf der Straße Autos umstürzen und anzünden oder ein ordentlicher Mensch werden wolle. Und ich entgegnete: Die jungen Leute, die Autos umstürzten, seien möglicherweise auch ganz ordentliche Menschen. Das war zu viel. Ich wurde unehrenhaft aus dem Chor entlassen. Mein Name wurde aus allen Büchern getilgt. Es gibt mich nicht mehr in diesem Chor. Das war 1969. Ich hatte damals zum ersten Mal kleine aufrührerische Gefühle in mir und ich fand das ganz toll, sie auch auszuleben.«

»Trotz der schönen Tourneen – für euch Kinder müssen das doch bedrückende Erfahrungen gewesen sein«, sage ich.

»Mein Bruder war ›Chor-Graf‹. Vor drei oder vier Jahren hat er mir mal gestanden, dass es ihm heute noch leidtut, dass er damals nicht aufgestanden ist und gesagt hat: Was ist hier eigentlich los? Er hatte nicht den Mut, zum Chordirektor zu gehen und zu sagen: So geht das nicht! Ihn hat das verfolgt. Bei mir hat der Chor keine irgendwie gearteten Nachwirkungen hinterlassen. Ich kann ja in Hierarchien funktionieren, aber ich mag sie nicht. Das war damals schon so. Zwangsläufig kommen Leute in Positionen, für die sie nicht geeignet sind. Diese Gefahr besteht in jeder Hierarchie – beim Militär, in der Politik, in der Wirtschaft. Das kann man gar nicht vermeiden. Und diese Rituale – sie können wichtig sein; gleichzeitig empfinde ich leere Rituale als grauenvoll.«

Zwei in die Jahre gekommene Männer sitzen an einem Sommertag in einer oberschwäbischen Barockkirche und erzählen sich aus ihrem Leben. Während ich auf den Altar schaue, erinnere ich mich, wie beeindruckend die christlichen Rituale für mich als Kind waren. Karfreitag war immer ein besonderer Tag, obwohl und vielleicht gerade weil die Stimmung so düster war und alle schwarz gekleidet gingen. Auch Todesfälle haben mich damals immer sehr beeindruckt. Wenn ein Nachbar gestorben war, musste man an den drei Tagen bis zur Beerdigung jeden Abend dort hingehen und am Totenbett den Rosenkranz beten. Solche Rituale mochte ich, sie haben dem Tod und der Traurigkeit einen Rahmen gegeben. Als Nachbarsbub wurde man, wenn man Glück hatte, bei der Beerdigung zum Kreuztragen bestellt und musste an diesem Tag nicht zur Schule. Der Kirchenchor sang Schuberts *Deutsche Messe,* die so etwas wunderbar Tröstliches besaß. Und dann betete man vorsorglich gemeinsam für den nächsten, der sterben würde.

Ich finde, dass man ziemlich allein ist, wenn diese Rituale fehlen.

Dass diese Rituale aber heute längst nicht mehr diese das Alltagsleben bestimmende Kraft haben, ist ein zivilisatorischer Fortschritt. Die Enge, die ich als Kind hier empfunden habe, ist einer Weltläufigkeit gewichen. In einem oberschwäbischen Dorf lebt so gut wie niemand mehr abgeschnitten von der Welt. Häufig besuche ich meine Kinder und Freunde in London, in einer halben Stunde bin ich am Flughafen, in drei Stunden bin ich in der britischen Hauptstadt. Kommunizieren kann ich über das weltweite Netz mit sämtlichen Kontinenten. Über das Internet habe ich Zugang zu Millionen von Daten, für die ich früher in die Bücherei nach München hätte fahren müssen. Die Demokratie hat Fuß gefasst, ein Bürgerbewusstsein ist entstanden, ein ökologisches Gewissen, ein offeneres Miteinander. Das macht mich optimistisch – gerade wenn ich an die Gespräche mit Dilek Zaptçıoğlu denke. Vieles, was früher hier zählte, ist heute Geschichte. Ich erinnere mich, wie der erste protestantische Lehrer an die Schule kam, an die katholische Volksschule. Damals hat das Dorf wochenlang darüber diskutiert, wie das wohl gehen würde. Ob der wohl das Kreuzzeichen macht beim Schulgebet? Oder nur die Hände faltet? Eine Riesensache, über die man heute lachen würde. Wenn ein Katholik eine geschiedene Frau heiraten wollte, war das ein Skandal, über den man schwätzte. Wenn einer nach der Kriegsvergangenheit von den Eltern gefragt hat, gab es eine Explosion. Heute setzen sich die Leute mit Vergangenheit und Gegenwart viel angstfreier auseinander – und sie lassen sich nicht mehr alles Mögliche erzählen. Sie sind kritischer geworden, direkter, offener und toleranter. Und das ist nicht zuletzt dem wirtschaftlichen Wohlstand geschuldet – Oberschwaben ist eine reiche Gegend mit vielen Mittelständlern und der niedrigsten Jugendarbeitslosigkeit in Europa. Und weil das alles global operierende Firmen sind, gibt es viele Leute, die hier verwurzelt sind und gleichzeitig regelmäßig die Welt bereisen. Das macht sich angenehm bemerkbar. Die Leute haben einen größeren Blick – und gleichzeitig gibt es noch die alte Community. Hier kann man erleben, dass eine gut funktionierende Gesellschaft auch davon lebt, dass nicht alles monetarisiert ist. Längst bilden sich auch in den Städten neue Communitys, Kiez-Initiativen, Nachbarschaftshilfen. Ähnlich wie hier merken die

Leute dort, dass man auf diese Weise nicht immer und in allem ein ökonomisches Subjekt sein muss. Dass man sich entziehen kann. Es ist auch ermutigend, wie überall die Lust an Freiwilligkeit zunimmt, das »Ehrenamt«, das auch Gisela Erler in unserem Gespräch als eine Art Vorstufe zur politischen Bürgerbeteiligung bezeichnet hat.

Das lässt sich auch auf den Energiesektor übertragen: Auf der einen Seite gibt es die großen Anbieter. Aber es gibt auch den Gegentrend – »Energie in Bürgerhand«. Das macht durchaus auch ökonomisch Sinn, insbesondere, wenn es um Energieeffizienz geht oder Energieeinsparung. Solche kooperativen Modelle sind die Zukunft, davon bin ich überzeugt.

Mittlerweile haben wir Sankt Verena verlassen und uns auf die Fahrt nach Wolfegg begeben. Über enge Landstraßen gleiten wir durch diese weitläufige, sanft-hügelige Landschaft mit den vielen Einzelhöfen. Im 18. und 19. Jahrhundert traf man hier die bewusste Entscheidung, solche Höfe zu bauen, eine Art Landreform. Man hat Äcker zusammengelegt, damit die Bauern effizienter wirtschaften konnten. Die Gegend war eine Exportregion für Getreide und Vieh. Die Höfe hier waren groß, die Gegend landwirtschaftlich reich – und außerdem dünn besiedelt. Das lag daran, dass die Höfe nicht geteilt, sondern immer als Ganzes weitervererbt wurden. Wer keinen Hof besaß, unterlag einem Heiratsverbot. Jüngeren Geschwistern blieb nichts anderes übrig, als Knechte und Mägde zu werden, Soldaten oder, wenn sie begabt waren und Glück hatten, Küster oder Pfarrer. Oder sie sind ausgewandert. Noch als es offiziell schon abgeschafft war, wurde das Heiratsverbot weiter umgesetzt. Es erinnert an die chinesische Einkindpolitik – der Älteste hat alles bekommen, klare Strukturen. Das trug wesentlich zur Prosperität bei. Doch die Bauern auf ihren großen Besitztümern hatten immer Mangel an Arbeitskräften. Darum wurden die sogenannten Schwabenkinder angeheuert, aus Vorarlberg, der Schweiz und Liechtenstein – damals ganz armen Gegenden. Von dort schickten

Leute ihre Kinder gegen Ende des Winters hierher, um auf den Höfen zu arbeiten.

Wolfegg ist ein heilklimatischer Kurort am Übergang zum Westallgäu. Vor 30 Jahren hat man hier begonnen, historisch wertvolle Bauernhäuser aus Oberschwaben, dem württembergischen Allgäu und dem Bodenseekreis in einem Bauernhausmuseum zusammenzutragen. Alte Häuser, die von Verfall und Abriss bedroht sind, werden an ihrem Standort fachgerecht abgebaut, hierher transportiert und in einem historisch-organischen Ensemble wieder aufgerichtet. Dadurch wurden bauhistorische Denkmäler, die am ursprünglichen Standort nicht zu halten waren, zu einem musealen Dorf zusammengefügt.

Hier wird auch die Geschichte der Schwabenkinder erzählt, die ab der Mitte des 19. Jahrhunderts aus den Alpendörfern zum Arbeiten verschickt wurden. Ihre Eltern konnten die Familien mit der kargen Landwirtschaft in den Alpen kaum durchbringen. Jedes Frühjahr wurde beschlossen, welches Kind »zum Schaffe« wegmusste. Oft vom Dorfpfarrer begleitet, kamen sie in ihrer ärmlichen Kleidung durch den Schnee gelaufen, der dort oben länger liegen bleibt. Um den 19. März, den Josefstag, trafen sie ein, die jüngsten gerade acht Jahre, die ältesten 16 Jahre alt. Wie Vieh wurden sie auf den Hütekinder-Märkten feilgeboten, in Ravensburg, Friedrichshafen oder in Kempten. Bauern kamen, begutachteten die Kinder und nahmen jeweils das kleine Wesen mit, das ihnen am brauchbarsten erschien. Die kleinen Buben haben den Sommer über die Gänse gehütet, die älteren Schweine und Kühe. Mädchen halfen als »Kindsmagd«, wie man sagte, im Haushalt mit. Zum Lohn bekamen sie ein »doppelt Häs«, einen doppelten Satz Kleidung von der Kopfbedeckung bis zum Schuhwerk – und je nach Alter und ausgehandeltem Preis einige Gulden, die sie im Herbst mit nach Hause brachten.

Schon ab 1860 gab es immer wieder Proteste gegen diese temporäre Versklavung von Kindern. Erst eine große Kampagne, die im Jahr 1908 ausgerechnet von Cincinnati in den USA aus startete, brachte dieses System ins Wanken. In Cincinnati gab es damals – wie in ganz Amerika – noch deutsche Zeitungen. Eine amerikanische Journalistin beschrieb den Kindermarkt von Ravensburg als »Sklavenmarkt«, die Verhältnisse als menschenunwürdig und machte die Schwabenkinder-Geschichte zu einem weltweiten Skandal. Internationaler Druck führte dazu, dass sich die oberschwäbischen Bauern rechtfertigen mussten. Im Landtag wehrte sich ihre Fraktion erbittert gegen die Vorwürfe. Die Vorgänge standen im Kontext mit den großen Debatten um die Sklaverei, die ab Beginn des 19. Jahrhunderts in England und den USA geführt wurden. Ohne Sklaven, hatten die Plantagenbesitzer erklärt, sei es unmöglich zu wirtschaften, das sei der Ruin. Nur durch die ökonomische Drohkulisse und eine Vielzahl rassistischer, deterministischer Ideologie-Argumente ließ sich durchsetzen, was einer christlichen Gesellschaft eigentlich gegen den Strich gehen musste. Offiziell wurde der Sklavenhandel schon Anfang des 19. Jahrhunderts untersagt, inoffiziell ging der Handel mit der Ware Mensch noch fast 100 Jahre lang weiter. Und in veränderter Form dauert er bis heute an – noch immer verschleppen Menschenhändler junge Frauen in die Zwangsprostitution oder in Sweatshops wie jenen in Bangladesch, wo für Hungerlöhne gearbeitet wird.

In Württemberg wurde die allgemeine Schulpflicht schon 1890 eingeführt – davon aber waren die »Wanderkinder« anfangs noch explizit ausgenommen. Erst 1917 wurde dann für alle die allgemeine Schulpflicht durchgesetzt – und plötzlich waren die Kinder nicht mehr lukrativ für die Bauern, denn jetzt standen sie nur noch einen halben Tag zur Verfügung. Dieser wirtschaftliche Grund führte dazu, dass der Kinderhandel zum Erliegen kam. Erst die Schulpflicht beendete dieses menschenunwürdige System.

»Die Kindermärkte wurden abgeschafft«, sagt Walter Sittler, »aber die Kinderarbeit existierte bei uns noch bis zum

Ende des Zweiten Weltkriegs weiter. Mein Schwiegervater wurde als Kind jedes Frühjahr zu einem Bauern verschickt und hat dort Kühe gehütet. Das war noch Anfang der 1930er-Jahre. Er erzählte, dass abends, wenn die Sonne unterging, kein Licht angemacht wurde. Man saß dann in der Stube, hat Geschichten erzählt und gesungen. Dann ging man schlafen und morgens um vier Uhr stand man auf. Die Hirtenjungen wurden in der Schule gehänselt, weil sie nicht so viel Zeit zum Lernen und schlechtere Noten hatten. Im Sommer ging er barfuß, Schuhe gab es nur im Winter. Und im Frühjahr, wenn am Morgen der Tau über den Wiesen lag und es kalt war, hat er sich in die Kuhscheiße gestellt. Weil die warm war. Möglicherweise hat er deswegen dann später eine Schuhmacherlehre gemacht und ist auch Meister geworden. Er wusste den Wert guten Schuhwerks zu schätzen. In Furtwangen, im Elternhaus, hat er später einen Laden eröffnet. Eine Zeit lang war er im Gemeinderat. Alle kannten ihn. Er hat sein ganzes restliches Leben nur in Furtwangen verbracht. Er wollte nicht mehr fortgehen.«

»Heute kann man sich hier kaum vorstellen«, sage ich, »dass diese Geschichte vor 100 Jahren ein weltweiter Skandal war – wie heute die Kinderarbeit in Pakistan oder Bangladesch. Die Geschichte der Schwabenkinder hat mich immer unter dem Gesichtspunkt interessiert: Wie verändert sich etwas? Hier kann man alles über die Entwicklung einer Demokratie lernen. Wie ökonomische Interessen ethische Fragen verdrängen. Die Kämpfe zwischen Industrielobby und Politik. Die Tatsache, welche Hebelkräfte Politik hat, wenn sie willens ist, nachhaltig Strukturen zu verändern. Ähnlich wie die Geschichte der *Vasa* zeigt uns auch dieses kleine Museum ein Stück davon, wie Demokratie entstanden ist. Auch weil es deutlich macht, wie viel Ähnlichkeit bei allen Unterschieden es immer gibt. Bei Greenpeace habe ich oft von Menschen in den verschiedensten Ländern zu hören bekommen: Wir haben hier eine ganz spezielle Situation! An dem Museum hier finde ich interessant, dass man sieht, wie viele Gemeinsamkeiten es gibt.

Vieles, was ich als Kind erlebt habe, ist mir später Tausende von Kilometern entfernt wieder begegnet. Was man heute in den Entwicklungsländern sieht, ist nicht so weit weg von unserer eigenen Geschichte. Als ich in Thailand war und dort Eselskarren sah, habe ich mich daran erinnert, dass meine Großeltern noch mit den Kühen aufs Feld gefahren sind. In Thailand habe ich einmal lokalen Fischern zugeschaut. Wie romantisch, dachte ich. Bei näherem Hinsehen wurde aber klar: Die Besitzer der Boote waren Thailänder und die Leute, die darauf arbeiteten, waren Burmesen, Wanderarbeiter. Wenn man sich genauer mit Fischerei beschäftigt, dann lernt man schnell, dass der Großteil der Fischereiflotten die ärmsten Wanderarbeiter beschäftigt. In Hongkong ist die Stadt sonntags voll von philippinischen Frauen, die als Kindermädchen gekommen sind. Das ist ihr freier Tag, und sie treffen sich. Oft sind es gebildete Philippininnen aus den Städten, die als Babysitter und Nannys nach Hongkong oder in die arabischen Staaten ziehen. Sie selber beschäftigen dann weniger gut ausgebildete Frauen aus ihrem Land als Personal für ihre Kinder. Die haben wiederum ihre Kinder in den Dörfern zurückgelassen, aus denen sie kommen. Und diese Kinder, am Ende der Mobilitätskette, wachsen dann mutterlos auf. Das ist die Kehrseite der globalisierten Welt. Das sind ja keine Kreisläufe.«

»Mobilität bringt Zersplitterung mit sich«, meint Walter Sittler. »Ein Staat funktioniert, wenn es gelingt, dass die Leute sich zugehörig fühlen. Die Grundlage ist die Verbundenheit jedes Einzelnen mit seinem sozialen Umfeld. Das tatsächliche Tun und der persönliche Kontakt sind nicht zu ersetzen. Gesellschaften werden über Inhalte bestimmt. Und wenn es keine echten begreifbaren, sinn- und identitätsstiftenden Inhalte gibt, dann lösen sie sich auf. Es gelingt, wenn man es schafft, dass die überwiegende Mehrheit im Land so leben kann, wie sie möchte. So funktioniert das in der Schweiz – mit ihren kleinen Einheiten und diesen kleinen Kantonen. Und jeder Kanton hat seine eigene Identität. Der Einzelne findet sich wieder, kann sich direkt in politische und gesellschaftliche Prozesse einbringen. Der Entwurf einer Gesellschaft, die allen Bürgern Zugang zu Kultur und Bildung verschafft, ist die Basis, auf der alles andere gedeiht. Und das müssen sich die Bürger erkämpfen. Sie müssen also – wie die Isländer in der Krise – verstehen, wie kostbar das ist.«

»Wie eine Gesellschaft aussieht«, sage ich, »in der sehr viele Menschen sehr viel wissen, das erleben wir gerade erst in den Anfängen. Wir sind am Beginn einer Wissensrevolution. Wissen ist heute nicht mehr an Autoritäten gebunden, wird nicht mehr von diesen kontrolliert. Das erlaubt uns Diskussionen, die früher überhaupt nicht möglich gewesen wären. Und das stellt Hierarchie und Autorität ständig infrage. Auch früher waren die Machteliten nicht eo ipso klüger als andere. Aber sie hatten das Privileg auf den Zugang zur Information. Das hat sich radikal geändert. Noch ist die ›wisdom of crowds‹, die Weisheit der vielen, eher ein Schlagwort, aber sie hat enormes Potenzial, gerade und besonders in demokratischen Gesellschaften. Wenn Wissen Macht ist, dann können heute mehr Menschen als je zuvor über ihr eigenes Leben und das ihrer Gemeinschaft eigenverantwortlich entscheiden. Damit tun sich die traditionellen Autoritäten schwer. Denn dadurch entstehen neue, weniger hierarchische Systeme.«

»Ich kann kaum glauben, dass es noch als ich Kind war eine Einrichtung wie die Münchner Chorbuben gegeben hat«, sagt Walter Sittler. »Diese hierarchischen Strukturen erscheinen heute als Kasperltheater – wenn es nicht oft so dramatisch ernst gewesen wäre.

Vieles ist heute so kompliziert geworden, durch unsere technischen Möglichkeiten. Und dennoch ist es faszinierend zu beobachten, wie die Menschen nicht nur in der Lage, sondern auch bereit sind, sich zu bilden, Informationen zu verschaffen. Gerade am Beispiel Stuttgart 21 kannst du das sehen, dass viele Menschen unglaublich detailliert über komplexeste Zusammenhänge informiert sind. Es ist unglaublich!«

»Der amerikanische Linguist George Lakoff hat den Begriff ›Framing‹ geprägt«, sage ich. »Das ist sehr interessant. Es geht um das Denken in Metaphern, die Art, wie man Themen eingrenzt – damit sie handhabbar werden. Lakoff sagt, dass es von hoher Bedeutung ist, in welchen Metaphern man denkt. Und wie sie rhetorisch genutzt werden. Eins seiner Bücher heißt: *Don't Think of an Elephant.* Da erzählt er, wie er vor einer Vorlesung zu seinen Studenten sagte: ›In den nächsten 45 Minuten dürft ihr an alles denken – nur nicht an einen Elefanten.‹ Wozu führte das? Natürlich dazu, dass alle am Ende an nichts anderes denken konnten als an einen Elefanten.

Ähnlich läuft es heute noch oft in der Politik. Schlagworte werden etabliert, die alles offene Denken bewusst einschränken. Die amerikanischen Republikaner beherrschen ›Framing‹ in Perfektion. Das Wort ›Steuer‹ haben sie negativ belegt und eng mit den Demokraten verknüpft. Wenn sie selber über das Thema sprechen, reden sie nicht von ›Steuern‹, sondern von ›Abgaben‹. Ungarns Regierung behauptet, dass die dramatisch schlechte Situation im Land nur auf die ›Roma‹ und auf die ›freie Presse‹ zurückzuführen sei – kompletter Unsinn. Aber es lenkt den Blick vom eigentlichen Zweck der eigenen Politik ab – dem Machterhalt. Für einen Politiker wie Orbán ist daher nichts bedrohlicher als eine funktionierende Zivilgesellschaft, in der sich die Leute selber informieren, weil sie die Bildung und das Potenzial dazu haben. Dabei ist das für Ungarn der einzige Ausweg aus der Krise: eine eigenverantwortliche, kreative Zivilgesellschaft. Orbán will das verdrängen – denn es wäre das Ende seiner Macht. Aus solcher Furcht ist das Wort ›alternativlos‹ entstanden, das Politiker heute gern verwenden, auch bei uns.

Traditionelle Politik hat das Bild des ›strengen und sich kümmernden Vaters‹ etabliert, eines Führers – Adenauer,

Reagan, Bush, Kohl. Eine verantwortungsvolle Vaterfigur setzt sich zum Wohle der Familie gegenüber denen durch, die sie bedrohen. Eigentlich ein Bild aus der Clan-Gesellschaft, fast aus der Steinzeit. So ein strenger Vater muss sich auch manchmal gegenüber den eigenen Kindern durchsetzen, und er suggeriert: Wenn sie groß sind, werden sie sehen, dass ich recht gehabt habe und mir dankbar sein. Das ist meine Aufgabe als Vater.

Diese Politikerfigur ist innerhalb einer modernen Zivilgesellschaft obsolet geworden. Heute braucht man eher jemanden wie die ›berufstätige Mutter‹ – ob Frau oder Mann, ist mittlerweile egal. Die ›berufstätige Mutter‹ – eigentlich eine Managerin – muss ständig in komplexen Zusammenhängen denken. Sie muss die Interessen der einzelnen Familienmitglieder im Blick und auf der Rechnung haben, und die ihrer Position. Und sie weiß, dass es selten eine perfekte Lösung gibt. Dass man versuchen muss, alles abzuwägen und auch auszugleichen. Sie weiß, dass es immer wieder zu Konflikten kommt und dass es wichtig ist, wie man damit umgeht, wie man kommuniziert – um Jón Gnarr zu zitieren. Das heißt nicht, dass sie keine Autorität darstellt oder keine Verantwortung hat. Und das heißt auch nicht, dass sie keine Ideen hat, keine Träume und Visionen. Aber diese Figur geht anders damit um als der ›strenge Vater‹.«

Walter Sittler lacht: »Damit wären wir wieder am Ausgangspunkt unserer Reise angekommen - dem skandinavischen Konsensmodell.«

»Ja. Der Mensch im Anthropozän ist der diskursfähige Isländer.« Wir sitzen im Gasthof des Museumsdorfs und genehmigen uns zum Abschluss unserer Reise ein Bier. »Damit«, sagt Walter Sittler und prostet mir zu, »wäre ich einverstanden.«

Istanbul
Juli 2013

Gerd Leipold (rechts) und
Walter Sittler (links) am
18. Juli 2013 am Taksim-Platz
in Istanbul

Was wir gelernt haben

Am Ende dieses Sommers, nach unserer Reise zu einigen Brennpunkten dieses faszinierenden Kontinents, ist unsere Begeisterung für die Demokratie noch gewachsen. Und – trotz aller offenen Fragen und mancher deprimierenden Erfahrung – unser Optimismus auch. Wir sind beeindruckenden Menschen begegnet, Frauen und Männern, die sich als Teil ihrer Gesellschaft wahrnehmen, wach beobachten, analysieren, diskutieren, sich einmischen. Mitmachen.

Was wir gelernt haben: Bürger sind zu Experten geworden. Massenmedien und moderne Kommunikation, Bildung und Ausbildung eröffnen immer mehr Menschen den Zugang zu immer mehr Informationen. Über Planungen, Gesetze, Konsumartikel, über praktisch alle Aspekte des öffentlichen Lebens. So verringert sich die Kluft zwischen Regierenden und Regierten; alte, oft streng gehütete Privilegien der Informationsbesitzer lösen sich auf.

Was wir gelernt haben: Je mehr Mitwirkung es gibt, desto besser gedeiht eine Demokratie, desto tiefer verankert sie sich im Bewusstsein. Aus der politischen Erfahrung, sich als Bürgerin oder Bürger für etwas einzusetzen, etwas zum Besseren zu verändern, erwächst im guten Fall Inspiration für andere im Land, im noch besseren Fall überspringt der Funke der Mitwirkung oder der des Protests auch Staatengrenzen. Am hoffnungsvollsten sind diese Prozesse, wenn sie im Rahmen bereits bestehender demokratischer Strukturen stattfinden und diese damit ausweiten können. Die Machtbalance verschiebt sich und die sogenannten Mächtigen verlieren real an Macht. Sie werden heute medial und öffentlich stärker kontrolliert als je zuvor – und das nicht nur in demokratischen Ländern. Bürgerproteste sind ein sehr belebendes Element, sie kreieren viele neue Ideen. Je mehr es davon gibt und je besser sie lokal, regional, global voneinander lernen, desto stärker verändert sich der Charakter der Demokratie: Sie selber demokratisiert sich. Sie verliert die restlichen Spuren feudaler Epochen, in denen privilegierte Entscheider über das Schicksal vieler verfügten.

Was wir gelernt haben: Neue Formen der Selbstorganisation entstehen an vielen Orten. Wo die Politik lernt, werden Bürgervereinigungen bereits durch die Verwaltung aktiv gestützt. Noch herrscht jedoch sehr oft das Schisma »die da oben und wir hier unten« – aus der Sicht der Bevölkerung. Oder »wir Gewählten und das unwissende Volk« – aus der Sicht der Mandatsträger. Gegenseitiger Respekt wächst mit der Kooperation – und der öffentliche Stuttgarter Schlichtungsprozess ist dafür ein Paradebeispiel, auch wenn der Schlichterspruch mehr als diskussionswürdig ist. So kann sozialer Frieden entstehen, bei Gewinnern wie Verlierern.

Dass nicht immer alle bei allem und überall mitreden können – das ist uns auf dieser Reise auch klar geworden. Nicht bei jeder Windkraftanlage, nicht bei jedem Wasserrohr kann es eine Volksabstimmung geben. Aber Mitwirkung der Betroffenen durchaus. Grundvoraussetzung in einer funktionierenden Demokratie ist, dass wir die Informationen, wenn wir sie suchen und wollen, auch erhalten. Dass wir Kontrolle ausüben können, wenn wir es wollen. Dass die Prozesse im Staat, der uns gehört, transparent sind. Dass der Staat ein Ermöglicher von Bürgerbeteiligung wird.

Wie und worüber Bürgerinnen und Bürger künftig mitentscheiden und mitsprechen, das hängt von uns allen ab. Vor uns liegt aber, das scheint sonnenklar, eine Epoche der kontinuierlichen Verhandlungen. Die Demokratie ist nie abgeschlossen. Ein historisches »Telos«, einen idealen Endzustand, kennt sie nicht. Und das ist Teil ihrer politischen Schönheit. Demokratie besteht daraus, dass verhandelt, nachgedacht, entschieden wird, und dass dieser Prozess immer wieder aufs

Neue beginnt. Auch wir sind Bürger mit vielen Fragen und mit manchen Antworten. Und unsere Reise geht mit jedem neuen Tag weiter.

Je mehr Bürgerinnen und Bürger daran teilnehmen, desto besser.